Innovatives Finanzmanagement

Erfolgreiche Anlagepraxis

Wie Sie von der Finanzmarktforschung profitieren

von

Gerald Pilz

Verlag Franz Vahlen München

ISBN 3 8006 3110 5

© 2005 Verlag Franz Vahlen GmbH, Wilhelmstraße 9, 80801 München
Satz: Fotosatz Otto Gutfreund GmbH, Darmstadt
Druck und Bindung: Druckhaus Nomos
In den Lissen 12, 76547 Sinzheim
Gedruckt auf säurefreiem, alterungsbeständigem Papier
(hergestellt aus chlorfrei gebleichtem Zellstoff)

Vorwort

Angesichts leerer Rentenkassen wird die private Altersvorsorge immer wichtiger. Für viele wird die gesetzliche Rentenversicherung nicht mehr ausreichen, um sich im Alter einen angemessenen Lebensstandard zu sichern. Es gibt eine Fülle von Büchern, die sich mit dem Aktienmarkt und der Geldanlage befassen. Doch für eine erfolgreiche Anlagepraxis reicht es nicht aus, sich mit den einzelnen Wertpapieren und den Analysemethoden vertraut zu machen. Es genügt keineswegs, wenn der Anleger zwischen Zertifikaten, Aktien und Optionsscheinen unterscheiden kann oder sich intensiver mit der technischen Analyse auseinander gesetzt hat. Eine Geldanlage kann nur dann wirklich erfolgreich sein, wenn sie die Strukturen, die Dynamik und die Entwicklungen der internationalen Finanzmärkte berücksichtigt.

Dies setzt voraus, dass man einige grundlegende Fragen zu beantworten vermag: Sind die Finanzmärkte vom Zufall abhängig? Kann man prognostizieren, wie sich im nächsten Jahr die Börse in Japan, den USA oder in Großbritannien entwickeln wird? Nützt es dem Anleger etwas, wenn er alle verfügbaren Bücher über die Börse liest? Hängt der Erfolg eines Investors davon ab, welche Ausbildung er hat oder über welche Börsenerfahrung verfügt? Ist jemand, der 30 Jahre lang Aktien gekauft und verkauft hat, besser als jemand, der zum ersten Mal eine Wertpapierorder ausfüllt? Gibt es an der Börse Strukturen und Gesetzmäßigkeiten oder gleicht die Börse eher einem undurchschaubaren Chaos? Welche Renditeerwartungen sind letztlich realistisch? Ist es möglich, an der Börse Millionär zu werden? Oder ist die Anlage in Wertpapieren für viele Kleinanleger mit Verlusten verbunden?

Diese entscheidenden Fragen werden von den meisten Einführungen übergangen oder nur am Rande behandelt. Ein Anleger, der glaubt, dass die Börse ähnliche Launen wie das Wetter hat, wird andere Strategien wählen, als ein Investor, der davon überzeugt ist, dass die Charts Anhaltspunkte für Kauf- und Verkaufsignale geben.

Ob Sie richtig oder falsch anlegen, wirkt sich spätestens beim Eintritt in den Ruhestand aus. Die Glücklichen werden in einem eigenen Haus wohnen und über einen hohen Wohlstand verfügen. Sie werden ihren Lebensabend glücklich und sorgenfrei verbringen. Dank einer gewissenhaften Vorsorge können sie die Dauerquerelen um die Höhe der Altersrenten getrost ignorieren. Für jene aber, die

die Altersvorsorge auf die lange Bank geschoben und sich auf die staatliche Rentenversicherung verlassen haben, wird es eine bittere Erfahrung werden. Das Rentenniveau wird trotz Riesterrente so weit absinken, dass viele Menschen auf die Grundsicherung angewiesen sind.

Auch wenn die meisten den Wirtschaftsteil der Zeitung gerne überschlagen und ihre Aufmerksamkeit lieber den Lokal- und Sportnachrichten widmen, so ist es nun an der Zeit, sich Gedanken über die Zukunft zu machen. Die empirische Finanzmarktforschung hat in den letzten Jahrzehnten erhebliche Fortschritte gemacht und zum besseren Verständnis der Börsen beigetragen. Einige Theorien und Studien mögen schwer verständlich sein, doch die daraus gezogenen Schlussfolgerungen sind wichtig, denn sie zeigen auf, dass das Verständnis vieler Anleger von Illusionen beherrscht wird. Viele Aktionäre, die glauben, man könne über Nacht an der Börse reich werden, irren sich. Auch an den Finanzmärkten gibt es keine Wunder. Ebenso zweifelhaft ist die Ansicht, dass Investmentfonds aufgrund der breiten Streuung der Wertpapiere die beste Anlageform seien. Erst wenn Anleger erkannt haben, welche Illusionen sie hegen, werden sie in der Lage sein, die optimale Anlagestrategie zu entwickeln. Und davon hängt schließlich ab, ob Sie am Ende Ihres Lebens in einem geräumigen Familienhaus leben, eine Weltreise machen oder sich um Ihr Auskommen sorgen müssen. Denken Sie über Ihre Zukunft nach und nutzen Sie die Möglichkeiten, die Ihnen offen stehen.

Dr. Dr. Gerald Pilz

Kornwestheim, im Januar 2005

Abbildungsverzeichnis

Abbildung 1: Angewandte Analysemethoden 41
Abbildung 2: Geschätzte KGVs für 2005 109
Abbildung 3: Geschätzte KGVs 2005 aus dem NASDAQ 100 . . 110
Abbildung 4: Geschätzte KGVs 2005 für Märkte und Segmente 112
Abbildung 5: Cashflows ausgewählter Unternehmen
    der Automobilbranche 124
Abbildung 6: Ratingsystematik 155
Abbildung 7: Überrendite-Effekte 179
Abbildung 8: Systematik der Entscheidungsanomalien 194

Abkürzungsverzeichnis

AEX	Börsenindex Niederlande
APT	Arbitrage Pricing Theory
ASX	Börsenindex Australien
CAC	Börsenindex Frankreich
CAPM	Capital Asset Pricing Model
CECE	Börsenindex Osteuropa
CFROI	Cashflow Return on Investment
CTX	Börsenindex Tschechien
DAX	Deutscher Aktienindex
DVFA	Deutsche Vereinigung für Finanzanalyse und Asset Management
EBIT	Earnings before Interest and Taxes
EBITDA	Earnings before Interest, Taxes, Depreciation and Amortisation
EBITASOP	Earnings before Interest, Taxes, Depreciation, Amortisation and Stock Option Programmes
EMH	Effizienzmarkthypothese
EPS	Earnings per Share
EVA	Economic Value Added
FDA	Food and Drug Administration
FTSE 100	Britischer Aktienindex
GuV	Gewinn- und Verlustrechnung
HTX	Börsenindex Ungarn
Ibex	Börsenindex Spanien
IFRS	International Financial Reporting Standards
KBV	Kurs-Buchwert-Verhältnis
KCF	Kurs-Cashflow-Verhältnis
KGV	Kurs-Gewinn-Verhältnis
KUV	Kurs-Umsatz-Verhältnis
Latibex	Aktienindex für lateinamerikanische Aktien
MBR	Market-Book-Ratio
MDAX	Deutscher Aktienindex (Nebenwerte, Mid Caps)
MIB	Börsenindex Italien
MPT	Moderne Portfoliotheorie
MSCI	Morgan Stanley Capital International
MSCI EAFE	Morgan Stanley Capital International Europe Australasia, Far East
NASDAQ	US-Technologiebörse
NEMAX	Neuer-Markt-Index

NYSE	New York Stock Exchange
PEG	Price Earnings Growth
PER	Price Earnings Ratio
PTX	Börsenindex Polen
RDX	Börsenindex Russland
ROI	Return on Investment
S&P 500	Standard & Poor's Aktienindex Nordamerika
SDAX	Deutscher Aktienindex (Small Caps)
SET 50	Börsenindex Thailand
SEU	Subjective Expected Utility
SG	Schmalenbach-Gesellschaft
SMI	Börsenindex Schweiz
Stoxx	Börsenindex Europa
TecDAX	Deutscher Aktienindex (Technologiewerte)
US-GAAP	Generally Accepted Accounting Principles
XTF	Exchange Traded Funds

1 Einführung

1.1 Vermögen und Unvermögen

Seit dem Niedergang der New Economy und der einst euphorisch umjubelten Internetwerte macht sich bei den Anlegern Verunsicherung breit. Viele, die beim Börsengang der Telekom erste Erfahrungen an den Aktienmärkten gesammelt haben, sind heute desillusioniert.[1] Die meisten Neuemissionen hielten nicht, was sie versprachen, und die starken Kursschwankungen und die herben Verluste, die nach 2001 auftraten, haben viele Anleger zum Rückzug vom Aktienmarkt veranlasst. An die Stelle des schnellen Reichtums ist die geduldige Investition in Rentenpapiere getreten, und auch der Boom von Garantieprodukten aller Art macht deutlich, wie nachhaltig das Vertrauen erschüttert wurde.

In einer solchen Korrekturphase beginnt naturgemäß die Rückbesinnung auf die Ursachen und die dafür verantwortlichen Zusammenhänge. Die in den Haussejahren verkündete Meinung, an den Börsen seien die herkömmlichen Bewertungsmaßstäbe außer Kraft gesetzt, erwies sich als verhängnisvolle Illusion, die zu hohen Verlusten an den Börsen führte. Begriffe wie „Cash-burn-Rate" veranschaulichen drastisch, wie sehr ein überzogener Optimismus zu einer Fehleinschätzung von neuen Geschäftsmodellen führte. Internetwerte, die keinerlei Substanz besaßen und noch nicht einmal irgendeinen Umsatz vorweisen konnten, wurden zu Hoffnungswerten stilisiert.[2] Am Ende blieb nur die Erkenntnis, dass viele Anleger auf Sand gebaut hatten. Der Neue Markt stürzte in einem Maße ab, das selbst den Börsencrash der Weltwirtschaftskrise von 1929 in den Schatten stellte. Zwischen 2000 und 2003 fiel der DAX um mehr als 70 Prozent; auch der britische FTSE100 gab um 50 Prozent nach und der Dow Jones verbuchte im selben Zeitraum einen Rückgang von über 30 Prozent.

Für viele Pensionäre in den USA, die hoffnungsvoll auf die innovativen Technologietitel gesetzt hatten, bedeutet dies den Verlust eines Großteils ihrer Ersparnisse und erhebliche Einschränkungen in der Zeit des Ruhestands. Zahllose Skandale erschütterten das Vertrauen

---

[1] Bürger, Cornelia: Der große Börsen-Bluff, München 2001.
[2] Staute, J.: Börsenfieber. Was Anleger im Aktienrausch wissen sollten, München 2000.

der Anleger und machten den Begriff „New Economy" zu einem Unwort, das nur noch Panik auslöste. Einzelne Unternehmen änderten gar den Firmennamen, um die einst modischen Anklänge an die Internetwelt zu tilgen. Im Jahre 2001 erlebte die Halbleiterindustrie ihren schlimmsten Rückgang seit 1985. Der Umsatz sank von 31,5 auf 14 Milliarden US-Dollar. Zwischen August 2000 und August 2001 fielen die Preise für Speicherchips um 90%.[3] Ende 2001 meldet das Münchener Ifo-Institut, das weltwirtschaftliche Klima sei auf den tiefsten Stand seit 20 Jahren gesunken.

Nach diesem Debakel, das zur Auflösung des Neuen Marktes als Börsensegment führte, wurden wieder sichere Anlageformen aktuell. Neben den mager verzinsten Anleihen erfreuten sich Garantieprodukte, Banksparpläne und offene Immobilienfonds großer Nachfrage. Doch auch hier machten viele Anleger die bittere Erfahrung, dass die schlechte Verzinsung und die geringe Rendite kaum ausreichte, um die Inflationsrate auszugleichen. Angesichts der schwierigen Situation der gesetzlichen Rentenversicherung wurde vielen Menschen bewusst, wie entscheidend eine frühzeitige Altersvorsorge ist. Mit Anleihen, die weniger als vier Prozent abwarfen, oder noch niedriger verzinsten Banksparplänen war es kaum möglich, eine vernünftige Altersvorsorge zu betreiben. Selbst wenn man den Zinseszinseffekt berücksichtigte, mussten erhebliche Summen aufgebracht werden, um ein sorgloses Leben im Alter zu garantieren.

Die aufkeimende Diskussion um mögliche Rentenkürzungen oder Nullrunden haben zu weiterem Handlungsbedarf geführt. Längst ist den mittleren und jüngeren Generationen klar, dass sie die Hauptlast der Misere zu schultern haben. Unter diesen Umständen wird es zu einer existenziellen Frage, wie man sein Geld am besten anlegt. Wer es versäumt, sich rechtzeitig mit dieser Frage auseinander zu setzen, riskiert, dass er langfristig erhebliche Einbußen hinnehmen muss. Ob jemand im Alter von 60 Jahren wohlhabend ist und in einem eigenen Haus lebt oder auf die staatliche Grundsicherung angewiesen ist, hängt letztlich auch vom Geschick an den Finanzmärkten ab.

Die meisten literarischen Einführungen[4] in die Börsenmärkte beschränken sich darauf, die einzelnen Wertpapierarten vorzustellen und geben Hinweise, wie man ein Depot eröffnet und eine Wertpapierorder ausstellt. Ausführlichere Standardwerke[5] befassen sich noch mit den Möglichkeiten der Aktienanalyse, wie sie dann proto-

---

[3] Händeler, Erik: Die Geschichte der Zukunft, Moers 2003, S. 173 ff.
[4] Niquet, B.: Die Welt der Börse, Frankfurt/Main 2000. Koch, Markus: Erfolgsrezepte vom Börsenkoch, München: FinanzBuch-Verl., 2000.
[5] Schwanfelder, Werner: Aktien für Fortgeschrittene, Frankfurt/Main: Campus, 2000.

1.1 Vermögen und Unvermögen

typisch am Beispiel der Chart- und der technischen Analyse sowie der bilanzorientierten Fundamentalanalyse veranschaulicht werden. Nur selten jedoch wird in diesen Einführungen auf die Fortschritte der Finanzmarktforschung eingegangen. Sporadisch erwähnen die Autoren Begriffe wie „CAPM" oder „Behavioral Finance".

Symptomatisch für diese Haltung ist auch, dass die praxisorientierten Anleger kaum von den Befunden der Finanzmarktforschung Notiz nehmen, die als theoretisch und wenig anwendungsbezogen abgetan wird. Mag dieser Vorwurf auch angesichts der bisweilen anzutreffenden Praxisferne berechtigt sein, so stellen sich dennoch einige grundlegende Fragen, die für jeden Anleger von Bedeutung sind: Unterliegen Aktienkurse dem Zufall? Sind die Schwankungen an der Börse nur ein zielloses Umherirren? Kann man überhaupt Börsenkurse vorhersagen? Oder gibt es bestimmte Gesetzmäßigkeiten, die der Anleger sich in einer Strategie zunutze machen kann? Kann man es lernen, wohlhabend zu werden? Welche Voraussetzungen muss der Anleger dafür mitbringen? Gibt es überhaupt einen Lernfortschritt?

Obwohl die Antwort auf diese Fragen für die weitere Anlagestrategie und das Wohl und Wehe im Alter entscheidend ist, lassen sich viele Anleger dazu hinreißen, pragmatisch vorzugehen. Die Finanzmarktforschung hat aber auf viele dieser Fragen bereits erste Antworten, auch wenn manche Positionen noch umstritten sind und die empirischen Befunde widersprüchlich ausfallen. Überhaupt hat die Finanzmarktforschung in den letzten Jahren innerhalb der Wirtschaftswissenschaften einen neuen Stellenwert erlangt. Während andere Disziplinen kaum Fortschritte verzeichnen können, hat sich die Finanzmarktforschung in großem Umfang etablieren können. Ihr Spektrum reicht von den großen klassischen Theorien, die bereits Mitte des zwanzigsten Jahrhunderts entstanden, bis hin zur aktuellen Diskussion um Behavioral Finance.[6]

Die Finanzmarktforschung hat zahlreiche Studien durchgeführt, die von den eigentlichen Finanzdienstleistern, Banken und den Investmentgesellschaften nur vereinzelt und selektiv zur Kenntnis genommen werden. In der Praxis tendiert man dazu, die empirischen Befunde dieses Fachgebiets außer Acht zu lassen. Dies hat folgende Gründe: Die Erkenntnisse der Random-Walk-Hypothese führen die herkömmliche Anlagepraxis letztlich ad absurdum, denn wenn die Aktienkurse zumindest kurzfristig einem Zufall unterliegen, werden die ausgefeilten Analysemethoden hinfällig. Eine ganzer Dienstleistungssektor lebt aber von dieser mehr oder minder fun-

---

[6] Rapp, Heinz-Werner: Behavioral Finance – neue Sicht der Finanzmärkte. In: Finanz und Wirtschaft (Zürich), Nr. 74, 20.9.1995, S. 15.

dierten Beratung, die die Banken, Versicherungen und Broker anbieten. So ist es nicht verwunderlich, wenn nur einzelne Versatzstücke oder Strategien Eingang in das Portfoliomanagement der Investmentfonds finden.

Es herrscht eine kaum überbrückbare Diskrepanz zwischen den alltäglichen Anlageentscheidungen und Methoden der Anleger und den akademischen Diskussionen in der Finanzmarktforschung, die zu konträren und komplexen Auffassungen gelangt. Während der Anlageberater auf die herkömmlichen Verfahren der bilanzorientierten Fundamental- und der technischen Analyse zurückgreift, werden gerade die Prognostizierbarkeit und die Gesetzmäßigkeit der Aktienkurse in der Finanzmarktforschung angezweifelt oder generell in Frage gestellt. Zwischen dem Pragmatismus der Anlageberatung und der konzeptionellen Breite der Finanzmarktforschung tut sich ein breiter Graben auf. Tatsächlich erreichen die meisten Investmentfonds langfristig keine Performance, die über den entsprechenden Benchmarks und Vergleichsindizes liegt.[7] Diese Tatsache ist umso erstaunlicher, als den Investmentfonds ein hoch qualifizierter Mitarbeiterstab sowie die neuesten Analysemethoden und Daten zur Verfügung stehen. Trotz des enormen Aufwands an Personal, Material und Informationskapazitäten fallen die meisten Fonds hinter den Vergleichsmaßstab zurück und erzielen nur unterdurchschnittliche Ergebnisse.

Dies könnte zu einem ausgeprägten Pessimismus verleiten, zumal man aus der Finanzmarktforschung schließen könnte, dass aktive Investmentstrategien, die auf bewusstes Stockpicking setzen, ungeeignet sind, eine für Anleger attraktive Überrendite zu erreichen. Die Konsequenz wäre das Indexing oder die passive Investmentstrategie, die nur einen marktbreiten Index mit Hilfe eines Indexfonds oder eines Indexzertifikats abbildet. Andererseits zeigen die zahlreichen Untersuchungen zu den Überrenditen und den damit verbundenen Kursanomalien[8] neue Möglichkeiten auf, auch wenn diese für die meisten Anleger schwierig zu realisieren sind. Die Behavioral Finance[9] weist zusätzlich auf mögliche Anlagefehler und börsenspezifische Phänomene hin, die den Investor beeinflussen können.

Die praxisbezogene, leitfadenspezifische Börsenliteratur, die sich auf die Einführung in die technische Analyse mit ihren Indikatoren-

---

[7] Ogger, Günter: Der Börsenschwindel. Wie Aktionäre und Anleger für dumm verkauft werden, München 2001.
[8] Oehler, A.: Anomalien im Anlegerverhalten. In: Die Bank, 11 (1991), S. 600 ff.
[9] Shleifer, Andrei: Inefficient Markets: An Introduction to Behavioral Finance, Oxford 2000.

1.1 Vermögen und Unvermögen

systemen beschränkt oder der Fundamentalanalyse den Vorzug gibt, verkennt, dass Grundsatzfragen wie „Sind die Börsenkurse vom Zufall abhängig?" oder „Gibt es Strategien, mit denen man überdurchschnittliche Renditen erzielen kann?" von großer Bedeutung für den Anleger sind. Wenn – wie in dem berühmten Experiment des Wirtschaftsmagazins Forbes – ein Redakteur mit Dartpfeilen,[10] die er auf einen Kurszettel wirft, bessere Ergebnisse erreicht als spezialisierte Analysten und Börsenexperten, dann mag dies die Öffentlichkeit erstaunen oder verwundern, aber für die Finanzmarktforschung ist in Anbetracht der vorhandenen empirischen Ergebnisse dieses Phänomen weniger verblüffend.

Das **Experiment** wurde im Jahre 1967 durchgeführt. Die Redaktion wählte mit Hilfe der Pfeile 28 Aktien von einem Kurszettel des Wall Street Journal aus und investierte 1.000 Dollar in jede einzelne Aktie. Das Portfolio wurde unverändert bis zum Jahre 1984 beibehalten und die Untersuchung dann abgebrochen. Der Grund dafür war, dass ein großer Teil der damals ausgewählten Unternehmen bereits aufgrund von Übernahmen oder Fusionen wieder vom Kurszettel verschwunden war. Nach 17 Jahren hatte das Portfolio einen Wert von 131.698 Dollar und erreichte eine durchschnittliche Rendite von 9,55 Prozent. Diese Durchschnittsrendite lag fast einen halben Prozentpunkt über dem als Benchmark verwendeten marktbreiten S&P500-Aktienindex. Dieses Zufallsportfolio übertraf 96 Prozent aller vergleichbaren Investmentfonds in den USA.[11]

Eine professionelle Anlagepraxis muss sich diesen Tatsachen stellen, um auf gesicherte Strategien aufbauen zu können. Viele Anleger haben falsche Vorstellungen von den Finanzmärkten und bedenken zu wenig die Konsequenzen, die sich aus einer ungeeigneten Anlagestrategie ergeben können.

Wer sich nur mit der charttechnischen Analyse vertraut macht oder ein paar allgemeine Tipps befolgt, könnte am Ende enttäuscht sein. Denn einige grundlegende Tatsachen sind längst bekannt: Es ist ohne enormen Aufwand nahezu unmöglich, die durchschnittliche Marktentwicklung zu übertreffen. Die Börsenfachliteratur mit ihren praktischen Handlungsanweisungen weckt Illusionen; viele Anleger werden am Ende frustriert sein, wenn sie wahllos Aktien kaufen oder ein hektisches Trading[12] betreiben. Eine bessere Information

---

[10] Atkins, Allen B. und James A. Sundali: „Portfolio managers versus the darts: evidence from the Wall Street Journal's Dartboard Column", Applied Economic Letters 4 (1997), S. 635–637.
[11] Kommer, Gerd: Indexfonds und -zertifikate für Einsteiger, Frankfurt/Main 2000, S. 18.
[12] Wagner, Uwe: Traden wie ein Profi, München 2004.

über die Finanzmärkte ist für viele Anleger eine wichtige Voraussetzung für den späteren Erfolg. Aufklärung tut daher Not. Dieses Unterfangen gestaltet sich in der Praxis schwierig, denn die zahlreichen empirischen Untersuchungen der achtziger und der neunziger Jahre weisen zwar auf einige Gesetzmäßigkeiten und Anomalien hin, die für Anlageentscheidungen relevant sind, es zeigt sich aber auch, dass diese Befunde widersprüchlich sind oder in ihrem Ausmaß unterschiedlich eingestuft werden. Hinzu kommt, dass einige Phänomene nur für bestimmte Börsenperioden nachgewiesen sind und deren Verallgemeinerung auf andere Phasen und Börsenjahrzehnte weitere Fragen aufwirft. Unter diesem Vorbehalt kann die empirische Finanzmarktforschung die Anlagepraxis und das Portfoliomanagement absichern und auf ein breiteres Fundament stellen.

1.2 Die Geschichte der Börse als Finanzsystem

Das Finanzsystem eines Landes und dessen Entwicklung hängen maßgeblich von den historischen Konstellationen ab. Das in den USA und Großbritannien verbreitete marktbasierte Modell und das von Universalbanken dominierte deutsche System gehen auf unterschiedliche Entwicklungen zurück. Verschiedene Finanzkrisen, die durch Spekulation hervorgerufen wurden, beeinflussten die Ausprägung und Ausgestaltung der Börse. Ein kurzer historischer Überblick soll die Entwicklungslinien der Finanzmärkte darstellen.

Die Börse und die Tulpen

Die Geschichte der Börse[13] erstreckt sich über mehrere Jahrhunderte. Sie begann in den Niederlanden. 1611 wurde dort bereits die Amsterdamer Börse eröffnet. 1612 gab es 300 vereidigte Börsenmakler, und die von Maklern geforderten Courtagesätze waren relativ niedrig. Für die damals beliebten Aktien der Holländisch-Ostindischen Kompanie betrugen sie nur 0,5 Prozent, die bis 1647 sogar auf 0,25 Prozent sanken. Amsterdam hatte das einstige wirtschaftliche Zentrum Antwerpen abgelöst, da die Stadt als sicherer galt.

> An der Börse auf dem Damplatz wurden von zwölf bis vierzehn Uhr vor allem Aktien, verschiedene Staatsanleihen und Wechsel gehandelt. Eine rege Spekulation entwickelte sich um die Aktie der Ostindischen Kompanie. Sie stand 1607 bei 200 Gulden, stieg

---

[13] Weissenfels, H.; Weissenfels, S.: Im Rausch der Spekulation. Die Geschichte von Spiel und Spekulation aus vier Jahrhunderten, Rosenheim 1999.

im Jahre 1671 auf 600 Gulden und erreichte mit dem Jahr 1720 den Höchstkurs von 1.200 Gulden.

Es entstand ein reger und ausgedehnter Handel mit Aktien und anderen Gütern. 1636 setzte eine lebhafte Spekulation mit Tulpenzwiebeln[14] ein, die sich damals besonderer Beliebtheit erfreuten. Die Tulpe war ursprünglich aus der Türkei nach Mitteleuropa gekommen und wurde bald danach systematisch gezüchtet. Erstaunlicherweise begann bald darauf eine kaum zu bändigende Spekulation mit Tulpenzwiebeln. Zeitweise war eine einzige Zwiebel mehr wert als ein ganzes Haus. Viele Menschen fingen an, ihr gesamtes Vermögen in Tulpenzwiebeln anzulegen. Von Jahresanfang 1637 bis zum Höhepunkt der Spekulation am 5. Februar 1637 stiegen die Preise auf das Dreifache (Semper Augustus) bis 50fache (Gheele Croonen). Nach dem Platzen der Blase fielen die Kurse der Zwiebeln auf unter ein Prozent ihres früheren Höchststands.

Gewinne in der Südsee

In London wurde eine Börse erst im Jahre 1688 gegründet. Als die Bank von England als Aktiengesellschaft firmierte, wurden weitere 53 Aktiengesellschaften ins Leben gerufen. Initialzündung für die Aktienspekulation in England war die Gründung der South-Sea Company 1711 in London. Bis zum Jahr 1720 hatte England bereits 200 Aktiengesellschaften.

Die South-Sea Company, die das Handelsmonopol mit Südamerika besaß, weckte die spekulativen Phantasien der Anleger. Der Gründung lag bereits eine Täuschung zugrunde; denn Spanien wollte auf jeden Fall den von England angestrebten Handel mit seinen Kolonien unterbinden und hatte kein Interesse daran, dass England die Handelsbeziehungen mit Südamerika ausbaute. In Wirklichkeit war die South-Sea Company gegründet worden, um englische Staatsschuldscheine in Höhe von 10 Millionen Pfund zu übernehmen.[15] Die Gesellschaft erhielt als Gegenleistung für die zu zahlenden Zinsen die gesamten Einnahmen auf indirekte Steuern, wie sie auf Tabak, Seide und andere Güter erhoben wurden. In einem eigenen Gesetz namens South Sea Act überschrieb der englische Staat weitere garantierte Schuldscheine in Höhe von zwei Millionen Pfund auf die Aktiengesellschaft. 1720 entschloss sich das Parlament die kompletten Staatsschulden auf die South-Sea Company zu

---

[14] Garber, Peter M. : „Tulipmania", Journal of Political Economy, 97 (1989), S. 535–560.
[15] König, J. G.; Peters, M.: Börse. Aktien und Akteure, Frankfurt/Main 2002, S. 40 ff.

übertragen, was den Aktienkurs von 135 Pfund im Jahre 1717 auf über 400 Pfund schnellen ließ. Dafür musste die Gesellschaft an die Anteilseigner bis 1727 einen jährlichen Zins von 5 Prozent entrichten und erhielt im Gegenzug weitere Monopolrechte.

Mitte des Jahres 1720 schließlich erreichte der Kurs 900 Pfund, was die Spekulationsfreude der Anleger weiter anspornte. Im Gefolge dieser Ereignisse brach in London ein regelrechter Börsenboom aus, der zur Gründung weiterer – wie man sie damals bereits ironisch nannte – „Bubble Companies" führte. Die Change Alley, der damalige Börsenplatz in London, verwandelte sich in einen mondänen Versammlungsort, wo Spekulanten und Anleger sich trafen. Die englische Regierung war über dieses Spekulationsfieber so beunruhigt, dass sie den „Bubble Act" verabschiedete, der zwingend vorsah, dass jede Aktiengesellschaft einer Genehmigung durch das Parlament bedurfte. Doch es war zu spät: Im Herbst des Jahres 1720 begann ein dramatischer Kurssturz, der 190 Unternehmen mit sich riss und schwere Pleiten auslöste. Der South-Sea Company blieb dieses Schicksal erspart, denn die englische Regierung zwang die Bank von England die staatlichen Schuldscheine teilweise zurückzukaufen, und so konnte die legendäre South-Sea Company einen Vergleich abschließen. Danach wurde sie bedeutungslos.

John Laws Experiment

John Law war der Sohn eines reichen Goldschmieds und Bankiers aus Schottland. Er war auch Aktionär der South-Sea Company gewesen, verlor aber sehr viel Geld. Im Jahr 1715 schlug er dem Herzog Philippe von Orléans vor, das Steuersystem in Frankreich zu reformieren, indem man einen Handelskonzern gründen und Papiergeld einführen sollte. Frankreichs Finanzen waren durch die zahlreichen Kriege, die Ludwig XIV. geführt hatte, völlig zerrüttet. Der Herzog, der die Regierungsgeschäfte für den noch jugendlichen Ludwig XV. führte, willigte ein, so dass Law als Erstes eine Bank gründen konnte – die Banque Générale. Bereits 1717 gab sie mit staatlicher Genehmigung Banknoten als Zahlungsmittel heraus. Im selben Jahr gründete John Law die Mississippi-Gesellschaft, deren Aufgabe die Exploration und Ausbeutung einer Goldmine im damals französischen Louisiana war.

John Laws „Compagnie des Indes" (auch Mississippi-Gesellschaft genannt) verfügte über das Monopol für den Handel am Mississippi und später mit China und den französischen Südsee-Kolonien. Im Jahr 1718 erhielt die Gesellschaft zusätzlich das Tabakmonopol.

Im Jahr 1719 versprach John Law den Anlegern eine traumhafte 40%ige Rendite auf Anteile an der Gesellschaft. Dass dies völlig unrealistisch war, musste jedem einsichtig sein, der sich schon einmal mit Wirtschaftsgeschichte oder der Börse befasst hatte. Dennoch investierten viele Anleger ihr gesamtes Geld. Die Zahlungen wurden durch die Emission von Anteilsscheinen finanziert. Die ersten Anleger erhielten eine annualisierte Rendite von 120%, die immer neue Anlegerscharen anlockte. Der Aktienkurs stieg von 500 Livres im Mai 1719 auf gigantische 10.000 Livres im November 1719. Die South-Sea Company, die auch die Monopolrechte für den Handel mit den britischen Südsee-Kolonien hatte, arbeitete in Großbritannien nach dem gleichen Muster, lieferte zwischen Februar und April 1720 sogar 100% Rendite, indem sie ständig neue Anteilsscheine emittierte.

Die Katastrophe nahm ihren Anfang, als ein Großanleger versuchte, größere Mengen an Banknoten in Münzen umzutauschen. Viele andere Anleger machten es ebenso und wollten die Banknoten sich in Gold oder Münzgeld ausbezahlen lassen. Schließlich brach eine verheerende Panik aus; ein neu erlassenes Gesetz beschränkte den Besitz von Münzgeld auf 500 Livres pro Person, was dazu führte, dass die Immobilienpreise gewaltig anstiegen. Die beginnende Inflation löste eine dramatische Flucht in Sachwerte aus. Als der Kurs der Mississippi-Gesellschaft unter 4.000 Livres sank, griff die französische Regierung ein. 4,4 Millionen Aktien wurden per Dekret für wertlos erklärt, so dass der Aktienkurs auf 500 Livres fiel. John Law musste daraufhin ins Ausland fliehen.

Die Entwicklung des Finanzsystems im 19. Jahrhundert

Der Wendepunkt in der Entwicklung des Finanzsystems begann, als in Großbritannien 1824 der Bubble Act aufgehoben wurde und sich die London Stock Exchange rasch entwickelte. In Frankreich blieben die Regulierungen bestehen und die Finanzmärkte stagnierten. Auslöser für die nun einsetzende rasante Entwicklung des Finanzsystems war der Eisenbahnbau. Gab es in Großbritannien 1840 erst 500 Kilometer Eisenbahn, so waren es 1870 bereits 20.000 Streckenkilometer, die das Land mit einer besseren Infrastruktur ausstatteten und die Preise für Waren sinken ließen. Die Steinkohleförderung und die Roheisenerzeugung profitierten unmittelbar vom Eisenbahnbau, der in allen westeuropäischen Ländern allmählich zur wichtigsten Wirtschaftsbranche wurde. Der hohe Kapitalbedarf förderte die Ausbreitung von Aktiengesellschaften.

Als die erste deutsche Eisenbahn, die zwischen Nürnberg und Fürth verkehrte, am 7.12.1835 eröffnet wurde, erreichte die 100-Gulden-Aktie die in der zu dieser Zeit üblichen Notierung 80 Prozent. Sie war um 20 Prozent gefallen, da Experten der Eisenbahn bescheinigten, Passagiere würden eine Geschwindigkeit von 30 Stundenkilometern nicht überstehen, ohne dem Wahnsinn zu verfallen. Zudem schlugen sie vor, man solle die Eisenbahn mit einem Bretterzaun umgeben, da sonst das Vieh auf den Feldern vor Schreck tot umfiele, wenn es das dampfende Ungetüm sähe. In Anbetracht dieser Panikmache fielen die Aktien nach ihrer Emission um 20 Prozent. Doch bereits im März 1836 waren die Aktien der ersten deutschen Eisenbahn auf 400 Prozent angestiegen und hatten sich innerhalb eines Jahres vervielfacht.

Die Börsen, die es damals in Deutschland gab, waren als Körperschaft des öffentlichen Rechts organisiert und wurden von den örtlichen Kaufleuten getragen und finanziert. Bei der Abwicklung des Börsenhandels waren Privatbankiers federführend. Preußen förderte die Spekulation mit Aktien, als 1842 eine Verordnung proklamiert wurde, die die Verzinsung von preußischen Obligationen auf 3,5 Prozent senkte. Zugleich wurde die Mindestausschüttung von Eisenbahnaktien per Verordnung auf 3,5 Prozent heraufgesetzt, was die Nachfrage nach Eisenbahnaktien permanent erhöhte. Eisenbahnaktien galten gar als mündelsicher. Ein Aktienindex, der für diese Papiere im Nachhinein für Forschungszwecke rekonstruiert wurde, zeigt auf, dass der Index von 41,6 Ende des Jahres 1842 auf 57,8 zu Beginn des Jahres 1844 stieg.[16]

Da Privatbanken den steigenden Kapitalbedarf beim Eisenbahnbau nicht mehr befriedigen konnten, wurde 1853 die Darmstädter Bank für Handel und Industrie als erste deutsche Bank in Form einer Aktiengesellschaft gegründet.

In Frankreich entstand 1852 die Credit Mobilier, die als Archetyp der modernen Geschäftsbanken gilt. Die Finanzsysteme von Großbritannien und Frankreich waren maßgeblich für die in den USA und in Deutschland. Das US-Finanzsystem wurde vorwiegend durch das britische Vorbild geprägt. Die in den USA schon immer vorhandene Abneigung gegen eine zentralisierte Macht führte zur Abschaffung zweier Zentralbanken 1811 und 1837 sowie zum Verbot von bundesstaatsübergreifenden Banken (McFadden Act von 1927) und von Universalbanken (Glass-Steagall Act von 1933, der erst 1998 aufgehoben wurde).

In Deutschland wurden in den beiden Zeiträumen von 1850 bis 1857 und 1866 bis 1873 nach französischem Vorbild die noch heute

---

[16] König, J.-G.; Peters, M.: Börse. Aktien und Akteure, Frankfurt/Main 2002, S. 57.

1.2 Die Geschichte der Börse als Finanzsystem

im Vordergrund stehenden, großen Geschäftsbanken (Dresdner Bank, Deutsche Bank und Commerzbank) gegründet, die sich zu den Pfeilern des Hausbankensystems entwickelten. Noch heute zeigt sich diese historische Entwicklung darin, dass deutsche Unternehmen eine geringere Kapitalmarktorientierung aufweisen und die Unternehmensfinanzierung über Hausbanken organisieren.

Die Gründerzeit

Nach dem Deutsch-Französischen Krieg 1870/71 begann in Deutschland ein beispielloser Aufschwung. In den Jahren 1871 und 1872 wurden 800 Aktiengesellschaften gegründet – das waren mehr als in der gesamten ersten Hälfte des neunzehnten Jahrhunderts. Es entstand ein ähnliches Gründerfieber und ein Börsenboom wie zur Zeit der New Economy. Die Berliner Börse, die den ironischen Namen „Palast der Gräfin Mumpitz" trug, erreichte mehr als 100 Millionen Mark Umsätze pro Tag.

Doch am 13. Mai 1873 brachen die Kurse plötzlich ein. Von den 375 Industrieaktien notierten nach diesem Debakel nur noch 75 über dem Emissionswert. Der endgültige Kollaps folgte im Herbst. Von den 1.018 Aktiengesellschaften, die zwischen 1870 und 1873 gegründet worden waren, mussten 180 Insolvenz anmelden. Die Anleger verloren schätzungsweise über 1,5 Milliarden Taler. Eine lange, bedrückende Baisse folgte. Erst um die Jahrhundertwende konsolidierte sich die Lage, nachdem die Regierung 1896 ein Börsengesetz verabschiedet hatte. Es gab um 1900 in Deutschland über 5.000 Aktiengesellschaften.

Die Börse zu Beginn des 20. Jahrhunderts

Im Ersten Weltkrieg wurden die Börsen bis zum November 1917 geschlossen. Obwohl der Börsenhandel offiziell verboten war, führten die Banken den Handel unter sich weiter. Während des Krieges stiegen die Aktienkurse kontinuierlich, fielen aber nach dem Versailler Vertrag.

Während in den USA die Börsenkurse in den zwanziger Jahren stetig aufwärts tendierten, stagnierten die deutschen Börsen, denn es mangelte überall an Kapital. Die Unternehmen kürzten die Dividendenausschüttungen, und Privatanleger hatten infolge der schweren Hyperinflation im Jahre 1923 kaum noch Geld. Das Bruttosozialprodukt pro Einwohner erreichte erst wieder 1927 den Vorkriegsstand.

Die Börse zeigte nach 1926 einen deutlichen Aufwärtstrend, der zu verstärkten Emissionen führte. Es wurden Aktien im Wert von 629

Millionen Reichsmark herausgegeben. Doch bereits 1927 kam es zu einem ersten Crash an den deutschen Börsen. Neben den heute noch vorhandenen Standorten gab es damals auch eine Wertpapierbörse in Augsburg, Chemnitz, Dresden, Essen, Lübeck und anderen Orten.

In den USA, wo die Industrieproduktion dank neuer tayloristischer Fertigungstechniken in dem Zeitraum von 1921 bis 1929 jährlich um vier Prozent stieg, erreichten die Börsen stets neue Höchstkurse. Das reale Bruttoeinkommen erhöhte sich von 1921 bis 1929 um etwa 25 Prozent. Anders als in Deutschland waren Aktien in den USA schon damals sehr populär und auch unter Privatanlegern weit verbreitet. Es war möglich, Aktien durch Hinterlegung einer Sicherheit auf Kredit zu kaufen. Im Jahre 1929 betrugen die Kredite auf Wertpapiere allein 12 Milliarden US-Dollar. Einzelne Banken versprachen, man könne mit einer monatlichen Sparrate von 20 US-Dollar innerhalb 20 Jahren ein Vermögen von hunderttausend US-Dollar erreichen. Selbst in einer sonst an Finanzfragen eher uninteressierten Frauenzeitschrift wie dem „Ladies' Home Journal" wurde das Aktiensparen propagiert.

In den zwanziger Jahren des vorigen Jahrhunderts erfreuten sich Unternehmen, die technische Innovationen versprachen, großer Beliebtheit. Zu den damaligen Favoriten zählten neben Flugzeugherstellern vor allem die Automobilindustrie sowie Radio- und Telefonunternehmen. So stieg beispielsweise der Aktienkurs des Flugzeugherstellers Wright im Jahre 1928 von 69 US-Dollar auf 290 US-Dollar. Obwohl nur fünf Prozent der Bevölkerung Aktien besaßen, wurde der Börsenboom von vielen Menschen in den Medien mit großer Anteilnahme verfolgt. Eine wachsende Begeisterung beflügelte die Kurse, und selbst Präsident Hoover sah die Zeit gekommen, in der dank der Börse alle Menschen am Wohlstand teilhätten.

Die Weltwirtschaftskrise

Doch dann kam einer der größten Börsencrashs der Wirtschaftsgeschichte, mit dem die Weltwirtschaftskrise ihren Anfang nahm: Von Donnerstag, dem 24. Oktober 1929, der in Europa wegen der Zeitverschiebung vor allem als der „Schwarze Freitag" erlebt wurde, bis Dienstag, den 29. Oktober 1929 erlebten die Börsen in Nordamerika und Europa einen bis dahin unvergleichlichen Einbruch. Ein eilends zusammengestelltes Konsortium versuchte in New York, die Börsenkurse mit 240 Millionen US-Dollar zu stützen, aber diese Rettungsmaßnahme erwies sich als vergebens. Am schlimmsten war, dass sich dieser Abwärtstrend bis zum März 1933 fortsetzte. Von 1929 bis 1932 fiel die Chrysler-Aktie von 135 auf 5 US-Dollar, General Electric stürzte von 220 auf 20 US-Dollar.

1.2 Die Geschichte der Börse als Finanzsystem

In Deutschland stieg unterdessen die Arbeitslosigkeit von zwei Millionen im Juli 1929 auf über sechs Millionen Ende 1932. Als 1931 die Darmstädter und Nationalbank schließen musste, befürchtete man, dass das gesamte Finanzsystem in Deutschland kollabieren könnte. Deshalb verordnete die Regierung Bankfeiertage, also eine vorübergehende Zwangsschließung der Kreditinstitute, und eine Schließung der Börse am 13. Juli 1931. Die nachfolgende Zollpolitik der meisten Länder führte zu einer Verringerung des Welthandels und verschlimmerte die Weltwirtschaftskrise in erheblichem Maße.

Während der NS-Zeit wurde die Zahl der Börsen in Deutschland reduziert, und nur noch inländische Aktien konnten gehandelt werden. Emissionen bedurften einer staatlichen Genehmigung und dienten in erster Linie der verdeckten staatlichen Kapitalbeschaffung. Während des Zweiten Weltkriegs blieben die Börsen bis Ende April 1945 geöffnet. Die Kriegskonjunktur ließ die Aktienkurse in den Jahren 1940 und 1941 um durchschnittlich 20 Prozent ansteigen. Aktien wurden populärer, denn die durch staatliche Verordnungen zurückgestaute Inflation förderte eine Flucht in die Sachwerte. Ab 1941 wurden die Börsen stärkeren Restriktionen unterworfen: Gewinne wurden durch die so genannte Dividendenabgabeordnung abgeschöpft, und es gab eine Anmeldepflicht für Aktienbesitz. Im Sommer 1943 wurde ein allgemeiner Kursstopp verfügt, der Höchstkurse festsetzte. Die Dividendenausschüttung wurde auf 3,3 Prozent des Börsenkurses begrenzt.

Die Nachkriegszeit

Nach dem Zweiten Weltkrieg trafen sich die ersten Börsianer bereits am 9. Juli 1945 in Hamburg. Der Wertpapierhandel in Frankfurt am Main wurde im September 1945 im Keller des Börsengebäudes wieder aufgenommen. Es gab große Schwierigkeiten und Probleme; die meisten Aktien waren seit 1943 im Girosammeldepot der Reichsbank gelagert worden, die sich nun im sowjetischen Sektor von Berlin befand. Auch die Zentralen der Großbanken, bei denen viele Anleger ihre Wertpapiere im Tresor verwahrt hatten, gehörten nun den Sowjets. Der erste Handel kam nur zustande mit Aktien, die in den westlichen Zonen in Privathänden oder in den dortigen Banken deponiert worden waren. Regelmäßige Notierungen erfolgten erst 1946, und selbst dann änderten sich die Kurse kaum, da die Kursstopp-Verordnung aus der NS-Zeit noch immer galt.

Als die Währungsreform im Juni 1948 durchgeführt wurde, hatten Aktionäre Glück, denn Aktien wurden anders als Sparguthaben im Verhältnis 1 zu 1 in D-Mark umgetauscht. Trotz dieses vorteilhaften Umstandes erholte sich die Börse nicht. Vielmehr kam es zu einem dramatischen Kurseinbruch, der durch die Berlin-Blockade noch verschlimmert wurde. Die Aktienkurse fielen innerhalb weniger Monate um 70 bis 90 Prozent. Offiziell nahm die Frankfurter Börse, die nun aufgrund der Teilung Deutschlands zur Leitbörse avancierte, am 2. August 1948 den Handel wieder auf. Dennoch erholten sich die Finanzmärkte kaum, da klare gesetzliche Vorgaben fehlten und der Dividendenstopp bis 1952 bestehen blieb.

Erst zur Zeit des so genannten Wirtschaftswunders in den fünfziger Jahren nahm das Interesse an Aktien wieder zögerlich zu. Im Jahr 1956 wurden in Frankfurt erstmals sechs amerikanische Industrieaktien gelistet, und 1958 kam das niederländische Unternehmen Philips hinzu. Durch das 1957 verabschiedete Rentenreformgesetz, das eine Dynamisierung der Rentenzahlungen vorsah, wuchs die Kaufkraft der Bevölkerung um mehr als vier Milliarden Mark. Im März 1957 wurden die Römischen Verträge unterzeichnet, die zur Gründung der Europäischen Wirtschaftsgemeinschaft führten, und im Juni und im Juli wurde das Kartellgesetz und das Bundesbankgesetz verabschiedet. Im Jahre 1959 schließlich wurde die D-Mark eine frei konvertible Währung, was für deutsche Aktien äußerst vorteilhaft war.

Volksaktien

Die Bundesregierung beschloss im Rahmen der Privatisierung staatlicher Unternehmen die Schaffung von Volksaktien, die Arbeitnehmern mit einem niedrigen Einkommen einen Rabatt von drei Prozent gewährten. Die erste Aktie, die mit einem solchen Rabatt in den Handel kam, war die Preussag-Aktie. Aufgrund dieser Maßnahmen, die die Aktienkultur und die Börsen förderten, entstand in den Jahren von 1959 bis Mitte 1961 eine starke Hausse. Die Kurse stiegen von 300 Punkten auf über 800 Punkte im August 1960. Erst mit dem Bau der Berliner Mauer und der Kuba-Krise im Jahre 1961 sanken die Kurse um 100 Indexpunkte.

Im Jahre 1961 startete die Bundesregierung eine zweite Emission von Volksaktien. Diesmal gab es Rabatt auf die VW-Aktie. Die Zahl der Depotkonten stieg von 850.000 auf über zwei Millionen. Die dritte Emission betraf die Veba-Aktie. Diesmal verzichtete die Bundesregierung auf einen Nachlass, teilte aber die Aktien vorzugsweise Geringverdienern zu, die ein Jahreseinkommen von 8.000 bis 16.000 DM hatten. Diese Hausse, die in die deutsche Wirtschaftsgeschichte unter dem Namen „Wirtschaftswunder" einging, endete 1962.

Die sechziger und siebziger Jahre waren für die Börse ausgesprochen schwierige Jahrzehnte, denn es gab kaum Impulse und die Kurse entwickelten sich nur mäßig. Im Jahre 1965 wurde die Stück-

1.2 Die Geschichte der Börse als Finanzsystem

notierung eingeführt und die alte Prozentnotierung aufgegeben. Ende der sechziger Jahre hatte man auf einen Tronics-Boom, einen Aufwärtstrend der Elektronikwerte gesetzt, die auch von der Mondlandung profitieren sollten. Doch die siebziger Jahre enttäuschten: Die Ölkrisen und enorm steigende Inflationsraten brachten gerade bei den Blue Chips empfindliche Kursverluste mit sich. Eine starke Rezession verhinderte einen nachhaltigen Wirtschaftsaufschwung. In den siebziger Jahren profitierten lediglich die Öl- und Goldminenwerte. Kriege, Krisen und Unruhen im Nahen Osten ließen den Ölpreis kontinuierlich steigen. Im Jahr 1982 war der Tiefpunkt der wirtschaftlichen Entwicklung erreicht: In Deutschland schrumpfte das Wirtschaftswachstum, und es gab zum ersten Mal mehr als zwei Millionen Arbeitslose. Ein so altehrwürdiges Unternehmen wie AEG stand vor dem Aus und musste einen Vergleich beantragen. In dieser Situation war auch die sozialliberale Koalition mit ihrer keynesianisch beeinflussten Wirtschaftspolitik am Ende.

Börsenboom und Ernüchterung

Eine Trendwende setzte weltweit 1983 ein. Mit diesem Jahr begann ein in der Geschichte einzigartiger Börsenzyklus, der alle bisherigen Kursentwicklungen übertraf. Dieser Zyklus bescherte einen Börsenboom, dessen Dynamik historisch unvergleichlich war. Bereits im Jahre 1983 legte der Index um erstaunliche 40 Prozent zu. Im Jahr 1985 erreichten die Aktienkurse mit einem Anstieg von 65 Prozent einen neuen Rekord. Ein beispielloses Aktienfieber brach aus, und das Wort „Yuppie" umschrieb die neue urbane Lebensform des arrivierten Börsenjongleurs, der sich ganz der Selbstverwirklichung verschrieb und an den internationalen Finanzmärkten zu Hause war. Der Film „Wall Street" spiegelt das euphorische und glamouröse Lebensgefühl der achtziger Jahre wider. Glanzvolle Neuemissionen wie die von Boss, Henkel, Nixdorf und Porsche bereicherten den Kurszettel. Die zu 310 DM emittierte Aktie des Sportartikelherstellers Puma explodierte innerhalb weniger Wochen auf einen Kurs von 1.500 DM.

Eine erste Zäsur dieses berauschenden Booms zeigte sich am so genannten „Schwarzen Montag", dem 19. Oktober 1987. Weltweit brachen die Kurse ein – in London gab der Index um 12 Prozent, in Frankfurt um 10 Prozent und in New York fiel die Börse um dramatische 23 Prozent. Selbst am „Schwarzen Freitag" von 1929, der die Weltwirtschaftskrise einläutete, waren die Kurse in New York nur um 22,6 Prozent gefallen. Die Frankfurter Börse musste eine Stunde länger öffnen, um überhaupt die vielen Verkaufsaufträge bewältigen zu können. Doch diese schmerzhaften Kurseinbrüche, die man dem neu eingeführten computergestützten Programmhandel zuschrieb, mündeten in keine langfristige Baisse. Bereits im Folgejahr waren die durchschnittlichen Verluste von 30 Prozent mehr als aufgeholt. Die Öffnung der DDR und die Aussicht auf die Wiedervereinigung im Jahre 1989 sorgten am Jahresende für ein regelrechtes Kursfeuerwerk. Das Jahr 1989 brachte eine Wertentwicklung von über 34 Prozent. Von 1982 bis 1989 hatten sich die Börsenkurse in Deutschland im Durchschnitt verdreifacht.

Der Golfkrieg, der 1990 nach der Besetzung von Kuwait durch den Irak begann, schwächte die Börsenhausse, so dass die Aktienmärkte bis 1993 nur langsam vorankamen. Ab 1993 begann jedoch wieder der gigantische Anstieg der Aktienmärkte, der neue historische Rekorde brach. Der Dow Jones verdreifachte sich in den Jahren von 1994 bis 2000 – er stieg von 3.600 Punkten auf über 11.700. In den meisten europäischen Ländern, die aufgrund ihrer Reformunwilligkeit nicht an die wirtschaftliche Dynamik der USA anknüpfen konnten, verdoppelten sich die Kurse. Der DAX schnellte von 2.500 Punkten auf über 8.000 Punkte.

New Economy

Zur Jahrtausendwende erreichte die Börse ihren Höchststand: Die New Economy mit ihren Internetwerten erzeugte eine unbeschreibliche Börsenstimmung. Allenthalben schossen so genannte Dot.coms aus dem Boden, und es herrschte eine in Deutschland bislang unbekannte Gründereuphorie, die die gesamte Gesellschaft erfasste. Studenten im Alter von 20 Jahren lehnten es ab, in der als langweilig und dröge beschriebenen Old Economy zu arbeiten.[17] Vielmehr verzichtete man nun lieber auf ein lukratives Gehalt und dachte daran, durch Aktienpakete innerhalb weniger Monate zum Millionär zu werden. Karrieren wurden nicht mehr auf die Ochsentour durch die verkrusteten Hierarchien gemacht, sondern in der Teeküche, wo forsche Jungunternehmer von virtuellen, weltumspannenden Firmen träumten. Bei Konzernen brach in der Altherrenriege Panik aus, wollte man doch inmitten dieser Aufbruchstimmung nicht als Fossil oder als ewiggestrig gelten. Venture-Capital-Unternehmen wurden über Nacht aus dem Boden gestampft, um unausgegorenen Konzepten Millionen nachzuwerfen. Je skurriler und unsinniger die Idee erschien, desto begeisterter waren die Investoren. Neue Begriffe wie E-Commerce, E-Learning, E-Government verwirrten die Gemüter, und das Internet wurde allmählich zum Sesam-öffne-Dich für grenzenlosen Reichtum.[18] Als man schließlich schmerzvoll entdeckte, dass all diese Dot.coms keinerlei oder nur bescheidene Um-

---

[17] Niquet, Bernd: Die Generation X am Neuen Markt, 2. Aufl. Kulmbach 1999.
[18] Gommlich, Florian: Internet-Aktien, Niedernhausen/Ts. 2000.

1.2 Die Geschichte der Börse als Finanzsystem

sätze vorzuweisen hatten, dass sie vielmehr ständig neues Geld „verbrannten", brach eine Panik aus.

Im Frühjahr 2000, als noch Hausfrauen, Taxifahrer und Studenten in die Banken stürmten, um die Aktien des Siemens-Ablegers Infineon zu zeichnen, geschah die Katastrophe. Der Markt crashte. Seit dem Jahr 2000 gab es bis zum Frühjahr 2003 nur eine Richtung: nach unten. Immer mehr Skandale und Unregelmäßigkeiten wurden publik. Der einstige Vorzeigeindex des Neuen Marktes, der NEMAX, verlor über 90 Prozent seines Wertes und auch der DAX fiel vom Höchststand von über 8.000 Punkten auf magere 2.500 Punkte. Anleger waren ruiniert, und das Wort „Neuer Markt" löste schon beim Klang Angst und Schrecken aus.[19] Sämtliche Internetwerte gerieten in Verruf, und zahllose Bilanzskandale sorgten für weltweites Aufsehen. In den USA mussten Rentner, die auf Technologieaktien gesetzt hatten, im Supermarkt Aushilfsjobs annehmen, um sich über Wasser zu halten. Anleger, die erst durch die Telekom-Emission an die Börse gekommen waren, erschraken über das Ausmaß des Kursrückgangs. Viele von ihnen kehrten für immer der Börse den Rücken. Gefragt waren nun nur noch Anleihen oder Garantieprodukte.[20]

Die Lebensversicherungen, die erst seit Ende der neunziger Jahre auf den Aktienmarkt gesetzt hatten, verloren Unsummen, so dass die Bundesregierung neue Steuernachlässe gewähren musste. Eine Lebensversicherung – ein in Deutschland bis dahin unerhörter Vorgang – musste ihre Zahlungsunfähigkeit erklären. Die Garantieverzinsung, die in den Neunzigern noch bei üppigen 4 Prozent gelegen hatte, sank auf bescheidene 2,75 Prozent und beschleunigte das Ende der kapitalbildenden Lebensversicherung als Anlageform der Mehrheit.

Die dramatische Katastrophe, die mit dem Zusammenbruch der New Economy den Börsenboom beendete, der 1983 begonnen hatte, war begleitet von anderen schwerwiegenden Ereignissen wie dem Anschlag vom 11. September 2001, dem Krieg in Afghanistan und im Irak. Im Jahre 2000 – kurz nach der Jahrtausendwende – endete die glanzvolle Jahrhunderthausse, das goldene Zeitalter,[21] das die Börse zu einer der bedeutendsten Institutionen weltweit gemacht hatte. Erst seit dem Beginn des zweiten Golfkriegs im Jahre 2003 konnten sich die Kurse teilweise wieder erholen. Aber noch immer notiert der DAX weit unter dem Höchststand, den er Ende der neunziger Jahre mit über 8.000 Punkten erreicht hatte.

---

[19] Schlieker, Reinhard: Zwischen Reibach und Ruin, München 2002.
[20] Nemec, Peter: Survival-Guide für Kapitalanleger, München 2001.
[21] Nölting, Andreas: Die neue Supermacht Börse, Reinbek bei Hamburg, 2000.

Einzig die osteuropäischen Länder konnten von einem Wirtschaftsboom profitieren, der nach der Russland-Krise 1998 einsetzte. Dasselbe gilt für China, das Wachstumsraten von 7 bis 9 Prozent pro Jahr erreichte. Viele Emerging Markets konnten Ende der neunziger Jahre zulegen, während die Technologiewerte nach der Jahrtausendwende kaum von der Stelle kamen.

Nach dieser fast zwei Jahrzehnte dauernden Börsenhausse, mit der zugleich der Ost-West-Konflikt besiegelt wurde, ist es unwahrscheinlich, dass eine neue Hausse solchen Ausmaßes einsetzt. Die anhaltende Terrorgefahr und die zunehmende Verunsicherung zügeln die Börseneuphorie. Dennoch werden die Emerging Markets und neue technologische Innovationen wie die Nanotechnologie, die Neuen Energien und die Biotechnologie genügend Potenzial haben, um überall auf der Welt neue Chancen für Anleger zu schaffen.

Die Wall Street heute

Die Börse in New York gilt als die größte der Welt. Sie wurde im Jahre 1792 an der Südspitze Manhattans gegründet. Die Legende will es, dass sich die ersten Händler unter freiem Himmel bei einem Buttonwoods-Baum trafen. Inzwischen hat sich vieles geändert, und der computerisierte Handel ist auf dem Vormarsch.

Obwohl auf internationaler Ebene viele Finanzplätze dazu übergangen sind, den vollständigen Computerhandel einzuführen, hält man in New York noch an den traditionellen Handelsformen fest. Über 90 Prozent der Aufträge und Orders werden von Maklern oder Händlern ausgeführt. Zunehmend gerät auch die NYSE unter Druck, denn immer mehr sorgt der Computerhandel an anderen Börsenplätzen und die sprunghafte Zunahme elektronischer Handelsplattformen für einen deutlich schärferen Wettbewerb. An einem normalen Handelstag werden 1,5 Milliarden Aktien im Wert von 46 Milliarden US-Dollar umgesetzt.[22] Zum Vergleich: In London, wo die Börse bereits 1986 den Parketthandel abschaffte, beläuft sich das Handelsvolumen auf 30 Milliarden US-Dollar und in Frankfurt auf 4 Milliarden US-Dollar. Der Gesamtwert aller 2.800 an der NYSE gelisteten Aktiengesellschaften beträgt 17,4 Billionen US-Dollar.

Das Zentrum des eigentlichen Handelsgeschehens bilden die so genannten *specialists;* das sind Kursmaklerfirmen, die das Wechselspiel von Angebot und Nachfrage aufrechterhalten. Sie bekommen eine angemessene Provision und können auf eigene Rechnung Handel

---

[22] Buchter, Heike: Angst vor dem Big Bang. In: Die Zeit, 36 (2004) vom 26. 8. 2004.

betreiben. Für jedes Unternehmen, das an der New York Stock Exchange gelistet ist, gibt es einen „Specialist", der die Betreuung übernimmt.

Der eigentliche Handel findet an den Ständen (Posts) statt, die sich in der Mitte des Parketts befinden. An der Peripherie des Saals sieht man die Booths (Boxen, Ställe) der einzelnen Parketthändler, die sowohl für private Anleger als auch für Banken und Investmentfonds tätig sind. Die meisten dieser Parketthändler arbeiten als Dependancen für die führenden Brokerhäuser in New York. Früher gab es bis zu 50 Specialists, von denen heute nur noch sieben übrig geblieben sind.

Die veraltete Technologie und der Parketthandel führen dazu, dass die New York Stock Exchange zunehmend Marktanteile verliert. Noch werden 80 Prozent der an der NYSE gelisteten Aktien auch von den dortigen Händlern umgesetzt, aber der Anteil der elektronischen Handelsplätze nimmt kontinuierlich zu. Im Jahre 2004 wurden bereits 16 Prozent der NYSE-Aktien über solche Plattformen umgesetzt. So entstand einer der wichtigsten elektronischen Handelsplätze, die ArcaEx, durch die Fusion des elektronischen Handelsplatzes Archipelago mit der in San Francisco ansässigen Pacific Exchange, die dafür den Parketthandel nach über 120 Jahren aufgab.

Dass der Preiswettbewerb immer spürbarer wird, liegt auch an einer gesetzlichen Regelung, die bereits in den siebziger Jahren von der amerikanischen Börsenaufsicht (Securities and Exchange Commission) eingeführt wurde. Die Trade-Through-Rule besagt, dass auch Kleinanleger faire Preise bei der Abwicklung eines Wertpapierauftrags erhalten müssen. Unabhängig davon, wo eine Order platziert wird, muss sie an der Börse ausgeführt werden, wo die Kosten am geringsten sind. Die New York Stock Exchange ist ein privates Unternehmen und setzt sich aus 1366 Eigentümern zusammen, den so genannten Seatholders. An der Höhe des Preises, der für einen Sitz an der New Yorker Börse geboten wird, lässt sich als Stimmungsindikator auch die konjunkturelle Entwicklung ablesen. 1999, als die Börse einen historisch beispiellosen Boom erreichte, kostete ein Börsensitz in New York 2,6 Millionen US-Dollar. Im Jahre 2004 musste ein Interessent dafür nur noch 1,25 Millionen US-Dollar aufwenden.

Die deutschen Börsen im 21. Jahrhundert

Mit der Einführung des vollelektronischen Handels durch das Xetra-System schien die föderale und regionalistische Ausprägung des deutschen Börsensystems gefährdet; denn immer mehr Orders wurden direkt an der größten deutschen Börse – in Frankfurt – abgewickelt. 97 Prozent des Handels mit den DAX-Aktien laufen über Xetra.[23] Im Jahre 2003 waren das ungefähr 22 Millionen Wertpapieraufträge, die von dem vollelektronischen System bearbeitet wurden. Anders sah die Statistik bei den MDAX-Werten aus; der MDAX enthält vorwiegend Aktiengesellschaften mit einer mittleren Börsenkapitalisierung (Mid Caps). Nur noch 90 Prozent der Wertpapierorder wurden über das Xetra-System abgewickelt. Der Grund dafür ist auch, dass Kleinanleger vom Parketthandel einen Vorteil haben: Anders als beim vollelektronischen System, bei dem Teilausführungen durchaus möglich sind, werden beim klassischen Parketthandel die Aufträge von Kleinanlegern vollständig ausgeführt. Bei den Teilausführungen berechnen die depotführenden Banken zusätzliche Gebühren, die für Kleinanleger besonders nachteilig sind.

Die Regionalbörsen versuchen, durch besseren Kundenservice und mehr Transparenz sich Wettbewerbsvorteile zu verschaffen. Auch Kleinanleger werden von den Regionalbörsen umworben. In München führte man ein Handelssystem ein, das den Einblick in das Orderbuch über das Internet gestattet, so dass das Handelsvolumen genau beobachtet werden kann. Die Börse in Stuttgart lockt durch die Vorteile der Vollausführung bei Wertpapieraufträgen mit geringem Umfang und durch niedrige Gebühren. Die Börse in Berlin-Bremen hat sich auf den Handel mit Aktien aus den USA, China und Osteuropa spezialisiert. Inzwischen gibt es dort zirka 9.000 Aktien aus 63 verschiedenen Ländern. China ist inzwischen mit mehr als 1.000 Werten vertreten. Außerdem hat die Börse in Berlin-Bremen den Handel mit Investmentfonds eingeführt. So genannte XTF (Exchange Traded Funds) können im Fonds-X-Segment ohne Ausgabeaufschlag, der bei den Aktienfonds immerhin zwischen 5 und 6 Prozent liegt und auch bei Rentenfonds im Durchschnitt 3 Prozent ausmacht, erworben werden. Pro Monat beläuft sich das Volumen an gehandelten Investmentfonds auf 13.500 Transaktionen. Berücksichtigt man die Bankgebühren, die beim Kauf und Verkauf von Wertpapieren regelmäßig anfallen, so kann der direkte Kauf eines Investmentfonds an der Börse günstiger sein, da man so den Ausgabeaufschlag vermeiden kann. Auch 1.900 geschlossene Fonds, die den Charakter einer Beteiligung haben, werden in Berlin und Bremen gehandelt. Doch sind die Umsätze aufgrund der schwierigen Handelbarkeit von Beteiligungen gering; nur 40 geschlossene Fonds stoßen überhaupt auf Angebot und Nachfrage.

Aufgrund der Stärkung der Regionalbörsen durch Spezialisierung und eine vermehrte Kundenorientierung ging der Marktanteil der

---

[23] Hammer, Thomas: Kleiner Handel, großer Gewinn. In: Die Zeit 22 (2004), vom 19.5.004

1.2 Die Geschichte der Börse als Finanzsystem

Frankfurter Wertpapierbörse von 67,6 Prozent im Jahre 2002 auf 56,9 Prozent Anfang 2004 zurück. Langfristig werden sich trotz aller Bemühungen nur drei Regionalbörsen gegen Frankfurt behaupten können. München konzentriert sich darauf, als Privatanlegerbörse Fuß zu fassen. Die besten Aussichten hat bislang Stuttgart. Die Börse in der schwäbischen Landeshauptstadt konnte sich durch die Derivatebörse Euwax weltweit profilieren. Beim Börsenhandel mit Optionsscheinen hat die Euwax einen Anteil von über 90 Prozent und bei den Zertifikaten hat sie die Frankfurter Börse eingeholt.

Der historisch aus der Zersplitterung Deutschlands im 19. Jahrhundert erwachsene Regionalismus wird sich auch im 21. Jahrhundert weiter behaupten können. Der zunehmende Wettbewerb wird jedoch zu einer stärkeren Spezialisierung und Differenzierung der Börsenlandschaft führen.

2 Die Entwicklung der Finanzmarktforschung

Die Finanzmarktforschung hat in den letzten Jahrzehnten immer neue Ansätze entwickelt und kann heute als eines der dynamischsten Fachgebiete der Wirtschaftswissenschaften angesehen werden. Neben klassischen Theorien und übergreifenden Paradigmen gibt es eine Fülle von empirischen Befunden, die auch für die jeweilige Anlagestrategie von großer Bedeutung sind.

2.1 Was ist eigentlich Finanzmarktforschung?

Der Begriff „Finanzmarkttheorie" oder „Finanzmarktforschung" hat sich im deutschen Sprachraum erst in den letzten Jahren in stärkerem Maße eingebürgert. Konkurrierend dazu wird auch die Bezeichnung „Kapitalmarkttheorie" oder „Kapitalmarktforschung" verwendet, was daher rührt, dass einige Klassiker wie Eugene Fama diesen Begriff verwendet haben. Aufgrund der im angelsächsischen Sprachraum gebräuchlichen Differenzierung zwischen „Standard Finance" und „Modern Finance" wird der Begriff Finanzmarktforschung heutzutage favorisiert. Hinzu kommt, dass seit einigen Jahren deutlich zwischen Finanzmarktforschung und Kapitalmarktforschung unterschieden wird.

- Die Kapitalmarktforschung konzentriert sich auf die Untersuchung und Analyse von börsennotierten Wertpapieren und den dazu gehörenden Märkten, während
- die Finanzmarktforschung auch die für ein Finanzsystem wichtigen Geldmärkte mit einbezieht.

Von der Logik her ist daher die Kapitalmarktforschung nur ein Teilbereich der umfassenderen Finanzmarktforschung.

Die Finanzmarktforschung, die Strukturen, Mechanismen und die Handlungsweisen von Akteuren auf den internationalen Finanzmärkten beschreibt und analysiert, lässt sich in

- die Finanzmarkttheorie,
- die empirische Finanzmarktforschung und
- die experimentelle Finanzmarktforschung untergliedern.

Zur Finanzmarkttheorie gehören Ansätze wie die Moderne Portfoliotheorie (MPT) von Markowitz, die bereits in den fünfziger Jahren entwickelt wurde, das Capital Asset Pricing Model (CAPM), die Arbitrage Price Theory (APT) und die Optionspreistheorie.[24] Diese Ansätze entstanden in den fünfziger, sechziger und siebziger Jahren des vorigen Jahrhunderts.

Im darauf folgenden Jahrzehnt vollzog sich ein Paradigmenwechsel, der zum noch heute zu beobachtenden Aufschwung der empirischen Finanzmarktforschung führte. In zahlreichen Studien wurden verschiedene Börsenanomalien und Überrenditeeffekte untersucht.

In den neunziger Jahren bekam die experimentelle Finanzmarktforschung durch leistungsfähigere Computer und verbesserte Simulationsmodelle, die sich auch neuronaler Netze bedienten, Aufwind. Auch das verhaltenswissenschaftliche Paradigma, das sich auf die Analyse von Anlegerverhalten, börsenpsychologische Aspekte und Massenphänomene konzentrierte, konnte sich in den neunziger Jahren zunehmend durchsetzen. Seitdem herrscht in der Finanzmarktforschung ein gewisses Spannungsverhältnis zwischen den großen theoretischen Konzeptionen der Klassiker, zu denen neben Markowitz und Sharpe vor allem Eugene Fama zählt, und der empirischen Praxisorientierung der Finanzmarktforschung.

Anders als bei einem grundlegenden Paradigmenwechsel vollzog sich in der Finanzmarktforschung keine Abkehr von den Einsichten der Klassiker, da deren Befunde nicht ohne weiteres widerlegt werden können. Gründe dafür könnten sein, dass sich deren Prämissen einer empirischen Überprüfung entziehen oder zu global formuliert sind. Selbst bei jenen Theorieelementen, die man unter eingeschränkten Rahmenbedingungen einer empirischen Überprüfung unterzogen hat, sind die Ergebnisse widersprüchlich und ergeben kein klares Bild.

Insofern ist die Finanzmarktforschung keineswegs von einer Dichotomie geprägt, sondern die beiden Richtungen beeinflussen sich wechselseitig und führen zu neuen anspruchsvollen Forschungsprogrammen mit interdisziplinärer Ausrichtung. Auch wenn einige Prämissen modifiziert werden und einige der großen Theorien Abstriche hinnehmen müssen, so beflügelt die kontroverse Diskussion die Forschung.

- Die Standard Finance mit ihren theoretischen Ansätzen und ihren globalen Erklärungsmustern inspiriert die heuristischen Fragestellungen der empirischen und der experimentellen Finanzmarktforschung.
- Die Modern Finance hat mit ihren Untersuchungen zu den Kursanomalien, zu Akteurkonstellationen und Mikrostrukturen an Finanzmärkten sowie durch die Forschungen zu den Verhaltenswei-

---

[24] Hull, John C.: Options, Futures and Other Derivative Securities, 3. Aufl. Englewood Cliffs 1998.

sen der Anleger und den damit verbundenen börsenpsychologischen Phänomenen erheblich an Gewicht gewonnen.

2.2 Die einzelnen Etappen der Finanzmarkttheorie

Die eigentliche Geburtsstunde der Finanzmarktforschung war zu Beginn des zwanzigsten Jahrhunderts. Natürlich könnte man die Datierung früher beginnen lassen, wenn man beispielsweise Adam Smith und sein berühmtes, im Jahre 1776 entstandenes Werk „An Inquiry Into the Nature and Causes of the Wealth of Nations" hinzurechnet. Die Finanzmarktforschung verdankt ihre Entstehung jedoch den genialen Einsichten eines nahezu unbekannten französischen Mathematikers namens Louis Bachelier, der im Jahre 1900 eine Theorie der Spekulation entwickelte und die Schwankungen des Aktienkurses als zufallsbedingt beschrieb. Diese Abhandlung erschien 1900 in den „Annales de l'Ecole Normale Supérieure" in Paris und wurde von den Zeitgenossen gänzlich ignoriert. Die meisten Mathematiker hielten eine Abhandlung über die Spekulation mit Aktien für eine fragwürdige Angelegenheit und beachteten die bahnbrechende Arbeit nicht weiter. Louis Bachelier starb verkannt als Professor der Mathematik in der französischen Provinz.

Erst mehr als ein halbes Jahrhundert später trug Markowitz zur Entwicklung der Finanzmarktforschung bei, und Bacheliers Betrachtungen zur Zufallsabhängigkeit von Aktienkursen wurden erst wieder in den siebziger Jahren unter der Bezeichnung „Random-Walk-Hypothese" weitergeführt. Derartige Zäsuren waren in der Finanzmarktforschung keine Seltenheit und machen deutlich, dass die akademische Forschung bisweilen bei den Praktikern wenig Resonanz und Anerkennung fand.

2.2.1 Benjamin Graham und die Fundamentalanalyse

Besser erging es dem Nestor der Fundamentalanalyse, Benjamin Graham, dessen veröffentlichtes Buch sofort nach der Publikation bekannt wurde und auch Jahrzehnte später die Analysten beeinflusste. Noch heute schwören etliche Anleger auf dieses Werk, das bedeutende und berühmte Investoren wie beispielsweise Warren Buffet nachhaltig geprägt hat. Benjamin Grahams Standardwerk „Securities Analysis, Principles and Technique", das er zusammen mit Dodd 1934 in New York publizierte, revolutionierte die Aktienanalyse.

Während die Anleger sich vorher eher an den zufälligen Empfehlungen der Broker orientiert hatten oder der bereits Anfang des zwanzigsten Jahrhunderts entstandenen Dow-Theorie folgten, die als Vorläufer der technischen Analyse und des Chartreading gelten kann, ermöglichte es Grahams Aktienanalyse,[25] Wertpapiere nach fundamentalen Kriterien wie Bilanzkennzahlen zu bewerten. Diese Analyse erhielt damit objektive und nachvollziehbare Kriterien. Schwachpunkt an diesem Verfahren war, dass zu Grahams Zeiten nur unzuverlässiges Datenmaterial von den Unternehmen veröffentlicht wurde und auch die Datenbeschaffung ein großes, kaum überwindbares Problem darstellte.

Dennoch setzte sich die Fundamentalanalyse sehr schnell durch und erreichte einen großen Anhängerkreis. Dazu haben sicherlich auch die Umstände der schweren Weltwirtschaftskrise beigetragen, in deren Gefolge das Werk erschien. Mit dem so genannten „Schwarzen Freitag" an der New York Stock Exchange im Jahre 1929 waren weltweit alle Börsen dramatisch eingebrochen. Der gewaltige Kursrückgang erstreckte sich über viele Jahre bis weit in die dreißiger Jahre hinein. Erst 1954 erreichte die Börse wieder das Niveau, das sie Mitte der zwanziger Jahre in den erfolgreichen „Roaring Twenties" gehabt hatte. Benjamin Grahams bahnbrechendes Werk[26] half vielen verunsicherten Investoren und Anlegern das Vertrauen in die Märkte zurückzugewinnen.

Kernstück seiner Theorie ist die Auffassung, der Anleger müsse „unterbewertete" Aktien heraussuchen, da diese das größte Kurspotenzial hätten. Er postulierte einen „inneren Wert" (intrinsic value), den es durch eine sorgfältige und differenzierte Aktienanalyse zu ermitteln galt. Aktien mit einem großen inneren Wert wurden seiner Ansicht nach von den Börsianern falsch eingestuft oder unterschätzt. Es handelte sich um Unternehmen, die über große Vermögensgegenstände (beispielsweise Immobilien) verfügten, jedoch von den Anlegern und Brokern wenig beachtet wurden und deshalb unterbewertet waren. Als Argument wurde angeführt, dass unbekannte Unternehmen in abgelegeneren Landesteilen oder Familienunternehmen mit geringerem Bekanntheitsgrad mit einem Abschlag gehandelt wurden. Dasselbe galt für Firmen, die aufgrund eines Misserfolgs mit Kursrückgängen bestraft wurden, aber eine gute Substanz vorweisen konnten.

Der berühmte Warren Buffet,[27] der als einer der reichsten Männer der Welt angesehen wird und vermutlich einer der wenigen ist,

---

[25] Lowe, Janet: Die Graham-Methode. Benjamin Grahams Value-Investing. Schritt für Schritt, Rosenheim 1999.
[26] Graham, Benjamin: The Intelligent Investor, 4. Aufl. New York, Evanston, London 1986.
[27] Simmons, Richard: Die Buffet-Methode. Warren Buffets Anlagestrategien. Schritt für Schritt, Rosenheim 1999.

die durch die Börse zu seinem Vermögen kamen, hielt sich zeit seines Lebens getreu an die Grundlagen, die Benjamin Graham in seiner Fundamentalanalyse formuliert hatte. Erst in den späteren Jahrzehnten seines Schaffens vollzog Warren Buffet eine gewisse Kehrtwende und wandte auch andere Prinzipien und Strategien an.

Obwohl Benjamin Graham sicherlich zu den herausragenden Gestalten in der Geschichte der Finanzmarktforschung zählt, sind seine Ansätze heute umstritten und werden kontrovers beurteilt. Für viele Experten ist es nahezu unmöglich, objektiv unterbewertete Papiere zu finden. Es gibt dafür mehrere plausible Gründe. Zum einen ist das Konzept des „intrinsic value" nicht eindeutig; die Kennzahlen, die Graham verwendete, wurden später verändert und durch aktuellere und gängigere Kennzahlen ersetzt. In der Forschung zeigt sich, dass erheblich unterbewertete Aktien auch viele Risiken beinhalten. Eine solche drastische Unterbewertung kann die Folge verheimlichter Probleme und Schwierigkeiten sein, die aber aufgrund von Gerüchten oder informellen Kontakten den institutionellen Anlegern bekannt sind.

Probleme von Grahams Ansatz

Nach der strengen Form der Informationseffizienz, wie sie die Efficient Market Hypothesis (EMH) formuliert, gibt es keine vertraulichen Informationen, die nicht auf den internationalen Kapitalmärkten bekannt sind. Diese Hypothese geht davon aus, dass selbst absolut streng geheim gehaltene Insiderinformationen durchsickern und so auf Umwegen zu den Marktteilnehmern gelangen. Deshalb sind nach der Effizienzmarkthypothese in ihrer strengen Ausprägung auch solche internen Probleme längst bekannt geworden. Die institutionellen Anleger haben diese Informationen erhalten, so dass sie in die Kurse eingepreist wurden. Auch wenn strenge gesetzliche Verbote, insbesondere in den USA, jeglichen Insiderhandel und die Weitergabe von vertraulichen Informationen an einzelne Analysten ausdrücklich verbieten, ist der Informationsfluss nicht aufzuhalten. Wenn man der Auffassung der Effizienzmarkthypothese folgt, sind demnach diese vermeintlich unterbewerteten Aktien gar nicht billige Substanzwerte, sondern korrekt und fair bewertete Underperformer, die den Anschluss an die Marktentwicklung versäumt haben und die den Kauf nicht lohnen.

Die Effizienzmarkthypothese ist in der empirischen Finanzmarktforschung weitgehend bestätigt worden, wenngleich es hier einige Differenzierungen und Einschränkungen gibt. Befunde deuten darauf hin, dass in der Realität der internationalen Finanzmärkte nur die mittelstrenge Variante der Effizienzmarkthypothese Gültigkeit beanspruchen kann. In diesem Ansatz werden geheim gehaltene Insiderinformationen ausgeklammert, so dass es tatsächlich möglich erscheint, dass es so etwas wie unterbewertete Unternehmen gibt.

Problematisch ist es, diesen inneren Wert anhand von Kennzahlen zu bestimmen. Da die in der Bilanz veröffentlichten Daten und der daraus abgeleiteten Kennzahlen vergangenheitsbezogen und nicht völlig aktuell sind, können die daraus gezogenen Schlüsse falsch oder verzerrt sein. Hinzu kommt, dass bilanzpolitische Maßnahmen, unterschiedliche Rechnungslegungsstandards und verschiedene Bewertungsansätze es äußerst schwierig machen, eine vernünftige und sachgerechte Bewertung vorzunehmen. Die Fundamentalanalyse[28] verarbeitet im Grunde nur die Daten der Vergangenheit, kann aber zukünftige oder gegenwärtige Entwicklungen eines Unternehmens nicht angemessen erfassen.

Value Investing und Growth Investing

Aus einer anderen Perspektive kann man Benjamin Graham auch als den Vorreiter des „Value Investing" ansehen. Unter Value Investing versteht man die bevorzugte Anlage in Substanzwerte, d. h. Aktien, die über größere Vermögensgegenstände (Immobilien, Maschinen) oder zumindest ein inneres Potenzial verfügen. Seit den neunziger Jahren ist eine Kontroverse entfacht worden, ob das „Value Investing" gegenüber Wachstumswerten („Growth Investing") noch zeitgemäß sei. Im Zuge der Jahrhunderthausse, die die neunziger Jahre prägte, rückten dynamische Wachstumswerte aus dem IT- und Softwarebereich sowie aus der Biotechnologiebranche[29] in den Vordergrund. Lange Zeit schien es, als hätten die sicheren Substanzwerte mit ihrer eher mittelmäßigen Performance ausgedient. In der „Dienstmädchenhausse" Ende der neunziger Jahre, die man heute wohl anders bezeichnen müsste, boomten insbesondere die Technologietitel und die damit verbundenen Neuemissionen. Das Jahr 1999 war dafür prototypisch.

Längerfristige Untersuchungen zum Performancevergleich von Value Investing und Growth Investing deuten auf die Überlegenheit der Substanzwerte hin. Seit dem Niedergang des Neuen Marktes und der Internetbranche zeichnet sich wieder eine stärkere Kursentwicklung der Substanzwerte ab. Obwohl die Finanzmarktforschung anders als viele Disziplinen der Volkswirtschaftslehre über ausgezeichnetes Datenmaterial verfügt und selbst auf Börsenkurse aus

---

[28] Uhlir, H.; Steiner, P.: Wertpapieranalyse, 3. Aufl. Heidelberg, Wien 1994.
[29] Bilitza, Karl-Heinz: Geld verdienen mit Biotech-Aktien, München 2001.

dem neunzehnten Jahrhundert zurückgreifen kann, ist es angesichts der empirischen Befunde schwierig zu sagen, ob das Value Investing auch langfristig erfolgreicher ist. In den neunziger Jahren, die als Sondersituation an den Börsen gelten können, waren die Wachstumswerte weitaus dynamischer. Über längere Zeiträume hinweg hatten die Substanzwerte mehr Erfolg. Wie aber die Zeit nach der Jahrtausendwende verlaufen wird, lässt sich nicht prognostizieren.

Auch bei anderen Phänomenen beobachtet man immer wieder, dass Anomalien oder Überrenditeeffekte nur für bestimmte Börsenphasen oder -zeiträume Gültigkeit haben. Allgemeine Anlagestrategien lassen sich so nur schwer formulieren, zumal die Modern Finance deutlich macht, dass die Gesetzmäßigkeiten an den internationalen Finanzmärkten nicht einem nomothetischen (deterministischen) Zusammenhang unterliegen, wie wir ihn aus den Naturwissenschaften kennen, sondern probabilistische, auf Zufällen beruhende Zusammenhänge sind. Schwierig ist für die Forschung abzugrenzen, wann diese zufallsbedingten Muster einen emergenten Charakter gewinnen, d. h. wenn sich aus der scheinbaren Fülle von Zufällen Zusammenhänge und Interdependenzen herauskristallisieren, wie sie von der Chaosforschung und der nichtlinearen Dynamik untersucht werden.

Benjamin Grahams Standardwerk war insofern ein Meilenstein in der Finanzmarktforschung, als er den Blick auf neue, komplexe Analyseverfahren gelenkt hat. Wenn auch das Konzept des inneren Wertes einer Aktie heute kontrovers beurteilt wird, zumal es sich bei unbewerteten Papieren auch um bedenkliche Turn-around-Werte handeln kann, so gilt Benjamin Graham als der Begründer des Value Investing.

2.2.2 Das Konzept der Duration: Die Bedeutung der Rentenmärkte

In der Geschichte der Finanzmarktforschung gewinnen in den krisengeschüttelten dreißiger Jahren Anleihen an Bedeutung. Hatte sich der Interesse bislang auf die Aktienanalyse konzentriert, so widmen sich die Anleger in Anbetracht der schweren Weltwirtschaftskrise wieder den Rentenmärkten, wenngleich die Zinsen in den dreißiger Jahren sehr niedrig waren und Anleihen nur spärliche Erträge mit sich brachten. Nach der dramatischen Verunsicherung, die der Crash von 1929 und die nachfolgende Jahrhundertbaisse auslöste, wandten sich viele Anleger, sofern sie noch über genügend Kapital verfügten, den festverzinslichen Wertpapieren zu. Obwohl bereits zur damaligen Zeit die meisten Renditeberechnungen aus der Finanzmathematik bekannt waren, gab es noch kein sinnvolles Konzept zum Vergleich von Anleihen mit unterschiedlichen Ausstattungsmerkmalen.

Als Frederick Macauley 1938 sein Buch „Some Theoretical Problems. Suggested by the Movements of Interest Rates, Bond Yields and Stock Prices in the United States since 1856" in New York veröffentlichte, kam dies einem Durchbruch gleich, der die Anleihenanalyse und das Bondmanagement aus dem bisherigen Schattendasein führte. Mit Macauleys Betrachtungen wurde die Anleihe wieder zu einem wichtigen Aspekt in einem ausgewogenen Portfolio. Als erster formulierte er das Konzept der Duration, bei der die Rückzahlungsströme verschiedener Anleihen unter Einbeziehung des Barwertkonzepts miteinander verglichen werden können. Die Duration gestattet es, Anleihen systematisch zu vergleichen, die völlig unterschiedliche Laufzeiten, Nominalzinsen, Effektivrenditen, Rückzahlungsmodalitäten und Ausschüttungstermine haben. Zum ersten Mal wurden damit die Rentenmärkte für die Finanzmarktforschung wichtig. Obwohl die Bondanalyse auch heute gegenüber den vielschichtigen Anforderungen der Aktien- und Derivateanalyse nur von sekundärer Bedeutung ist, spielt sie in der Finanzmarkttheorie eine wichtige Rolle. In der Theoriebildung und der problemgeschichtlichen Kontinuität der Finanzmarktforschung beschreiten Benjamin Graham und Frederick Macauley Nebenwege, die zur Vertiefung der Analysemethoden beitragen.

2.2.3 Die technische Analyse und das Chartreading

Magee und Edwards veröffentlichen 1954 die „Technical Analysis of Stock Trends", die der technischen Analyse zum Durchbruch verhalf. In den meisten Einführungswerken für Aktienmärkte wird die technische Analyse als das Hauptgebiet der Aktienanalyse vorgestellt. Die technische Analyse,[30] die schon Jahrzehnte vorher als Dow-Theorie den Marktteilnehmern vertraut war, wurde ausgebaut und durch eine Vielzahl von Indikatoren erweitert. Dank moderner Informationsverarbeitung und leistungsfähigen Computern nimmt sie eine dominierende Stellung ein; und kaum eine Anlageentscheidung wird noch getroffen, ohne einen Blick auf einen Chart oder die entsprechenden Indikatoren zu werfen. Trotz ihrer Popularität und der weiten Verbreitung sind die technische Analyse und das Chartreading in der Finanzmarktforschung heftig umstritten und werden eher skeptisch beurteilt.

---

[30] Edwards, R.; Magee, J.: Technical Analysis of Stock Trends, Springfield 1973.

Auch hier lautet das Argument, dass die Effizienz der Märkte einen Informationsvorsprung verhindere. Darüber hinaus seien die auf einem Chart sichtbaren Sekundär- und Tertiärtrends dem Zufall unterworfen.

Ein Experiment:
Die experimentelle Finanzmarktforschung konnte einiges Licht in diesem Zusammenhang bringen. So kann man durch einen Münzwurf, bei dem man Kopf als Kursanstieg und Zahl als Kursabstieg auf einem Papier notiert, einen scheinbar realen Aktienkurs simulieren. Wenn man nun mit Hilfe der technischen Analyse diese vermeintlichen Kursformationen untersucht und Trends zu prognostizieren versucht, unterliegt man einer Täuschung. Denn alle Kursformationen sind durch einen Zufallsprozess zustande kommen. Dieses Experiment beweist noch nicht, dass solche Chartformationen sinnlos sind und keinerlei Informationen enthalten, vielmehr zeigt es sich, dass auch zufällige Muster durch Interpretation als scheinbare Gesetzmäßigkeit konstruiert werden.

Ein kritischer Einwand ist zudem, dass alle charttechnischen Informationen sich auf die Vergangenheit beziehen und daher nur eine Extrapolation eines vorhandenen Trends darstellen.

Wenn der aktuelle Kurs mit dem Vortageskurs zusammenhinge, gäbe es zwischen beiden Daten eine nachweisbare Korrelation. Untersuchungen zeigten, dass es tatsächlich einen leicht messbaren Zusammenhang zwischen Tagesdaten gibt; diese Korrelation ist aber nur sehr rudimentär ausgeprägt. In der Praxis bedeutet dies, man kann zwar einen Zusammenhang zwischen den Kursentwicklungen zweier aufeinander folgender Tage feststellen, dies gilt aber nicht für längere Zeiträume. Diese Tageskorrelation deutet darauf hin, dass durch den nachbörslichen Handel gewisse kurzfristige Reaktionstendenzen auftreten. Um eine Überrendite zu erzielen, eignet sich dieser Effekt aber kaum, da Privatanleger aufgrund der permanenten Umschichtung hohe Transaktionskosten haben. Ein Anleger müsste ständig kaufen und verkaufen.

Obwohl auch Daytrader[31] so verfahren, werden diese Überrenditeeffekte durch die hohen Kosten wieder aufgezehrt. Nur für institutionelle Anleger, die rein hypothetisch mit Transaktionskosten nahe null operieren können, wäre ein solches Vorgehen eine Lösung, aber selbst große institutionelle Anleger erreichen dieses Kostenoptimum nicht.

Angesichts der Tatsache, dass die Aktienkurse langfristig einem Zufallsprozess folgen und die scheinbaren Chartformationen keinerlei

---
[31] Millman, G. J.: Day-Trading, Frankfurt/Main 2000.

Aussagekraft besitzen, wird die technische Analyse von vielen Finanzmarktexperten als wenig sinnvoll disqualifiziert. Erstaunlicherweise belegt die technische Analyse zumindest eine zentrale Hypothese der Finanzmarkttheorie: die Effizienzmarkthypothese. Jede noch so unscheinbare Nachricht oder Unternehmensmeldung fließt unmittelbar in die Börsenkurse mit ein. Die erratischen Sekundär- und Tertiärtrends eines Aktienkurses spiegeln das Auf und Ab der Meinungen und der täglichen Berichterstattung wider. Insgesamt genießt die Fundamentalanalyse einen besseren Ruf, wenngleich sie in der Finanzmarkttheorie ebenfalls aufgrund der Effizienzmarkthypothese als nutzlos abgelehnt wird.

Mit den beiden Hauptmethoden der Fundamental- und der technischen Analyse war die Aktienanalyse methodisch fundiert, obgleich beide Richtungen sich widersprachen und befehdeten. Viele Analysten und Experten bedienten sich bei der Aktienauswahl beider Verfahren, wenn auch die Fundamentalanalyse bei etlichen Analysten bevorzugt wird.

2.2.4 Die Moderne Kapitalmarkttheorie: ein optimales und effizientes Portfolio

Die eigentliche Kernfrage, ob Finanzmärkte dem Zufall unterliegen oder wie ein optimales Portfoliomanagement aussehen müsste, wurde in der zweiten Hälfte des zwanzigsten Jahrhunderts wieder thematisiert. Einen herausragenden Höhepunkt bildet die von Harry Markowitz im Journal of Finance 1952 unter dem schlichten Titel „Portfolio Selection" veröffentlichte Abhandlung, mit der die Moderne Kapitalmarkttheorie ihren Aufschwung nimmt. Aus heutiger Retrospektive begründet Harry Markowitz ein neues Paradigma in der Finanzmarktforschung.

Er stellt einige entscheidende Überlegungen zum Portfoliomanagement an und weist nach, dass es bei der Risikominimierung ein optimales und effizientes Portfolio geben kann. Anleger, die sich solche Diversifikationseffekte nicht zunutze machen, gehen ein unnötiges Risiko ein und riskieren übermäßige Kursverluste. In seiner Risikoanalyse unterscheidet er zwischen einem systematischen (Markt-) Risiko und einem unsystematischen Risiko, das aus den spezifischen Rahmenbedingungen und dem Umfeld eines Unternehmens resultiert. Durch Streuung kann der Anleger das unsystematische (titelspezifische) Risiko einer Aktie vollständig ausschalten und ist damit nur noch dem marktspezifischen Risiko unterworfen.

Das marktspezifische Risiko ergibt sich aus den volkswirtschaftlichen Parametern eines Landes oder einer Börse wie beispielsweise dem Produktionspotenzial, den Wettbewerbungsbedingungen, der Innovationsfähigkeit und der volkswirtschaftlichen Kapazität. Derartige marktspezifischen Risiken lassen sich durch Diversifikation nicht ausschalten. Markowitz widmet daher der Diversifikation und den sich daraus ergebenden Problemen besondere Aufmerksamkeit. Vor allem die Kovarianzen verschiedener Aktien, d. h. der Gleichlauf und die wechselseitige Abhängigkeit innerhalb einer Branche, können zu einer unzulänglichen Streuung im Portfolio führen. Es gilt daher, diese Kovarianzen zu überprüfen und sie durch geschickte Diversifikation über eine Vielzahl von Aktien auszugleichen und auszutarieren.

Harry Markowitz wird mit diesem Ansatz zum eigentlichen Begründer und Initiator der Modernen Kapitalmarkttheorie. Im engeren Sinne spricht man bei seinem Konzept von der Modernen Portfoliotheorie (MPT). Markowitz' Portfoliotheorie, das CAPM, das darauf aufbaut, und das APT sowie die Optionspreistheorie werden unter der Bezeichnung „Moderne Kapitalmarkttheorie" zusammengefasst. Als übergreifendes Paradigma oder disziplinäre Matrix liegen ihnen die Prämissen und Axiome der Standard Finance zugrunde. Markowitz' herausragende Entdeckung wurde anfangs von der Fachwelt ignoriert; erst viele Jahre später konnte die Moderne Portfoliotheorie in akademischen Fachkreisen Fuß fassen. Von den meisten Portfoliomanagern und Finanzdienstleistern wurde sie mit Vorbehalten zur Kenntnis genommen. Ironischerweise wurde Markowitz' Ansatz erst dann populär, als sich in der Finanzmarktforschung bereits mit Behavioral Finance[32] und der Anomalieforschung[33] ein neues Denkmuster abzeichnete. In der Praxis wurden viele neue bahnbrechende Erkenntnisse erst mit erheblicher zeitlicher Verzögerung rezipiert.

Die moderne Kapitalmarkttheorie entstand aus der Fortentwicklung der von Markowitz formulierten Portfoliotheorie, die das Verständnis der Diversifikation verbesserte und die Risikominimierung zum entscheidenden Maßstab des Asset Allocation machte.

Die Moderne Kapitalmarkttheorie erreichte ihren Höhepunkt Ende der sechziger und Anfang der siebziger Jahre, als der Tronics-Boom der frühen sechziger Jahre, der eine Euphorie für die Elektronikbranche auslöste, von den Nifty-Fifties, den großen Standardwerten, abgelöst wurde. Die Vorstellung von Konzept-Aktien, die bis dahin im Fokus der institutionellen Anleger standen, wurde abgelöst von der Seriosität der Blue Chips, der großen Giganten am Aktienmarkt, die durch fortschreitende Akquisitionen die Skalenvorteile und

---

[32] Shleifer, Andrei: Inefficient Markets: An Introduction to Behavioral Finance, Oxford 2000.
[33] Dimson, Elroy: Stock Market Anomalies, Cambridge 1988.

Synergieeffekte großer Konglomerate zu nutzen versuchten. Überhaupt war dieses Jahrzehnt von der Vorstellung eines integrierten Technologiekonzerns fasziniert. Trotz dieser Ausrichtung wurden die siebziger Jahre keineswegs das Jahrzehnt der Standardwerte, das Werten wie IBM und Xerox damals prophezeit wurde.

Die Ölkrisen und die Freigabe des US-Dollars machten die siebziger Jahre wie keine Dekade zuvor zu einem Jahrzehnt der Rohstoffwerte und des Goldes, das von 40 US-Dollar pro Feinunze auf über 1.000 US-Dollar im Jahre 1980 kletterte und damit den Gipfel erreichte. Doch ehe dieser Boom der Rohstoffaktien in den inflationsgeschüttelten Jahren begann, glaubte man noch an die Dynamik der Blue Chips, wie sie prototypisch von „Big Blue", nämlich dem glanzvollen Computerhersteller IBM, verkörpert wurden. In diesem Kontext gewann die Moderne Kapitalmarkttheorie an Anhänger, die sichere Gewinne durch Risikoreduzierung anstrebten.

Die damals formulierte Kapitalmarkttheorie hat sich in den Finanzwissenschaften zu einem forschungsbestimmenden Paradigma ausgeweitet, das auch heute noch die Heuristik und die Fragestellungen der Finanzmarktforschung beeinflusst. Häufig wird in diesem Zusammenhang auch von einer neoklassischen Portfoliotheorie und Kapitalmarkttheorie gesprochen. Die Moderne Kapitalmarkttheorie mit ihren richtungweisenden Modellen (CAPM, APT, Optionspreistheorie) hat ganze Generationen von Wirtschaftswissenschaftlern und die Forschung geprägt. Einen krönenden Abschluss fand diese Richtung mit der Verleihung des Wirtschaftsnobelpreises im Jahre 1990. Obwohl diese Ansätze in ihren Anfängen kaum beachtet wurden und Markowitz' Einsichten in den fünfziger Jahren ein Schattendasein fristeten, hat sich die Moderne Kapitalmarkttheorie so etabliert, dass man heute von Standard Finance spricht. Im Folgenden werden die einzelnen Modelle vorgestellt.

2.2.5 Einführung in die Portfoliotheorie

Die moderne Portfoliotheorie[34] ist einer der wichtigsten Meilensteine des modernen Investments. Sie wurde bereits in den fünfziger Jahren von Harry Markowitz entwickelt, dessen berühmte Abhandlung „Portfolio Selection"[35] aus seiner Doktorarbeit an der Universität von Chicago hervorging. Markowitz, der später an der Universität von Los Angeles lehrte, bei der RAND Corporation mit der Weiterentwicklung von Programmiersprachen beschäftigt und

---

[34] Bernstein, Peter L.: Capital Ideas. The Improbable Origins of Modern Wall Street, New York 1992.
[35] Markowitz, Harry: Portfolio Selection. Journal of Finance, 7 (1952), S. 77–91.

2.2 Die einzelnen Etappen der Finanzmarkttheorie

bei General Electric für produktionstechnische Computersimulationen zuständig war, wurde zu einem der großen Klassiker der Finanzmarktforschung. Markowitz erläutert in seiner Modernen Portfoliotheorie (MPT) den Zusammenhang zwischen Diversifikation und Risikoreduzierung.

Die Portfoliotheorie beruht auf der bereits seit langem bekannten Alltagsweisheit, dass man nicht „aller Eier in einen Korb" legen sollte, und veranschaulicht so das grundlegende Prinzip der Streuung. Unabhängig davon, ob es sich um Kleinanleger handelt, die nur Aktien für 5.000 € kaufen, oder um institutionelle Investoren mit Millionenbeträgen – eine breite Streuung der Anlageformen und Wertpapiere schützt vor unvorhersehbaren Kursrückgängen und Crashs.

Markowitz perfektionierte diesen Grundgedanken der Diversifikation, indem er diesem Streuungsprinzip einen weiteren wichtigen Aspekt hinzufügte. Für eine optimale Rendite der Anlage ist ein anderer Gesichtspunkt, der sich hinter dem Prinzip verbirgt, maßgeblich: das Risiko. Die Portfoliotheorie geht von einem Anleger aus, der risikoscheu ist und Kursverluste vermeiden möchte. Jede Kapitalanlage ähnelt einer Quadratur des Kreises: Je höher die angestrebte Rendite ist, desto größer wird auch das Risiko eines Totalverlusts. Die widersprüchlichen Aspekte kennzeichnen das Dilemma, in dem sich jeder Anleger befindet.

Es ist selbst bei der optimalen Kapitalanlage unmöglich die drei Kenngrößen Rendite, Liquidität und Risikominimierung miteinander zu vereinbaren. Südamerikanische Anleihen beispielsweise, die einen außerordentlich hohen Nominalzins haben, mögen für wagemutige Anleger ein lukratives Schnäppchen sein, doch die Bonität solcher Schuldverschreibungen ist meist bei einem Rating von C angesiedelt, was einen vollständigen Verlust nach sich ziehen kann. Argentinische Anleihen sind dafür ein beredtes Beispiel.

Das Prinizip der Kovarianz

Um die Risikostruktur eines Portfolios exakt mathematisch beschreiben zu können, führte Markowitz den Begriff der Kovarianz ein. Die Kovarianz beschreibt, inwieweit einzelne Märkte, Segmente oder Einzelwerte sich bei einer Kursentwicklung verhalten. Die Kovarianz wird als Kennzahl mit Hilfe des Korrelationskoeffizienten erfasst. Ein Korrelationskoeffizient, der den Wert +1 annimmt, zeigt, dass zwei Aktien oder Märkte völlig parallel verlaufen, d. h. steigt der Markt A um 20 Prozent, so nimmt auch der Markt B um 20 Prozent zu. In der Realität ist eine solche exakte Parallelität der Wertentwicklungen fast nie vorhanden; es gibt jedoch Werte, die eine nahezu parallele Entwicklung erreichen. Umgekehrt ist nicht nur eine positive, sondern auch eine negative Korrelation möglich – dabei verhalten sich die betrachteten Wertpapiere oder Märkte gegenläufig. Wenn der eine Markt um 30 Prozent zulegt, verliert der andere Markt 30 Prozent. Kovarianz ist demnach nicht nur parallel (positiver Korrelationskoeffizient zwischen 0 und 1,0), sondern tritt auch als gegenläufige Tendenz auf (negativer Korrelationskoeffizient zwischen 0 und –1,0). Eine Kovarianz von null bedeutet, dass zwischen den beiden Wertpapieren oder Märkten keinerlei Zusammenhang besteht. Dieses Prinzip der Kovarianz bildet den Ausgangspunkt für die Risikoreduzierung durch Streuung der Kapitalanlagen. Ein fiktives Beispiel soll diesen Zusammenhang veranschaulichen.

Nehmen wir an, es gäbe zwei Unternehmen. Das eine Unternehmen nennen wir die „Beach Party AG", die Sonnencremes, Freizeitartikel und Liegestühle verkauft. Das andere Unternehmen, die „Rain Weather AG", verkauft nur Regenschirme in allen Variationen. In einem fiktiven Land regnet es von Oktober bis März ununterbrochen, so dass alle Bewohner sich mit Regenschirmen eindecken müssen; in der Zeit von April bis September jedoch strahlt unentwegt die Sonne und die Freizeitindustrie boomt. Jedoch gab es auch schon Jahre, in denen nur die Sonne schien und ein Wetter wie auf Hawaii herrschte, und andere Jahre, in denen monsunartige Regengüsse das Land heimsuchten.

Betrachten wir nun die hypothetischen Gewinne dieser beiden Unternehmen:

Wetter	Rain Weather AG	Beach Party AG
Regenwetter	50 Prozent	– 25 Prozent
Sonne	– 25 Prozent	50 Prozent

Ein Aktionär, der in seinem Portefeuille nur Aktien der Rain Weather AG hätte, könnte theoretisch einen Kursgewinn von 25 Prozent erzielen, wenn die Regen- und Sonnenscheinperiode gleichmäßig über das Jahr verteilt sind. In der regnerischen Hälfte des Jahres würde der Aktionär einen Kursgewinn von 50 Prozent verbuchen, während ihm das Sonnenwetter einen Kursverlust von 25 Prozent bescherte. Ähnlich erginge es dem Aktionär der Beach Party AG, nur unter umgekehrtem Vorzeichen.

Ein Portfolio, das zu 50 Prozent aus Rain Weather Aktien und zu 50 Prozent aus Beach Party Aktien bestünde, erbrächte eine jährliche Wertentwicklung von 12,5 Prozent. Das Risiko wäre dabei minimal, denn unabhängig von den Witterungsbedingungen könnte man bei dieser Konstellation stets einen Gewinn erzielen. Es liegt folglich eine perfekte negative Korrelation vor, so dass das Portfolio-Risiko gegen null tendiert. In der Praxis indes gibt es keine vollständige Risikoeliminierung, da noch eine Vielzahl anderer Faktoren beteiligt ist. Beispielsweise könnte in dem fiktiven Land eine schwere Wirtschaftskrise ausbrechen, die verhindert, dass die Menschen ihren Urlaub am Strand verbringen. Die Nachfrage nach Sonnencremes und Freizeitartikeln würde dann sehr stark zurückgehen. Der Gewinn- und Umsatzeinbruch ließe schließlich die Aktie der Beach Party AG in den Keller sinken.

Wenn man die Kovarianzen einzelner Märkte, Marktsegmente, Branchen oder Einzelwerte kennt, kann man durch geschicktes Portfoliomanagement und Diversifikation die Anlagen so streuen, dass das Verlustrisiko erheblich gesenkt wird. So entsteht die paradoxe Situation, dass in einem gut diversifizierten Portefeuille auch riskante Werte (wie Turn-around-Aktien oder Hochzinsanleihen aus Schwellenländern) nur ein minimales Risiko mit sich bringen, wenn das Gesamtportfolio ein geringes und ausgewogenes Gesamtrisiko aufweist. Die Hauptaufgabe des Portfoliomanagers besteht darin, die einzelnen Anlageformen wie auf einer Waage so auszutarieren, dass nur ein geringfügiges Gesamtrisiko entsteht.

Jedoch gilt auch dieser Grundsatz der Portfoliotheorie nur mit Einschränkungen, denn wenn das Gesamtrisiko auf null reduziert wird, fällt meist auch die Rendite. Ein Portfolio, das so ausgeglichen ist, dass es jeden Kurssturz durch andere Märkte und Wertpapiere ausgleichen kann, weist meist eine unterdurchschnittliche Rendite auf. Die markttypische Gesetzmäßigkeit, dass Risiko und Rendite sich gegenseitig ausschließen, lässt sich auch durch eine perfekte Streuung nicht völlig überwinden. Das realistische Ziel des Portfoliomanagers besteht daher darin, unverhältnismäßige Risiken durch eine sachkundige Diversifikation auszuschalten, ohne die Renditeorientierung aus den Augen zu verlieren.

Für das optimale Asset Allocation ist es unerlässlich, die Korrelationen zwischen den Märkten, Segmenten, den Branchen und Anlageformen sowie einzelnen Wertpapieren zu beachten. Die unterschiedlichen Kovarianzen lassen sich in Klassen untergliedern:

Kovarianzklasse	Korrelationskoeffizient	Risikograd
„Parallelläufer"	+ 1,0	Keine Risikominimierung
„Nachzügler/ Vorläufer"	+ 0,5	Mäßige Risikominimierung
„Neutraler"	0	Unabhängigkeit
„Gegenläufer"	– 0,5	Große Risikominimierung
„Widersacher"	– 1,0	Größte Risikominimierung

Ein Depot, das ausschließlich Parallelläufer enthält, kann starke Kursschwankungen nicht ausgleichen. Bricht ein Wert ein, so werden auch die parallel laufenden Werte mit einem ähnlichen Korrelationskoeffizient in die Tiefe stürzen. Wertpapiere und Märkte, die den Wert 0 aufweisen, weisen keine Kovarianz auf, so dass sie sich unabhängig verhalten. Sie sind gleichsam die Kometen in einem Portefeuille, die eigenen Gesetzmäßigkeiten und Kursverläufen unterliegen. Assets hingegen, die negative Korrelationen aufweisen, wirken ausgleichend. Je stärker aber das Gesamtrisiko eines Portfolios gegen null tendiert, weil alle Anlageformen sich wechselseitig wie auf einer Waage ausgleichen, desto geringer wird auch die Rendite. Das Spiel mit der Diversifikation gleicht einem Tauziehen, bei dem beide Mannschaften gleich stark sind und sich ein endloses Patt liefern.

Das Problem der Kovarianzen in der Praxis

Eine Diversifikation ergibt sich noch nicht, wenn man beispielsweise lediglich 20 Versorger oder 20 Maschinenbauunternehmen auswählt. Auch der DAX 30 stellt keine sinnvolle Streuung dar, da im DAX nur Standardwerte (Blue Chips) mit einer breiten Börsenkapitalisierung enthalten sind, die eine andere Wertentwicklung aufweisen können als Nebenwerte (Mid Caps) oder Kleinstwerte (Small Caps). Daher gibt es neben dem DAX auch noch die Indizes MDAX und SMAX sowie den Sonderindex für Technologiewerte TecDAX, der den früheren Index des Neuen Marktes (NEMAX) abgelöst hat. In der Praxis muss man zwischen verschiedenen Kovarianzen unterscheiden. Zum einen gibt es Kovarianzen zwischen verschiedenen Ländern (USA, Frankreich, Deutschland, Großbritannien, Schweiz), Regionen (Eurozone, Nordamerika, Südostasien), Branchen, Anlageformen (Aktien, Anleihen, Immobilien) und Einzelwerten.

Als Markowitz die Portfoliotheorie entwickelte, wäre es den meisten Analysten, Brokern und institutionellen Anlegern grotesk vorgekommen, Geld im Ausland anzulegen. Bis zum Ende der sechziger Jahre galt der US-amerikanische Markt als der Markt schlechthin. Kaum ein US-Investor hätte es in Erwägung gezogen, Aktien aus so „exotischen" Ländern wie der Schweiz, Schweden oder Großbritannien zu erwerben. Diversifikation bezog sich damals vor allem auf eine Streuung der Branchen, der Größenklassen (Blue Chips versus Small Caps) und der Einzelwerte.

Die internationale Diversifikation ist jedoch seit Anfang der siebziger Jahre weit verbreitet und bietet zahlreiche, gut dokumentierte Vorteile.

2.2 Die einzelnen Etappen der Finanzmarkttheorie 39

Die Kapitalmarktforschung hat dabei einige wesentliche Aspekte herausgefunden, die für eine erfolgreiche Anlagepraxis maßgeblich sind:

- Internationale Diversifikation verringt das Gesamtrisiko des Portfolios.
- Es bestehen engere positive Korrelationen zwischen den entwickelten Ländern (OECD-Ländern).
- Emerging Markets korrelieren sehr viel schwächer mit den entwickelten Ländern.
- Es gibt Wachstumsregionen mit hoher Dynamik und Regionen, die zu den eindeutigen Verlierern zählen.

Ein markantes Beispiel für einen Verlierer in der weltwirtschaftlichen Dynamik ist Japan. Das Land schlitterte in eine beispiellose Rezession, die seit mehr als zwölf Jahren andauert und als „verlorenes Jahrzehnt" eingestuft wird. Der Zusammenbruch der Aktienkurse war so dramatisch, dass der Vergleich mit der Weltwirtschaftskrise von 1929 zulässig ist. Die Nikkei-Index sackte von über 40.000 Punkten auf 8.000 kurz vor dem Irakkrieg 2003 ab. Auch die Immobilienpreise erlebten einen unvorstellbaren Kursrutsch, der Unsummen vernichtete. War in den achtziger Jahren noch eine deutliche positive Kovarianz zwischen Japan und den anderen entwickelten Ländern zu sehen, so schwächte sich diese in den neunziger Jahren infolge der anhaltenden Rezession ab.

Die USA, die Ende der achtziger Jahre als der Verlierer der japanischen Herausforderung galten, entwickelten sich in den goldenen neunziger Jahren zur führenden Volkswirtschaft der Welt, deren Konjunkturlokomotive alle anderen Länder mit sich zog. Deutschland fiel durch eine unzulängliche Wirtschaftspolitik und erhebliche strukturelle Probleme sowie mangelnde Innovationsfähigkeit weit zurück. Die hohen Lasten der Wiedervereinigung und die verkrusteten Wirtschaftsstrukturen forderten ihren Tribut: Deutschland, einst ein Wohlfahrtsstaat im Herzen Europas, stürzte ab und rutschte von den ersten Plätzen auf der Einkommensstatistik der Weltbank[36] auf den 20. Platz. Selbst Frankreich und Österreich überflügelten Deutschland. Das einst arme Irland, das im 19. Jahrhundert Millionen in die Emigration nach Übersee trieb und periodische Hungersnöte aufwies, mauserte sich durch Fleiß, Ideenreichtum und Flexibilität auf einen der vorderen Plätze und versetzt die Londoner City in Staunen.

Besonders eindruckvoll war das beispiellose Wirtschaftswachstum in den USA. Unter der Clinton-Regierung erwachte das Land aus seiner Lethargie und seinem Dornröschenschlaf und entwickelte

---

[36] World Development Indicators Database, World Bank, July 2003.

eine Dynamik, die den neunziger Jahren einen bedeutenden Börsenboom bescherten. Während in Europa der Konjunkturmotor in den wichtigsten Ländern wie Frankreich, Deutschland und in Italien nur stotterte, erreichten die USA enorme Zuwächse, so dass das Pro-Kopf-Einkommen inzwischen im Durchschnitt ein Drittel über dem der Eurozone liegt. Nur Luxemburg, Liechtenstein und die Schweiz konnten bei dieser Einkommensentwicklung noch mithalten.

Die Portfoliotheorie in der Anlagepraxis

Markowitz' Portfoliotheorie besagt, dass bereits eine geringe Anzahl von verschiedenen Aktien das Risiko des Gesamtportfolios deutlich reduziert, wenn die Aktienkurse nicht vollständig positiv miteinander korrelieren,[37] sondern eine voneinander unabhängige Wertentwicklung haben. Eine rein fundamental angelegte oder technische Aktienanalyse hinsichtlich der Unter- bzw. Überbewertung einzelner Titel genügt der Investmentanalyse nicht mehr. Wollte man die Entwicklung des Portfoliomanagements in historischer Hinsicht skizzieren, so müsste man zwei grundlegende Paradigmen unterscheiden: das einzelwertzentrierte Paradigma und das portfoliobezogene Paradigma.

Den Auftakt für die Einzelwertbetrachtung bildeten Benjamin Grahams Betrachtungen zum „intrinsic value", der lange Zeit auch wegweisend für die außergewöhnlichen Erfolge von Warren Buffet[38] war. In den fünfziger und sechziger Jahren jedoch konzentrierte sich die Forschung zum Portfoliomanagement auf eine Gesamtbetrachtung, auf die Gesamtheit, nämlich das Portfolio und die Relationen bzw. Korrelationen der Einzelwerte.

Im Vordergrund steht nunmehr die Portfolioanalyse, bei der anstelle der einzelnen Aktie nun die Auswirkungen von Risiko und Ertrag innerhalb des jeweiligen Portfolios analysiert werden, wobei ein bestimmter Ertrag mit einem minimalen Risiko erwirtschaftet werden soll bzw. ein maximaler Ertrag bei einer bestimmten Risikobereitschaft.[39] Fragwürdig an diesem Modell ist die Annahme, es gebe ein minimales Risiko oder eine risikofreie Anlage. In der Realität zählen hierzu trotz eines vergleichbar minimalen Restrisikos die Bundeswertpapiere, Tagesgelder und andere niedrig verzinsliche Anlageformen.

---

[37] Brealey, R.; Myers, S.: Principles of Corporate Finance, 5. Aufl. New York 1996, S. 173.
[38] Hagstrom, Robert G.: Warren Buffet. Der erfolgreichste Investor der Welt, Kulmbach 1995.
[39] Farrell, James L.: Portfolio Management, 2. Aufl. New York 1997, S. 15, 19, 23.

2.2 Die einzelnen Etappen der Finanzmarkttheorie

Das Portfoliomanagement unterscheidet die Top-Down-Analyse, die Bottom-Up-Analyse und die Indexstrategie. Bei diesen Methoden kann zwischen aktivem und passivem Portfoliomanagement unterschieden werden. Von einem aktiven Portfoliomanagement spricht man, wenn der Portfoliomanager aufgrund einer technischen oder fundamentalen Analyse eine aktive Aktienselektion, das so genannte Stockpicking, betreibt. Passive Investmentstrategien sind an den Index gekoppelt und investieren in Indexfonds und Indexzertifikate. Daneben gibt es noch semi-aktive Strategien, bei denen beide Ansätze zusammengeführt werden, so dass eine Indexstrategie mit dem Stockpicking kombiniert wird. Die Indexstrategie dient dazu, eventuelle Verluste oder Fehlbewertungen auszugleichen.

Eine empirische Studie von Bushan und Lessard, die sich mit der Verbreitung von Bottom-Up- und Top-Down-Analysen beschäftigt, kommt zu dem Ergebnis, dass der Prozentsatz an Investoren, die die Bottom-Up-Analyse bzw. die fundamentale Aktienanalyse ihren Entscheidungen zugrunde legen, relativ hoch ist. Dennoch erfreut sich auch die Top-Down-Analyse, die bei der Betrachtung der globalen Märkte über nationale Märkte und Branchen sowie Sektoren zum Einzelwert gelangt, großer Verbreitung.

Angewandte Analysemethoden von amerikanischen Investoren (in Prozent)					
Analysemethode	angewandt			nicht angewandt	
	1	2	3	4	5
Bottom-Up-Analyse	52	17	14	0	17
Top-Down-Analyse	35	12	21	21	11
Fundamentale Aktienanalyse	52	24	10	12	2
Indexstrategie	9	5	5	5	76
Analyse von Wachstumsaktien	36	14	28	10	12
Quantitative Kontrolle des Risikos	21	14	28	21	16

Abbildung 1: Angewandte Analysemethoden[40]

Ein ausschlaggebender Faktor im Portfoliomanagement ist die Diversifikation. In der Theorie wird das Risiko einer Aktie, welches durch die Standardabweichung ausgedrückt wird, in ein systematisches und unsystematisches Risiko untergliedert. Das systematische Risiko ist das Marktrisiko; es gibt die Korrelation einer Aktie zum Gesamtmarkt bzw. zu einem einzelnen Marktsegment an.[41] Dieses

---

[40] Studie Bushan/Lessard: Investmentstile und angewandte Analysemethoden von US-amerikanischen institutionellen Investoren. In: Auer, Kurt: International harmonisierte Rechnungslegungsstandards aus Sicht der Aktionäre, Wiesbaden 1999, S. 223.
[41] Farrell, James L.: Portfolio Management, 2. Aufl. New York 1997, S. 30.

systematische Risiko wird mit Hilfe des Beta-Faktors ausgedrückt. Ist das Beta gleich 1, so verhält sich die Aktie wie der Gesamtmarkt, d. h. sie fällt oder steigt parallel zum Gesamtmarkt. Ist das Beta größer 1, so weist die Aktie eine größere Schwankungsbreite und damit eine höhere Volatilität als der Gesamtmarkt auf. Liegt beispielsweise der Beta-Faktor bei 1,2, so steigt die Aktie bei einer allgemeinen Aufwärtstendenz um 20 Prozent stärker als der Marktdurchschnitt. Fällt indes der Aktienmarkt, so fällt die betreffende Aktie zusätzlich um 20 Prozent. Bei einem Beta, das kleiner als 1 ist, sind die Schwankungen geringer.[42] Meist handelt es sich dabei um Branchen, die aus dem Konjunkturzyklus ausscheren oder sich konjunkturresistent verhalten.

Anlageintensive Unternehmen wie in den Branchen Maschinenbau, Werften sowie der Automobilindustrie zeichnen sich durch einen beträchtlichen Fixkostenblock aus. Erhebliche Kosten entstehen durch hohe Abschreibungen, Instandhaltungs- und Finanzierungskosten, die sich aufgrund der Anlagenintensität kaum reduzieren lassen. Bei einer unzulänglichen Kapazitätsauslastung führen die anhaltend hohen Fixkosten zu einem schlechteren Betriebsergebnis und einer höheren Konjunkturempfindlichkeit. Aktien aus diesen Branchen steigen meist erst, wenn der Konjunkturzyklus anzieht oder eine Boomphase erreicht, da die hohe Kapazitätsauslastung von entscheidender Bedeutung ist, um die hohen Fixkosten durch entsprechende Deckungsbeiträge auszugleichen. Anders als bei Versorgern (Utilities) und Pharmawerten, sofern es sich um weltweit agierende Konzerne mit einer diversifizierten Produktpalette handelt, sind diese Werte mit einer hohen Anlagenintensität wenig konjunkturresistent.

Daraus ergibt sich auch ein Beschäftigungsrisiko; steigt bei einem konjunkturellen Aufschwung die Beschäftigung, so können die entstandenen variablen Kosten bei einer Rezession aufgrund der geringen Elastizität des Arbeitsmarktes nicht mehr schnell genug abgebaut werden, was zu Verlusten führt. Dieses Phänomen erklärt auch, weshalb bei einem Abbau von Arbeitsplätzen die Aktienkurse meist steigen. Langfristig kann sich jedoch die Freisetzung als nachteilig erweisen, wenn dem Unternehmen dadurch hochwertige und qualifizierte Arbeitskräfte in Schlüsselpositionen verloren gehen.

Das Individualrisiko einer Aktie, das auch als unsystematisches Risiko bezeichnet wird, wird mit Hilfe des Alpha-Faktors ausgedrückt.[43] Maßgeblicher Grundgedanke der Portfoliotheorie ist, dass

---
[42] Cesar, Gerald: Aktienanalyse heute, Wiesbaden 1996, S. 197.
[43] Farrell, James L.: Portfolio Management, 2. Aufl. New York 1997, S. 72.

2.2 Die einzelnen Etappen der Finanzmarkttheorie 43

der Markt nur das Marktrisiko honoriert.[44] Das Einzelrisiko einer Aktie (das unsystematische Risiko) ist durch eine entsprechende Titelselektion im Portfolio „wegdiversifizierbar".[45] Der Gesamtmarkt bildet demnach die Grenze für eine effiziente Diversifikation. Diversifikation bedeutet deshalb die Vermeidung von aktienspezifischen Risiken durch die Zusammenstellung eines Portfolios von Aktien, die negativ miteinander korrelieren, d. h. deren Wertentwicklung unabhängig voneinander verläuft.

Die Top-Down-Analyse

Bei der Top-Down-Analyse werden nicht einzelne Aktien oder Aktienmärkte betrachtet, vielmehr erfolgt zuerst eine fundierte Analyse des Gesamtmarktes, um ein erstes Bild der möglichen Zinsentwicklung, der Währungen und der allgemeinen Marktentwicklung zu erhalten.[46] Abhängig von der Risikobereitschaft des Investoren werden im Rahmen der Asset Allocation einzelne Assetklassen gebildet (Aktien, Anleihen, Edelmetalle, Immobilien, Geldmarkt).[47] Danach wird eine Varianz-Kovarianz-Matrix figuriert, um die Erträge zu prognostizieren und die Vermögensanteile auf die einzelnen Assetklassen zu verteilen. In einer weiteren Betrachtung werden die lukrativsten Länder oder Regionen ausgewählt, die in wirtschaftlicher Hinsicht die besten Aussichten bieten. Der Aktienmarkt eines Landes wird dann noch einmal gründlich auf das Potenzial hin untersucht und auch die Risikofaktoren eingehend bewertet. Danach wird das Länderportfolio zusammengestellt.[48] In einem weiteren Schritt werden die einzelnen Branchen einer fundierten Analyse unterzogen. Vor allem kommt es darauf an, günstig bewertete Branchen zu bevorzugen, die ein angemessenes Kurs-Gewinn-Verhältnis vorweisen können und über eine ausgezeichnete Ertragslage verfügen.

Die Bottom-Up-Analyse

Die Bottom-Up-Analyse kehrt das bei der Top-Down-Analyse übliche Vorgehen um und beginnt mit der Konzentration auf einen Einzelwert. Aufgrund dieses Ausgangspunkts spielt die fundamentale Analyse mit ihrem Bezug zur Bilanzanalyse einen ausschlaggebende

---

[44] Kruschwitz, Lutz: Finanzierung und Investition, 2. Aufl. München 1999, S. 203.
[45] Kruschwitz, Lutz: Finanzierung und Investition, 2. Aufl. München 1999, S. 202–203.
[46] Heri, Erwin W.: Was Anleger eigentlich wissen sollten, Basel 1991, S. 148.
[47] Cesar, Gerald: Aktienanalyse heute, Wiesbaden 1996, S. 197.
[48] Heri, Erwin W.: Was Anleger eigentlich wissen sollten, Basel 1991, S. 148.

Rolle. Man differenziert analog zwischen der aktiven und der passiven Investmentstrategie.

Bei der aktiven Investmentstrategie geht es darum, einen Vergleichsindex zu übertreffen. Obgleich man vermuten könnte, es sei leicht, den Index zu schlagen, ist dies für fast alle Investmentfonds und Pensionsfonds eine fast unlösbare Aufgabe. In der Mehrzahl der Fälle liegen Portfoliomanager, institutionelle und private Anleger unter dem Marktdurchschnitt. Nur einigen wenigen Investoren gelang es über mehrere Jahre den Index zu überflügeln. Angesichts dieser Problemstellung gibt es vor allem in den USA etliche Pensionsfonds und Investmentgesellschaften, die auf eine passive Investmentstrategie setzen. Symptomatisch für diese Entwicklung ist die weite Verbreitung von Indexfonds und -zertifikaten. Bei der Bottom-Up-Analyse setzt die Betrachtung bei der einzelnen Aktie ein, während die länderspezifische Aufteilung unberücksichtigt bleibt. Im Vordergrund stehen auch branchenspezifische Aspekte und eine internationale Diversifikation.

Anhand des Renditeziels und der Risikopräferenzen wird eine Anlagestrategie entworfen, bei der das CAP-Modell als Grundlage dienen kann.[49] Die mit dem CAP-Modell geschätzten Renditen einzelner Aktien werden anhand einer fundierten und umfassenden Unternehmensanalyse, die sich auf den Geschäftsbericht und die Quartalsabschlüsse stützt, die Ertragsprognosen überprüft.[50] Danach wird ein Portfolio gebildet, das im Hinblick auf den Ertrag kontinuierlich revidiert und im Zweifelsfall einer Umschichtung unterzogen wird. Die Diversifikation der Anlagen sollen den Investor vor Kurseinbrüchen und Wertverlusten schützen, indem die Anlagen über ein breites Spektrum von Wertpapieren, Segmenten, Anlageformen, Branchen und Ländern gestreut werden. Professionelle Investoren berechnen für ein Portefeuille das exakte Gesamtrisiko und betrachten die einzelnen Kovarianzen. Zu viel Diversifikation führt aber letztlich zu Renditeeinbußen, da die Portfolioabsicherung (Portfolio Insurance) über das Prinzip der Streuung mit erheblichen Renditeeinbußen bezahlt wird.

Eine Faustregel ist, dass ein Portefeuille mit zwanzig verschiedenen Aktien das Gesamtrisiko um 70 Prozent verringert.

Für Kleinanleger ist dies wenig praktikabel, da der Erwerb von 20 Aktien für Anlagesummen unter 50.000 € mit erheblichen Transaktionskosten verbunden ist. Viele Banken verlangen für eine solche geringe Summe eine Mindestgebühr. Darüber hinaus ist die Verwal-

---

[49] Heri, Erwin W.: Was Anleger eigentlich wissen sollten, Basel 1991, S. 151.
[50] Heri, Erwin W.: Was Anleger eigentlich wissen sollten, Basel 1991, S. 151.

tung von zwanzig Aktien auch für Privatanleger mit einem erheblichen Zeit- und Verwaltungsaufwand verbunden.

Für professionelle Investoren wie Investmentgesellschaften, Pensionsfonds und andere institutionelle Investoren ist diese Regel jedoch ein wichtiger Baustein zur Risikovermeidung. In manchen Ländern sind Investmentfonds ohnehin gesetzlich verpflichtet, darauf zu achten, dass ein Einzelinvestment nicht mehr als 5 Prozent des gesamten Portfolios ausmacht.

Die Rolle der Emerging Markets

Schwellenländer (Emerging Markets) wie Mexiko, Thailand oder Malaysia korrelieren geringer mit den entwickelten Ländern. Aus diesem Grunde bedeutet eine Investition in Aktien aus Schwellenländern eine weitere Minimierung des Gesamtrisikos, wenn man dabei einige Aspekte nicht außer Acht lässt. Investitionen in sich entwickelnden Ländern bergen unverhältnismäßige Risiken, die man keineswegs ignorieren darf. Solche Risiken ergeben sich aus wirtschaftlichen und politischen Instabilitäten, Währungsrestriktionen, Markttransparenz und Rechtsunsicherheit. Darüber hinaus sind diese Märkte eher klein und die Rechnungslegungsvorschriften entsprechen häufig nicht internationalen Standards. Aktien aus Thailand, Malaysia, Mexiko oder Brasilien sind daher nur bedingt mit den Werten aus entwickelten Ländern zu vergleichen.

Die 1990er Jahre boten in den Schwellenländern exorbitante Renditen, aber auch enorme Risiken. Als 1995 der mexikanische Peso unter Druck geriet, konnte Washington nur durch einen Milliardenkredit Schlimmeres vom Weltwirtschaftssystem abwenden. Die US-Regierung erkannte sofort die Gefahr für die Weltwirtschaft und wartete nicht einmal die Entscheidung der Weltbank ab, sondern gewährte sofort einen Milliardenkredit, der von Mexiko inzwischen vollständig zurückgeführt wurde. Ohne dieses schnelle Eingreifen hätte die Panik zuerst den lateinamerikanischen Kontinent und anschließend die Weltwirtschaft erfasst. Doch kaum war der Problemfall Mexiko eingedämmt, zeichnete sich 1997 in Südostasien eine schwere Wirtschaftskrise ab, die mit erheblichen Turbulenzen verbunden war.

Thailand, Malaysia, Indonesien und Südkorea litten unter erheblichen Währungsschwankungen, die auch die Börsenkurse in ganz Südostasien unter Druck setzten. Die Direktinvestitionen in vielen Ländern sanken um bis zu 90 Prozent und auch nach der Erholung kehrten die Investoren in Länder wie Indonesien aufgrund des politischen Risikos nicht mehr zurück. Darüber hinaus gab es Ende der 1990er Jahre eine schwere Krise in Russland und danach den Staatsbankrott in Argentinien.

Das gesamte zwanzigste Jahrhundert hindurch galten Staatsanleihen als relativ sichere Anlageform. Die Zahl der Ausfälle hielt sich so sehr in Grenzen, dass selbst Staatsanleihen, die von internationalen Ratingagenturen eine Bewertung von B oder C erhielten und damit erheblich gefährdet waren, als noch akzeptabel galten. Es gab nur wenige Fälle, in denen Inhaber von Staatsanleihen leer ausgingen. Die Sowjetunion weigerte sich nach der Oktoberrevolution für die Verbindlichkeiten des Zaren aufzukommen und die Zarenanleihen wurden praktisch wertlos. Auf manchen Auktionen erzielten die kunstvoll aufgemachten Aktien als historische Wertpapiere oder Nonvaleurs noch einen Sammlerwert. Der zweite Fall war China, das sich nach der Revolution weigerte, frühere Staatsanleihen zu bedienen. Von diesen umsturzbedingten Grenzfällen abgesehen, waren Staatsanleihen eine vergleichsweise sichere Sache. Auch die deutschen Anleihen, die vor 1945 herausgegeben wurde, wurden in der Nachkriegszeit pünktlich und zuverlässig zurückbezahlt. André Kostolany, der Altmeister der Spekulation, verdiente sein Vermögen vor allem durch solche Spekulationen mit Staatsanleihen.[51] In den Jahren nach dem Zweiten Weltkrieg glaubte kaum jemand, dass Deutschland jemals in der Lage wäre, die Anleihen zurückzuzahlen. In London und Paris waren deutsche Staatseinleihen zu Spottpreisen billigst zu kaufen. Wer damals zugriff, wurde Jahre später, als Konrad Adenauer die Rückzahlung zusicherte, steinreich.

Auch Anfang der neunziger Jahre erwiesen sich Staatsanleihen als Schnäppchen. Nach dem Zusammenbruch der Sowjetunion und dem Ende des Kalten Krieges gerieten die sowjetischen Staatsanleihen unter Druck und notierten zeitweise nur noch bei 20 Prozent des ursprünglichen Werts. Panikmache griff um sich und selbst Banken rieten vom Kauf ab, da es unklar war, ob Russland die Schulden übernehmen würde. Wer damals kaufte, konnte seinen Einsatz praktisch innerhalb weniger Jahre verfünffachen, denn Russland zahlte die Anleihen vollständig zurück. Ähnliches galt Anfang der neunziger Jahre auch für die algerischen Anleihen, die Renditen von über 20 Prozent abwarfen, und die südafrikanischen Anleihen.

Anders verhielt es sich bei Argentinien, das sich seit den achtziger Jahren in einer Dauerkrise befindet. Alle Reformen einschließlich der Deregulierung und Privatisierung erwiesen sich als nutzlos. Am Ende stand der Staatsbankrott und es ist zweifelhaft, ob Argentinien bereit ist, seine Verbindlichkeiten vollständig zu tilgen. Auch die anderen lateinamerikanischen Länder sind hoch verschuldet. Dass Uruguay nicht in den Sog der argentinischen Krise geriet, verdankt es lediglich einer Finanzspritze aus Washington.

---

[51] Kostolany, André: Kostolanys Börsenpsychologie, Düsseldorf 1994.

2.2 Die einzelnen Etappen der Finanzmarkttheorie

Die Emerging Markets bieten aufgrund ihrer anders gestalteten Wirtschaftszyklen Chancen für Anleger, die ihr Depot stärker diversifizieren wollen. Während die Aktien in den entwickelten Ländern im Zug der durch den Internetboom ausgelösten Dotcom-Krise in die Knie gingen und teilweise mehr als 90 Prozent des ursprünglichen Wertes verloren, stiegen die Kurse in Osteuropa und Lateinamerika unaufhörlich. Auch Südostasien erholte sich von dem schweren Konjunktureinbruch aus dem Jahre 1997. Manche Osteuropa-Fonds verzeichneten einen jährlichen Wertzuwachs von 80 Prozent. Thailand lag mit an der Spitze. Aber auch russische Aktien kannten nur noch eine Richtung. Besonders eindrucksvoll in der Wertentwicklung war China, das ein jährliches Wirtschaftswachstum von 7 bis 8 Prozent an den Tag legte. Obwohl realistische Schätzungen eher von 5 Prozent sprechen, zog das Reich der Mitte so sehr an, dass chinesische Aktien sich innerhalb kürzester Zeit verdoppelten.

Die neuen Schwellenländer haben vor allem Vorteile bei den Lohnkosten. Das Lohnniveau ist erheblich niedriger als in den entwickelten Ländern Nordamerikas und der Eurozone. Das Lohnniveau gibt den durchschnittlichen Personalaufwand pro Mitarbeiter an. Das Lohnniveau wird häufig als Zusatzkennzahl für die Ermittlung der Personalintensität eingesetzt, denn das Lohnniveau erlaubt die Aussage, ob eine Veränderung auf die Höhe der Löhne zurückgeht.

Während in Deutschland, der Eurozone und in Nordamerika Internetaktien Panik auslösten und in den Abgrund stürzten, feierten die Börsen in Shanghai, Bangkok, Moskau und in Lateinamerika immer neue Höchststände. Die venezolanische Börse im fernen Caracas erreichte Spitzenwerte von über 200 Prozent innerhalb eines Jahres. Während in Deutschland der Neue Markt von der Bildfläche verschwand und immer neue Skandale die Öffentlichkeit beunruhigten, wuchs die Champagnerlaune in den wenig beachteten Emerging Markets.

Dieses Beispiel verdeutlicht, wie selbst bei einer katastrophalen Börsenlage (immerhin verlor der einst so viel gepriesene NEMAX über 90 Prozent seines Wertes) eine gute Diversifikation jedes Depot abfedern kann. Während in Europa Katzenjammer ausbrach und viele einst verheißungsvolle Unternehmer der New Economy einen Aushilfsjob annahmen, um nach einem Börsendebakel über die Runden zu kommen, konnten Anleger in China, Russland, Indien, Thailand und Venezuela quasi über Nacht zu großem Reichtum gelangen.

Deshalb wird jedes gut diversifizierte Depot auch die Emerging Markets einbeziehen, deren Wachstumsrate im Vergleich zu entwickelten Volkswirtschaften überproportional hoch ist. Länder wie

China, Malaysia, Vietnam, Thailand und Indonesien stehen erst am Anfang einer dynamischen Entwicklung, so dass die Zuwachsraten deutlich höher ausfallen als in den eher trägen, entwickelten Volkswirtschaften Westeuropas.

2.2.6 Das Irrelevanztheorem von Modigliani

Im Jahre 1958 wurde die zentrale Frage nach dem Risiko, die Markowitz in seiner Modernen Portfoliotheorie erstmals systematisch erörtert hatte, erneut aufgegriffen. In dem Aufsatz „The Cost of Capital, Finance and the Theory of Investment" in der Zeitschrift „American Economic Review" wandte sich Franco Modigliani wieder der Kapitalstruktur im Portfolio zu und stellte systematische Überlegungen zum Risiko und zur Diversifikation an. In seinem Irrelevanztheorem formulierte er die Auffassung, dass die Kapitalstruktur für das Risiko unwichtig sei, dass vielmehr das marktspezifische Risiko und die Verteilung auf die verschiedenen Assetklassen (Aktien, Anleihen, Immobilien) von Bedeutung sei. Im selben Jahr veröffentlichte James Tobin das Separationstheorem, das die Risikostruktur eines Portfolios unter dem Gesichtspunkt der Liquidität beschreibt.

2.2.7 Das Capital Asset Pricing Model: Quelle der Theoriefindung

Einen ersten Höhepunkt erreichte die inzwischen fest etablierte Kapitalmarkttheorie mit William Sharpes Capital Asset Pricing Model (CAPM), das er 1964 im Journal of Finance vorstellte.[52] Es wurde von William Sharpe, einem Professor der Stanford Universität, dem Finanzexperten John Lintner und von Fischer Black entwickelt. William Sharpe als einer der führenden Initiatoren erhielt dafür 1990 – im selben Jahr wie Markowitz für seine Portfoliotheorie – den Nobelpreis für Wirtschaftswissenschaften. Dieses Modell, das nahezu erschöpfend alle entscheidenden Grundfragen der Finanzmarktforschung berührt, gilt heute als klassisches Modell mit einem ähnlichen Gewicht wie in der Volkswirtschaftslehre die Neoklassik und der Keynesianismus. Nahezu alle späteren Ansätze und selbst die verhaltenswissenschaftlich ausgerichtete Finanzmarktforschung (Behavioral Finance) setzen sich direkt oder indirekt mit diesem Modell kritisch auseinander.

Obwohl heute viele Thesen und Annahmen des CAPM als überholt gelten und durch die empirische Forschung in Frage gestellt wer-

---
[52] Sharpe, William: Capital Asset Prices: A Theory of Market Equilibrium Under Conditions of Risk. Journal of Finance, 19 (1964), S. 425–442.

2.2 Die einzelnen Etappen der Finanzmarkttheorie 49

den, hat sich das CAPM als Quelle der Theoriefindung erwiesen, aus der ganze Generationen von Wissenschaftlern schöpften. Die oft kontrovers geführten Diskussionen entzündeten sich in der Mehrzahl an den Aussagen dieses Modells, dessen Annahmen auch die Formulierung und Ausarbeitung der Effizienzmarkthypothese und der Random-Walk-Hypothese maßgeblich beeinflussten und prägten. Der Komplex, der als Moderne Kapitalmarkttheorie apostrophiert wird, bildete sich an den beiden Kristallisationspunkten der Modernen Portfoliotheorie von Harry Markowitz und dem CAPM von William Sharpe. Als ebenbürtige Theorieleistung, die dieses Gedankengebäude vollkommen macht, sind die beiden oben erwähnten Hypothesen anzusehen sowie die vom CAPM abgeleitete Arbitrage Price Theory (APT) und das Optionspreismodell.[53] Der Impetus, der von der Modernen Kapitalmarkttheorie ausging, beherrschte noch die gesamten siebziger Jahre.

Das CAPM gehört zur so genannten neoklassischen Portfoliotheorie, die bestimmte Grundannahmen vertritt. Zu diesen Prämissen gehören die folgenden Grundaussagen:

(1) Alle Investoren sind risikoscheu (risikoavers) und streben grundsätzlich eine Nutzenmaximierung im Hinblick auf das erwartete Endvermögen an.
(2) Auf den Kapitalmärkten herrscht ein vollkommener Wettbewerb ohne Einschränkungen.
(3) Alle Investoren haben den gleichen Informationsstand und die gleichen, homogenen Erwartungen.
(4) Die Anzahl der zur Verfügung stehenden Wertpapiere ist fix.
(5) Es existiert eine risikolose Kapitalanlage, zu deren risikolosen Zinssatz unbegrenzt Mittel angelegt werden können.
(6) Alle Wertpapiere werden an den Kapitalmärkten frei gehandelt.
(7) Informationen sind völlig kostenlos und jederzeit frei verfügbar.
(8) Es existieren keine Unvollkommenheiten wie Steuern und andere Restriktionen.

Diese idealtypischen Annahmen werden von Wirklichkeit nicht erfüllt. Die neoklassische Portfoliotheorie behandelt diese Prämissen wie eine Fiktion, um bessere Schlüsse aus den Konstellationen ziehen zu können. Das CAPM ist daher schon früh kritisiert worden, da die unrealistischen Ausgangsbedingungen notwendigerweise zu vereinfachten Schlussfolgerungen führen müssen. Galt die neoklassische Portfoliotheorie in den siebziger und achtziger Jahren als das führende Paradigma der Finanzmarktforschung, so zeigt sich seit den neunziger Jahren die Tendenz, die empirische und experimen-

---

[53] Black, Fischer; Scholes, Myron: The Pricing of Options and Corporate Liabilities. Journal of Political Economy, 81 (1973), S. 637–659.

telle Finanzmarktforschung zu favorisieren. Dennoch hat die neoklassische Portfoliotheorie das Selbstverständnis der Finanzmarktforschung nachhaltig geprägt.

Das Capital Asset Pricing Model widmet sich einem Aspekt, der bereits in der Modernen Portfoliotheorie von Markowitz auftaucht – dem Begriff des Risikos. Um eine möglichst hohe Rendite zu erzielen, muss vorab erklärt werden, was man unter Risiko versteht. Das CAPM differenziert den Risikobegriff und verfeinert dadurch mögliche Investmentstrategien. Während die Moderne Portfoliotheorie von Markowitz das Augenmerk auf die Diversifikation richtet und damit auf die Kovarianzen von Märkten, Marktsegmenten, Anlageformen, Branchen und Einzelwerten, analysiert das Capital Asset Pricing Model die verschiedenen Erscheinungsformen des Risikos.

Die empirische Finanzmarktforschung konnte durch eine Vielzahl von Studien aufzeigen, dass jede Aktie sich in einer bestimmten Relation zum Gesamtmarkt verhält. Wenn beispielsweise der S&P500 um 30 Prozent wächst, gibt es Aktien, die ebenfalls um 30 Prozent anziehen; andere dynamische Wachstumswerte aus dem Bereich Elektronik, Software oder Biotechnologie steigen möglicherweise zur gleichen Zeit um 60 Prozent. Erstaunlicherweise fand die Finanzmarktforschung heraus, dass diese Relationen konstant bleiben – d.h. Aktien, die besonders dynamisch und wachstumsstark sind, steigen überproportional und behalten diese Dynamik bei. In der technischen Analyse wird dieses Phänomen von den Charttechnikern auch als technische Stärke bezeichnet. Andererseits bedeutet eine solche überdurchschnittliche Dynamik auch, dass bei einem Rückgang des Marktes diese Werte besonders gravierend einbrechen und hohe Kursrückgänge verzeichnen. Der dynamische Hebel wirkt somit sowohl nach oben als auch nach unten.

Im CAPM wird diese Dynamik mit einer Kennzahl umgeschrieben, dem so genannten Beta-Faktor. Ein Beta-Faktor von 1,0 bedeutet, dass sich die jeweilige Aktie genau wie der Gesamtmarkt verhält und mit ihm parallel läuft. Ein Faktor von 1,2 würde bedeuten, dass die Aktie um 20 Prozent schneller steigt als der Gesamtmarkt; ein Faktor, der kleiner als 1,0 ist, zeigt eine Aktie an, deren relative Stärke unterhalb des Gesamtmarktes liegt, die quasi ein Nachzügler ist und deren Entwicklung hinterherhinkt. Solche Aktien haben jedoch den entscheidenden Vorteil, dass sie weniger anfällig für Crashs und Kursrückgänge sind.

Der eigentliche Erkenntnisfortschritt des CAPM liegt jedoch in einem anderen Aspekt begründet. Das systematische Risiko spiegelt sich in dem Beta-Faktor wider, der angibt, welche Dynamik ein Wert vorzuweisen hat. Da dieser Wert relativ konstant ist, lässt er sich ermitteln und bei Anlageentscheidungen berücksichtigen.

Das unsystematische Risiko bezieht sich auf die Einzelsituation eines Unternehmens und gibt dessen Rahmenbedingungen wieder, die einzigartig sind. Beispielsweise kann ein Kurseinbruch eines Unternehmens durch eine Streik, durch Produktionsschwierigkeiten, Qualitätsmängel, Bilanzfälschungen und andere Umstände ausgelöst werden, die nur das jeweilige Unternehmen betreffen. Das unsystematische Risiko, das sich aus den Rahmenbedingungen einzelner Unternehmen ergibt, lässt sich eliminieren, indem man ein Portefeuille aus einer Vielzahl von Unternehmen zusammensetzt. Je mehr Aktien man in einem Portfolio hält, desto geringer ist die Auswirkung eines Unternehmens, das in Schwierigkeiten gerät.

Die Diversifikation behebt nur das Problem des unsystematischen Risikos, das aus den Unwägbarkeiten eines Einzelunternehmens resultiert. Diese Variabilität einer Einzelaktie lässt sich beseitigen, wenn man viele Aktien besitzt, denn die anderen federn einen solchen „Ausreißer" ab.

Der Beta-Faktor gibt an, welche Chancen eine Aktie bei der Wertentwicklung hat. Deshalb ist das Risiko, das für einen Anleger von entscheidender Bedeutung ist, das systematische Risiko. Ein professionelles Portfoliomanagement wird daher vor allem die Beta-Faktoren vergleichen und das (unsystematische) Einzelrisiko einer Aktie durch eine breite Streuung ausschalten.

Wenn man zehn Aktien hält, ist das unsystematische Risiko bereits als sehr gering einzustufen, da es unwahrscheinlich ist, dass bei allen zehn Unternehmen Streiks anstehen, Qualitätsmängel auftreten oder sich eine Liquiditätskrise anbahnt. Ausschlaggebend für die potenzielle Gewinnentwicklung wäre in diesem Fall dann das systematische Risiko, das im Beta-Faktor zutage tritt. Ein Portefeuille mit einem durchschnittlichen Beta-Faktor von 1,5 würde gegenüber dem Gesamtmarkt um 50 Prozent stärker nach oben oder unten schwanken, d. h. es hat eine um 50 Prozent erhöhte Schwankungsbreite oder Volatilität. Bei der Betrachtung von Renditeanalysen spielt nur dieses systematische Risiko eine Rolle, das als Risikoprämie die Anlageentscheidung beeinflusst. Damit ist das Gesamtrisiko einer Aktie für das Portfoliomanagement unerheblich, wenn eine sinnvolle Diversifikation eingeleitet wird.

Der Beta-Faktor

In den 1970er Jahren avancierte der Beta-Faktor zu einem Schlüsselinstrument der Wertpapieranalyse, so dass selbst die Initiatoren des CAPM über den Erfolg erstaunt waren. Ein Beta-Faktor von null bedeutete eine sichere, marktunabhängige Rendite, wie sie von Sparbriefen zu erhalten war. Dieser risikofreie Zins spiegelte sich in dem Wert Null wider. Ein Musterportefeuille, das den Beta-Faktor 0,5 hat, setzt sich aus risikolosen Sparbriefen und einem Indexfonds, der genau den Beta-Faktor 1,0 hat, zusammen. Eine höhere Wertentwicklung wird deshalb erzielt, wenn man den Beta-Faktor durch eine geschickte Auswahl der Wertpapiere erhöht oder bei einem durchschnittlichen Beta-Faktor, der die Entwicklung des Gesamtmarktes vertritt, eine Hebelwirkung durch zusätzliche Kreditaufnahme ermöglicht. In den siebziger Jahren wurde der Beta-Faktor zum zentralen Wert für jede Portfolioanalyse.

Doch die empirische Finanzmarktforschung erkannte Anfang der 1990er Jahre, dass der Beta-Faktor ein zu eindimensionales Instrument ist, um die Komplexität des systematischen Risikos und damit die Höhe der Risikoprämie, die sich aus der Volatilität ergibt, zu erfassen. In einer 1992 veröffentlichten Studie[54] schlussfolgerten Eugene Fama und Kenneth French, dass es nur einen sehr schwachen oder gar keinen Zusammenhang zwischen der Rendite eines Portfolios und dem Beta-Faktor gab. Dieses Ergebnis erstaunte die Fachwelt und führte dazu, dass die moderne Kapitalmarkttheorie grundsätzlich in Frage gestellt wurde.

Eugene Fama und Kenneth French untergliederten die Aktien aller wichtigen US-Börsen (New York Stock Exchange, American Stock Exchange, NASDAQ) in Zehntelsegmente (Dezile) und berechneten für den Zeitraum von 1963 bis 1990 alle Beta-Faktoren. Im ersten Dezil (den ersten 10 Prozent) waren alle Aktien, die den niedrigsten Beta-Faktor aufwiesen; im letzten Dezil (den letzten 10 Prozent) waren die Aktien mit den höchsten Beta-Faktoren enthalten, die weit über der Gesamtentwicklung des Vergleichsmarktes abgeschnitten hatten.

Nach diesem niederschmetternden Resultat wurden sowohl die Portfoliotheorie als auch das Capital Asset Pricing Model (CAPM) als unzuverlässig abgetan. Bei näherer Betrachtung gibt es auch Hinweise, dass dennoch möglicherweise ein Zusammenhang zwischen der Wertentwicklung und dem Beta-Faktor bestehen könnte. Eine Fehlerquelle bei der Untersuchung könnte der S&P500-Index sein, der nur einen kleinen Ausschnitt aller amerikanischen Aktien umfasst; internationale Aktien bleiben bei dieser Betrachtung ohnehin unberücksichtigt. Darüber hinaus beschränkte sich die Studie nur auf Aktien und ließ die Wertentwicklung von Anleihen, Immobilien und Edelmetallen – also anderen Assetklassen – außer Acht.

Der Beta-Faktor bleibt weiterhin umstritten. Letztlich hat diese Erkenntnis zu einer Abkehr von der Modernen Kapitalmarkttheorie

---

[54] Fama, E. F.; French, K. R.: The Cross-Section of Expected Stock Returns. Journal of Finance, 47 (1992), S. 427–465.

geführt und den Beginn des Verhaltensparadigmas – der Behavioral Finance – in der Kapitalmarktforschung eingeläutet.

2.2.8 Die Effizienzmarkthypothese als Meilenstein

Ein entscheidender Meilenstein in der Entwicklung der Finanzmarkttheorien war die Formulierung der Effizienzmarkthypothese durch Benoit Mandelbrot, die er 1963 in einem Zeitschriftenaufsatz[55] vorstellte. Die Effizienzmarkthypothese, die als eine der wichtigsten und bedeutendsten Konzeptionen der Finanzmarkttheorie gilt, hatte lange Zeit einen äußerst gewichtigen Status und bestimmte die weitere Theoriebildung nachhaltig.

Die Effizienzmarkthypothese[56] wurde in drei Ausprägungen formuliert: Je nach Umfang der berücksichtigten Informationen wird zwischen

- schwacher („Weak Form"),
- halb-strenger („Semi Form") und
- strenger („Strong Form")

Informationseffizienz unterschieden.[57] Während bei der schwachen Variante nur Kursinformationen als effizient gelten, berücksichtigt die mittelstrenge Version auch die Informationen, die der Fundamentalanalyse zugrunde liegen, nämlich bilanzbezogene Daten. Erst in der strengen Form werden auch Insiderinformationen mit einbezogen. Empirische Untersuchungen deuten darauf hin, dass die mittelstrenge Form der Informationseffizienz für die meisten Märkte Gültigkeit besitzt. Die einzelnen länderspezifischen Märkte unterscheiden sich in ihrem Grad der Informationseffizienz. Die meisten entwickelten Börsen und Länder weisen einen ähnlichen Grad an Informationseffizienz auf.

Der Informationseffizienzgrad des Kapitalmarktes ist daher von entscheidender Bedeutung.

- Die schwache Informationseffizienzhypothese beinhaltet, dass in den Aktienkursen alle Informationen aus der Analyse vergangener Kursentwicklungen vollständig antizipiert sind, diese aber keinen Einfluss auf die künftige Kursentwicklung haben.[58] Brealey und Myers erklären dies mit der Metapher, dass der Markt kein Ge-

---

[55] Mandelbrot, B.: The Variation of Certain Speculative Prices. In: Journal of Business, 1963, S. 394–419.
[56] Fama, Eugene F.: Efficient Capital Markets: A Review of Theory and Empirical Work. In: Journal of Finance, 25 (1970), S. 383 ff.
[57] Fama, Eugene F.: Efficient capital markets: A Review of Theory and Empirical Work. In: Journal of Finance, 25 (1970), S. 383.
[58] Steiner, Manfred; Bruns, Christoph: Wertpapiermanagement, 3. akt. Aufl. Stuttgart 1994, S. 35.

dächtnis habe[59] und dass die sequenzielle Abfolge von Aktienständen einem Zufallsprozess unterworfen sei. Nur durch zusätzliche fundamentale Informationen, wie man sie dem Geschäftsbericht und der Quartalsberichterstattung entnehmen kann, ist es möglich, Überrenditen zu erzielen, die den Marktdurchschnitt übertreffen. In der neueren Kapitalmarktforschung wird die schwache Informationseffizienzhypothese durch einen allgemeineren Test auf Ertragsvorhersagen („Tests for Return Predictability") ergänzt. Dieser Prognosetest umfasst neben den Erträgen und der Gewinnentwicklung aus der Vergangenheit auch Faktoren wie die Höhe der Dividendenrenditen und marktspezifische Zinssätze.[60]

- Die semi-strenge Informationseffizienz, die in der Kapitalmarktforschung auch unter Bezeichnung „Event Studies" geführt wird, behauptet, dass alle öffentlich verfügbaren Informationen unverzüglich in den Aktienkursen ihren Niederschlag finden. Daher kann auch eine ausführliche und gründliche Fundamentalanalyse, die eine Vielzahl von Bilanzkennzahlen heranzieht und die Analyse von Jahresabschlüssen, Zwischenberichten oder die Quartalsberichterstattung sowie Ad-hoc-Publikationen umfasst, keine Überrendite erzielen.[61] Die semi-strenge Variante der Informationseffizienz nimmt nur Insiderinformationen aus. Sie geht davon aus, dass Insider aus der Unternehmensführung eine Überrendite erzielen können, wenn sie sich wichtige Informationen etwa über eine bevorstehende Fusion oder ein Management Buy-out zunutze machen. Die Verwendung solcher Insiderinformationen ist jedoch in vielen Ländern gesetzlich unzulässig. Schließt man nun aus dieser Variante, dass damit eine Fundamentalanalyse sinnlos sei, und würden dies alle Marktteilnehmer so handhaben, dann wären diese Informationen erneut relevant, da sich einige Akteure an den Kapitalmärkten dieses Informationsdefizits bedienen könnten.

- Bei der strengen Informationseffizienz, die in der Kapitalmarktforschung auch als „Tests for Private Information" bezeichnet wird, werden nicht nur die allgemein zugänglichen Informationen im Kurs verarbeitet, sondern auch alle darüber hinausgehenden Informationen, also auch nichtöffentliche Informationen wie beispielsweise Insiderinformationen.[62] In der strengen Variante der Informationseffizienz ist jede Form der Wertpapieranalyse – sei es

---

[59] Brealey, Richard A., Myers, Stewart: Principles of Corporate Finance, 5. Aufl. New York 1996, S. 336.
[60] Fama, Eugene F. (1991): Efficient Capital Markets II. In: The Journal of Finance, Vol. 46 (1991), S. 1576.
[61] Steiner, Manfred; Bruns, Christoph: Wertpapiermanagement, 3. akt. Aufl. Stuttgart 1994, S. 36.
[62] Fama, E. (1991): Efficient Capital Markets II. In: The Journal of Finance, Vol. 46 (1991), S. 1577.

die technische oder die fundamentale Analyse – nutzlos. Dies gilt auch für die Verwendungen von Insiderinformationen zur Erzielung von Überrenditen.[63] In dieser strengen Ausprägung der Effizienzmarkthypothese (EMH) wird nur die dem Risiko der Einzelanlage entsprechende Gleichgewichtsrendite vom Markt honoriert.[64] Alle Marktteilnehmer haben demnach homogene rationale Erwartungen.[65]

In dieser rigorosen Konzeptualisierung wird die Effizienzmarkthypothese nur in der akademischen Welt der Volkswirtschaft und der Lehrstühle vertreten, denn sie rückt die Bemühungen der Broker, der Investmentgesellschaften, der Analysten und Pensionsfonds in die Nähe von Wahrsagern. Wenn der absolut effiziente Markt ohnehin alle weltweit verfügbaren Informationen sofort und unverzüglich in die Kurse mit einfließen lässt und selbst jene Informationen erfasst, die offiziell als geheim oder vertraulich eingestuft sind, dann bleibt selbst für die findigsten und versiertesten Analysten kein Spielraum. Als einzige Anlagestrategie bliebe dann nur die Indexstrategie, denn keine Strategie der Welt könnte langfristig eine Überrendite erzielen, wenn die Effizienzmarkthypothese gültig wäre. Der Marktdurchschnitt wäre eine unüberwindliche Grenzlinie, die zum Maßstab aller Überlegungen würde. Die Konsequenz daraus wäre die Indexstrategie, d. h. ein Anleger könnte langfristig immer nur den Marktdurchschnitt erreichen. Die einfachste Lösung des Anlageproblems wäre dann eine passive Investmentstrategie, die auf Indexfonds und – von den Gebühren her günstiger – auf Indexzertifikate setzt.

Dass die Effizienzmarkthypothese – vor allem in ihrer rigorosen Form – wenig Zuspruch gefunden hat, ist wenig verwunderlich. Denn die meisten Investment- und Pensionsfonds treten mit dem Anspruch an, den Index übertreffen zu können. In der Realität jedoch liegen 80 Prozent bis 90 Prozent der Investmentfonds unterhalb des Marktdurchschnitts.[66] Die häufige Umschichtung des Vermögens und hohe Managementgebühren führen letztlich zu einer niedrigeren Rendite. Vielen Investmentmanagern ist diese Tatsache längst bekannt, denn nur so erklärt sich die fragwürdige Tendenz vieler Investmentfonds, am Jahresende ungünstige Positionen vorzeitig aufzulösen. Dieses so genannte Window Dressing dient letztlich nur der Rendite-Kosmetik von erfolglosen Investmentfonds.

---

[63] Cottle, Sidney; Murray, Roger F.; Block, Frank E.: Wertpapieranalyse, 5. übers. Aufl. Darmstadt 1992, S. 27.
[64] Steiner, Manfred; Bruns, Christoph: Wertpapiermanagement, 3. akt. Aufl. Stuttgart 1994, S. 37.
[65] Götz, Engelbert: Technische Aktienanalyse und die Effizienz des deutschen Kapitalmarktes, Heidelberg 1990, h. S. 22.
[66] Carhart, Mark M.: On Persistence in Mutual Fund Performance, Chicago 1994.

Für die Finanzmarktforschung ist es von erheblicher Bedeutung, ob die Effizienzmarkthypothese – unabhängig von der jeweiligen Ausprägung – für den Kapitalmarkt Gültigkeit besitzt. Wäre die Effizienzmarkthypothese zutreffend, dann wären fast alle Anlagestrategien Makulatur und der Kauf von preislich ohnehin günstigen und vorteilhaften Indexzertifikaten würde ausreichen. Der Anleger könnte langfristig nie besser sein als der Markt. Bei Pensions- und Investmentfonds bestünde die Gefahr, dass die Anlage unterdurchschnittliche Renditen erzielt, da hohe Transaktionskosten und Gebühren das Ergebnis schmälern.

Aus wissenschaftstheoretischer Sicht ist es schwer, die Effizienzmarkthypothese zu beweisen oder zu belegen. Aufgrund ihres umfassenden Anspruchs gestaltet sich eine Falsifizierung oder Verifizierung schwierig. Zusammenfassend kommt die empirische Kapitalmarktforschung zu dem wichtigen Ergebnis, dass auf den Kapitalmärkten keine strenge Informationseffizienz herrscht.[67] Dies wird vor allem daran deutlich, dass im Vorfeld von Unternehmensakquisitionen, Kapitalerhöhungen oder der Veröffentlichung strategischer Unternehmensentscheidungen bereits vor der Veröffentlichung Kursbewegungen und ein vergleichsweise erhöhtes Umsatzvolumen zu beobachten sind[68] Durch nichtöffentliche Informationen (Insiderinformationen) können Überrenditen erreicht werden.[69] In vielen Ländern stehen jedoch Insidergeschäfte unter Strafe und durch Stichprobenanalysen sowie eine akribische Beobachtung des Kapitalmarktes werden solche Mechanismen aufgespürt.

Die schwache Informationseffizienzhypothese ist durch eine eingehende Analyse der Kursbewegungen und ihre statistische Auswertung hinsichtlich ihrer Korrelation bestätigt. Die Befunde weisen darauf hin, dass zwischen zwei Kursen keine Korrelation von Null nachzuweisen ist, sondern dass ein geringfügiger Zusammenhang besteht. Daher haben die Aktienkurse der Vergangenheit kurzfristig eine plausible Aussagekraft für die zukünftige Kursentwicklung. Für die meisten Anleger ist jedoch eine solche Strategie, die auf kurzfristigen Kursschwankungen beruht, in der Praxis nicht umsetzbar, denn die dabei entstehenden hohen Transaktionskosten machen die erzielten Überrenditen zunichte, die bei einem solch kurzfristigen Intraday oder Day Trading möglich wären.[70]

---

[67] Steiner, Manfred; Bruns, Christoph: Wertpapiermanagement, 3. akt. Aufl. Stuttgart 1994, S. 37.
[68] Steiner, Manfred; Bruns, Christoph: Wertpapiermanagement, 3. akt. Aufl. Stuttgart 1994, S. 470.
[69] Fama, Eugene F.: Foundations of Finance, New York 1976, S. 166.
[70] Fama, Eugene: Efficient Capital Markets: A Review of Theory and Empirical Work. In: Journal of Finance, Vol. 25 (1970), S. 396.

2.2 Die einzelnen Etappen der Finanzmarkttheorie

Die wichtigste Kapitalmarkteffizienzhypothese ist die halb-strenge Informationseffizienz, denn bei dieser stellt sich die grundlegende Frage, ob eine Fundamentalanalyse, die sich auf die Bilanzkennzahlen stützt, sinnvoll ist oder nicht.[71] Das entscheidende Problem, das sich bei der empirischen Prüfung, ob die bilanzgestützte fundamentale Aktienanalyse nicht zur Erzielung von Überrenditen führt, ergibt, ist, dass zur Verifizierung der Annahme ein grundlegendes Modell zur Ermittlung einer dem Risiko angemessenen Rendite herangezogen werden muss.[72] In den meisten Studien wird das Marktmodell und das CAPM der Analyse zugrunde gelegt. Ein wissenschaftstheoretisches und methodologisches Problem ist indes, dass man das Marktmodell und das CAPM nicht grundsätzlich überprüfen kann, da es zu viele idealisierte Rahmenbedingungen und Prämissen enthält.[73] Die Befunde zeigen, dass sich die Aktienkurse im Allgemeinen schnell auf entscheidungsrelevante und unternehmensbezogene Informationen wie Dividenden- und Kapitalerhöhungen sowie Unternehmensübernahmen und Akquisitionen reagieren.[74]

Dieses Resultat wirft die Frage auf, weshalb rationale Marktteilnehmer bereit sind, Informationen zu hohen Kosten und unter hohem Zeitaufwand zu beschaffen, wenn diese Informationen bereits vollständig von den Märkten verarbeitet worden und in die aktuellen Börsenkurse eingeflossen sind. Insofern wäre jede Fundamentalanalyse, jede Betrachtung der Bilanzkennzahlen und der Unternehmenssituation überflüssig und eine Verschwendung von Zeit und Geld.

Die verschiedenen Aktienmärkte weisen einer Studie zufolge einen unterschiedlichen Grad der Informationseffizienz auf.[75] So zeigt sich eindeutig, dass die US-Technologiebörse NASDAQ oder der traditionelle Dow Jones Industrial mit seinen 30 US-Standardwerten, aber auch der DAX einen relativ hohen Informationseffizienzgrad haben, während Small-Cap-Indizes, Exotenbörsen in Emerging Markets in Schwellenländern oder der Freiverkehr in Deutschland eine geringe Kapitalmarkteffizienz haben. Die Berücksichtigung neuer

---

[71] Schmidt, Reinhard H.: Rechnungslegung als Informationsproduktion auf nahezu effizienten Kapitalmärkten, in: ZfbF, 34. Jg. (1982), S. 728–748, S. 729.
[72] Steiner, Manfred; Bruns, Christoph: Wertpapiermanagement, 3. akt. Aufl. Stuttgart 1994, S. 38.
[73] Steiner, Manfred; Bruns, Christoph: Wertpapiermanagement, 3. akt. Aufl. Stuttgart 1994, S. 38–39.
[74] Vgl. Fama, Eugene: Efficient Capital Markets II. In: The Journal of Finance, 46 (1991), S. 1602 und 1607.
[75] Steiner, Manfred; Bruns, Christoph: Wertpapiermanagement, 3. akt. Aufl. Stuttgart 1994, S. 41.

Informationen geschieht in den effizienten Märken vergleichsweise schnell, während bei den Märkten mit geringer Effizienz schon wegen des geringeren Handelsvolumens und der geringeren Markttransparenz die Informationseffizienz und damit die effiziente Bildung des Marktpreises unzulänglich ist.

Aktienkurse geben in ihrer kurzfristigen Fluktuation und in ihren Sekundär- und Tertiärtrends die ungewissen Gewinnerwartungen wieder. Hinzu kommt, dass unterschiedliche Personen aufgrund ihrer persönlichen Risikoeinstellung eine divergierende Risikobewertung vornehmen. Durch die sorgfältige und umfassende Auswertung von Unternehmensdaten aus Primärinformationen können weitere Sekundärinformationen abgeleitet werden, die je nach Fachwissen, Qualifikationen und den zur Analyse verfügbaren Instrumenten und Datenbanken unterschiedlich ausfallen können. Die Schwankungsbreite, die so genannte Volatilität von Aktienkursen, ist von den veröffentlichten Informationen teilweise unabhängig.[76] Eine weitere Einschränkung besteht darin, dass die für die akribische Aktienanalyse erforderliche Informationsauswertung zu den Grenzkosten von null nur dann realistisch ist, wenn die technischen Ausstattungen, die Software und die Instrumente zur Analyse bereits vorhanden sind.[77]

Sobald auch öffentliche Informationen nicht immer kostenlos verwertbar sind, etwa wenn private Informationsdienste, Analysen und Datenbanken nur gegen Entgelt erhältlich sind und eine umfassende Datenaufbereitung und Weiterverarbeitung unumgänglich ist, dann resultiert daraus eine asymmetrische Informationsverteilung.[78] Darüber hinaus gilt, dass Aussagen über die Informationseffizienz des Marktes von dem konkreten Informationsbeschaffungsprozess einzelner Marktteilnehmer unabhängig sind, der anderen Determinanten unterliegt.[79] Durch eine intensive Informationsbeschaffung, Auswertung und gezielte Weiterverarbeitung können kurzfristig Überrenditen aufgrund eines Informationsvorsprungs erzielt werden. Voraussetzung ist, dass bei der breiten Veröffentlichung dieser exklusiv gewonnenen Informationen auch ein Einfluss auf die Aktienkurse zustande kommt.[80]

---

[76] Steiner, Manfred; Bruns, Christoph: Wertpapiermanagement, 3. akt. Aufl. Stuttgart 1994, S. 40.
[77] Götz, Engelbert: Technische Aktienanalyse und die Effizienz des deutschen Kapitalmarktes, Heidelberg 1990, S. 22.
[78] Löffler, Gunter: Die Verarbeitung von Gewinnprognosen am deutschen Kapitalmarkt. In: ZfbF, 51 (1999), S. 128–147.
[79] Götz, Engelbert: Technische Aktienanalyse und die Effizienz des deutschen Kapitalmarktes, Heidelberg 1990, S. 19.
[80] Götz, Engelbert: Technische Aktienanalyse und die Effizienz des deutschen Kapitalmarktes, Heidelberg 1990, S. 21.

2.2 Die einzelnen Etappen der Finanzmarkttheorie

Eine der wichtigsten Ausnahmen der halb-strengen Informationseffizienz und damit eine teilweise Widerlegung der Effizienzmarkthypothese ergibt sich aus den so genannten Kursanomalien, die zum Gegenstand der empirischen Kapitalmarktforschung in den neunziger Jahren geworden sind.[81] Hierzu rechnet man den Jahresendeffekt, den Januareffekt und den Größeneffekt,[82] der besonders bei Small und Mid Caps zu höheren Durchschnittsrenditen führt. Gegen die Effizienzmarkthypothese spricht auch die Tatsache, dass größere Börsencrashs wie jener von 1929 zur Zeit der Weltwirtschaftskrise und der kurzweilige Crash von 1987 sowie die Megabaisse in den Jahren 2000 bis 2002 nicht nur durch die Veröffentlichung von Informationen ausgelöst wurden, sondern auf psychologischen Effekten wie dem der sozialen Ansteckung oder der Selbstüberschätzung beruhen,[83] die als Auslöser fungieren.

Resümierend kann festhalten werden, dass die Effizienzmarkthypothese nur eingeschränkt gilt. Ihre empirisch realitätsnaheste Variante ist die halb-strenge Form. Eine Einschränkung der Effizienzmarkthypothese ergibt sich aus drei Phänomenen:

Die Informationseffizienz gilt nur auf bestimmten Aktienmärkten in idealtypischer Form. Hierzu gehören die großen Weltbörsen mit ihrem hohen Grad an Informationseffizienz. Exotenbörsen in Schwellen- und Entwicklungsländern sowie Nebenbörsen mit Freiverkehrcharakter, Penny Stocks und Werte mit geringen Börsenumsätzen sind durch eine ungenügende Informationseffizienz gekennzeichnet, die die allgemeine Markteffizienz erheblich beeinträchtigt.

Die Markteffizienzhypothese scheint größtenteils Gültigkeit zu besitzen, aber selbst in den effizienten Weltbörsen lassen sich empirisch Kursanomalien nachweisen. Zu diesen Kursanomalien gehören eine kurzfristige Korrelation von Tageskursen sowie bestimmte eindeutig nachweisbare Sondererscheinungen, die an vielen Börsen empirisch belegt sind. Zu diesen Kursanomalien zählen beispielsweise der Größeneffekt (Size Effect), der Montags- und der Januar-Effekt. Manche dieser Kursanomalien sind zwar in der Forschung bestätigt, spielen aber für das Portfoliomanagement und die Anlagepraxis nur eine untergeordnete, sekundäre Rolle, da die damit verbundenen Transaktionskosten erheblich sind. Die erforderlichen häufigen Umschichtungen und die kurzfristigen Tradingaktionen führen zu überproportionalen Gebühren.

---

[81] Steiner, Manfred; Bruns, Christoph: Wertpapiermanagement, 3. akt. Aufl. Stuttgart 1994, S. 39.
[82] Fama, Eugene: Efficient Capital Markets II. In: The Journal of Finance, Vol. 46 (1991), S. 1586–1589.
[83] Steiner, Manfred; Bruns, Christoph: Wertpapiermanagement, 3. akt. Aufl. Stuttgart 1994, S. 40.

Die dritte Einschränkung der halb-strengen Effizienzmarkthypothese resultiert aus der Tatsache, dass größere Börsencrashs oder langfristige Baissen auch psychologisch bedingt sind und eine Überreaktion der Marktteilnehmer widerspiegeln. Aus diesem Befund rührt auch die zunehmende Bedeutung der Behavioral Finance in der Finanzmarktforschung her.

Die Effizienzmarkthypothese macht in letzter Konsequenz deutlich, dass die bisherigen Konzeptionen der Aktienanalyse sinnlos sind, denn alle Daten, die die technische Analyse und das Chartreading sowie die Fundamentalanalyse verwenden, sind letztlich effizient, d. h. alle kursrelevanten Informationen sind bereits im aktuellen Preis enthalten. Anleger haben daher keine exklusive Chance, eine „unterbewertete" oder falsch eingestufte Aktie zu finden. Aufgrund der hohen Anzahl an Marktteilnehmern wurden schon alle verfügbaren – auch die geheimen oder vertraulichen – Informationen verarbeitet und haben sich in den Kursen niedergeschlagen.

Obwohl viele institutionelle Anleger die Effizienzmarkthypothese ablehnen und sie als reine Theorie verwerfen, deuten viele Indizien darauf hin, dass es Anlegern unter normalen Umständen nahezu unmöglich ist, Überrenditen zu erzielen. Selbst die Investmentfonds, die über exzellente Mitarbeiter und profilierte Experten verfügen, sind außerstande, einen Benchmark wie den Aktienindex dauerhaft zu übertreffen. In den meisten Fällen liegt die Performance sogar deutlich unter dem Marktdurchschnitt.

> Mark Carhart[84] fand in einer umfassenden Untersuchung zum Thema Investmentfonds heraus, dass von 1.892 US-Fonds, die eine aktive Investmentstrategie verfolgten, in einem Zeitraum von 1961 bis 1995 erstaunliche 94 Prozent eine Wertentwicklung erreichten, die unterhalb des Vergleichsindex lag. Im Durchschnitt schnitt ein Fonds um 1,7 Prozent pro Jahr schlechter als der Index ab.

Dieses verheerende Resultat ist außerdem darauf zurückzuführen, dass hohe Transaktionskosten eine durchschnittliche Performance verhindern. Die permanenten Käufe und Verkäufe bedingen hohe Transaktionskosten, die auch durch Rabatte kaum gemildert werden. Die Effizienzmarkthypothese führt letztlich zu einer grundlegenden Desillusionierung der Marktteilnehmer, die sich auch durch geschickte Strategien und ständiges Trading keine überdurchschnittliche Wertentwicklung versprechen können.

Die Effizienzmarkthypothese ist eine der bahnbrechendsten und zugleich kontroversesten Konzeptionen der Finanzmarktforschung. Von den Praktikern wird sie in der Regel einhellig abgelehnt, denn

---

[84] Carhart, Mark M.: On Persistance in Mutual Fund Performance, Chicago 1994.

2.2 Die einzelnen Etappen der Finanzmarkttheorie 61

zu Ende gedacht bedeutet sie, dass sowohl die technische Analyse als auch die bilanzorientierte Fundamentalanalyse nichts anderes sind als kostspielige Analyseverfahren, die keinerlei Vorteile mit sich bringen. Selbst die komplexesten Indikatorensysteme der technischen Analyse sind demnach nutzlos.

Es zeigt sich in der Praxis, dass selbst die fundiertesten Analysen langfristig keine nachweisbaren Vorteile erbringen. In den meisten Fällen wird auf lange Sicht nur die Performance des Marktdurchschnitts erzielt oder sogar eine weit unterdurchschnittliche Performance, was auf das häufige Umschichten zurückzuführen ist. Die letzte Konsequenz aus der Effizienzmarkthypothese ist die passive Investmentstrategie, bei der man eine Indexanlage[85] wie Indexfonds und -zertifikate wählt, um wenigstens den Marktdurchschnitt zu erreichen.

Aus wissenschaftlicher Sicht wird die Effizienzmarkthypothese differenzierter beurteilt. Zum einen hat sie die Fortentwicklung der Modernen Kapitalmarkttheorie entscheidend geprägt und deren Hypothesen durch eine differenzierte Problemstellung untermauert. Die Konzeptionen CAPM, APT und die Optionspreistheorie beruhen in ihren Grundannahmen indirekt auf der Effizienzmarkthypothese. Zum anderen bedingte die Effizienzmarkthypothese die Ausformulierung der Random-Walk-Hypothese,[86] der zufolge die einzelnen Schwankungen der Börse zufallsbedingt sind: Die Aktienkurse gleichen daher einem ziellosen „Umherirren" oder „Umherschlendern" (Random Walk).

In der Forschung umstritten bleibt, ob die Effizienzmarkthypothese jemals einer empirischen Überprüfung unterzogen werden kann. Sie ist so global und universalistisch formuliert, dass sie sich eigentlich einer Falsifikation entzieht. Man müsste beweisen, dass der Markt systematisch Informationsineffizienzen aufweist, was bislang nur in der so genannten Anomalieforschung gelungen ist. Die heute bekannten und gut erforschten Kursanomalien sind jedoch in ihren Auswirkungen relativ geringfügig und wirken sich nur bedingt aus. Sie können daher die Grundaussage der Effizienzmarkthypothese nur abschwächen. In vielen Fällen können diese Kursabweichungen und die daraus resultierenden Überrenditen nicht genutzt werden, um eine sinnvolle Anlagestrategie zu entwickeln. Da diese Effekte entweder nur sehr schwach ausgeprägt sind oder ebenfalls nur für bestimmte Börsenphasen gelten, sind sie ziemlich unzuverlässig. Eine schematische Anwendung ist nicht empfehlenswert, da auch

---

[85] Kommer, Gerd: Indexfonds und -zertifikate für Einsteiger, Frankfurt/ Main 2000.
[86] Malkiel, Burton G.: A random walk down Wall Street, New York, London 1990.

diese Gesetzmäßigkeiten durch eine andere Börsenkonstellation ad absurdum geführt werden können. So ist es beispielsweise keineswegs sicher, dass der KGV-Effekt in allen Situationen gilt. Aktien mit einem niedrigen KGV haben häufig einen langen Kursverfall hinter sich, der noch nicht abgeschlossen sein kann.

Bislang sind nur wenige Strategien bekannt, die auf solchen Überrendite-Effekten beruhen. Sie sind nur insoweit umsetzbar, als sie wenig Transaktionskosten verursachen. In vielen Fällen wird befürchtet, dass der hohe Bekanntheitsgrad eines Effekts (wie beispielsweise des Januareffekts) zur Konterkarierung führen kann, so dass der Effekt sich aufgrund der Vielzahl der Anleger, die eine solche Überrendite erwarten, auflöst und verschwindet. Insgesamt betrachtet konnte die empirische Finanzmarktforschung die Gültigkeit der Effizienzmarkthypothese weder endgültig bestätigen noch widerlegen. Analoges gilt für die davon abgeleitete Random-Walk-Hypothese.

Der Kapitalmarkt ist effizient, wenn die Wertpapierkurse jederzeit alle verfügbaren Informationen widerspiegeln und somit der Aktienkurs entsprechend dem Informationsstand die zukünftigen Gewinnerwartungen reflektiert.[87] Wenn indes alle verfügbaren Information in den Marktpreisen enthalten und verbucht sind, so können selbst durch weitere umfassende und sorgfältige Analysen keine Überrenditen erzielt werden.[88] Alle Renditen erreichen nur den üblichen Marktdurchschnitt, wie er durch Marktindizes repräsentiert wird. Die technische Analyse mit ihren Indikatorensystemen und die fundamentale Aktienanalyse, die sich an Bilanzkennzahlen und anderen Werten orientiert, führen nicht zu einer Rendite, die über dem Marktdurchschnitt liegt.

Die Effizienzmarkthypothese beruht letztlich auf idealisierten und damit irrealen Voraussetzungen: Sie geht davon aus, dass alle erhältlichen Informationen für jeden Marktteilnehmer zu Grenzkosten von null bereitstehen. In der Realität sind aber selbst im Internetzeitalter hohe Kosten mit der Informationsbeschaffung verbunden. Zwar reduziert die weltweite Vernetzung[89] den Informationsaufwand und ermöglicht es, in Sekundenschnelle Informationen über Aktiengesellschaften überall auf der Welt abzurufen. Insofern hat eine Demokratisierung stattgefunden, deren Auswirkungen heute noch nicht abzusehen sind.

---

[87] Fama, Eugene F.: Efficient Capital markets: A Review of Theory and Empirical Work. In: Journal of Finance, 25 (1970), S. 383.
[88] Brealey, Richard A.; Myers, Stewart: Principles of Corporate Finance, 5. Aufl. New York 1996, S. 337.
[89] Young, P.; Theys, Th.: Revolution im Kapitalmarkt. Die Zukunft der Börse im Online-Zeitalter, München 2000.

2.2 Die einzelnen Etappen der Finanzmarkttheorie

Während Anfang der 1990er die meisten Privatanleger die aktuellen Börsenkurse allenfalls aus der Tageszeitung oder den Kurszetteln bzw. den Monitoren der Hausbanken entnehmen konnten, stehen heute sämtliche Informationen den recherchefreudigen Anlegern im Internet fast grenzenlos zur Verfügung. Selbst Internetportale, die anfangs auf die Verkaufbarkeit von Börseninformationen spekulierten, mussten nach und nach auch kostenlose Plattformen und Realtime-Kurse anbieten, um anspruchsvolle Privatanleger und Daytrader zufrieden zu stellen.

Dennoch ist es auch bei intensiver Suche, ganz zu schweigen von der Unzuverlässigkeit veröffentlichter Informationen, unmöglich, alle verfügbaren Informationen in eine Anlageentscheidung mit einzubeziehen. Eugene Fama hat aus diesen Gründen eine abgeschwächtere Form der Hypothese formuliert, der zufolge der Aktienkurs sämtliche Informationen insoweit reflektiert, als der Grenznutzen der Informationsverwertung gleich den Grenzkosten der Informationsbeschaffung und Nutzung ist.[90]

Das Fazit lautet, dass die Effizienzmarkthypothese mit einigen Einschränkungen zumindest an den großen Weltbörsen ihre Gültigkeit hat. Für den einzelnen Anleger bedeutet dies: Für ihn ist die sicherste Strategie eine Indexstrategie, d. h. er kauft den Markt über Indexfonds oder Indexzertifikate und verfolgt somit eine passive Investmentstrategie. Die Rendite entspricht damit dem Marktdurchschnitt. Überrenditen – so zeigt die Finanzmarktforschung – lassen sich nur erzielen, wenn man systematisch die vorhandenen Kursanomalien ausnutzt. Eine solche Strategie stößt jedoch sehr schnell an Grenzen, da die Transaktionskosten, die beim häufigen Kaufen und Verkaufen unweigerlich entstehen, die Rendite so weit schmälern können, dass sie eventuell gar unter den Marktdurchschnitt fällt.

Denkbar wäre es auch, sich Informationsineffizienzen zunutze zu machen. Die mangelnde Markttransparenz bei Exotenbörsen kann möglicherweise spekulative Gewinne verheißen, wenn einzelne Aktien unterbewertet sind. Jedoch ist es für den einzelnen Anleger nur schwer zu beurteilen, welche Aktien unter ihrem inneren Wert notieren. Eine weitere Informationsineffizienz ergibt sich in entwickelten Ländern bei den weniger beachteten Nebenwerten. Viele Werte aus der zweite Reihe werden von den Analysten ignoriert und nicht „gecovert", da der Analyseaufwand zu groß wäre. So sind insbesondere die Small Caps an den deutschen Börsen und die SDAX-Werte kaum Gegenstand des Interesses von Analysten, die sich lieber auf die Standardwerte konzentrieren.

---

[90] Fama, Eugene F. (1991): Efficient Capital Markets II. In: The Journal of Finance, Vol. 46 (1991), S. 1575–1617.

Eine weitere Strategie zur Erzielung von Überrenditen besteht darin, psychologische Phänomene in die Anlagestrategie mit einzubeziehen. Bislang ist es aber umstritten, ob die Befunde aus der Behavioral Finance für die Anleger und das Portfoliomanagement praktischen Nutzen haben. Das Phänomen der sich selbst erfüllenden Prophezeiung und die Möglichkeit, dass alle Anleger konform handeln, könnten solche Effekte schnell auflösen. Wenn alle Anleger auf den Montags- oder Januareffekt setzen, wird früher oder später dieser Effekt schnell verschwinden, denn mit der Verbreitung dieser Information werden alle rational handelnden Akteure auf den Kapitalmärkten in den ersten Tagen investiert sein, um die Überrendite mitzunehmen.

Die Folge wird sein, dass der Januareffekt aufgrund der erhöhten Nachfrage und des anschließenden Verkaufsdrucks von selbst verschwindet. Würden alle Anleger den Ratschlägen der Behavioral Finance folgen, lösten sich diese Effekte von selbst auf. Bislang deutet jedoch in der empirischen Forschung nichts darauf hin, dass der Januar- oder Montagseffekt sich abschwächt oder auflöst. Dies kann ein Hinweis darauf sein, dass diese Effekte bei den Anlegern noch nicht so bekannt sind, was eher unwahrscheinlich ist, zumal in Deutschland die meisten Umsätze von gut informierten Investmentgesellschaften, Versicherungen, Unternehmen und Banken getätigt werden. Wahrscheinlicher ist, dass diesen Kursanomalien noch andere Faktoren zugrunde liegen.

2.2.9 Die Random-Walk-Hypothese und die Irrationalität

Bereits in der um 1900 veröffentlichen Abhandlung Louis Bacheliers wird die These vertreten, dass Aktienkurse rein zufällig verlaufen: Die Aktienkurse bewegen sich in einem unvorhersehbaren Zickzackkurs. Dieser „Random Walk" oder das „Umherirren" oder „Umherschlendern" der Aktienkurse wird deutlich, wenn man sich veranschaulicht, dass selbst Experten nicht in der Lage sind, die Entwicklung eines Aktienkurses vorherzusagen. Ist es möglich, dass die Aktienkurse sich völlig willkürlich verhalten? Ist der Aktienmarkt letztlich irrational?

Die Random-Walk-Hypothese argumentiert, dass die Perfektion der internationalen Kapitalmärkte, wie sie sich in der Informationseffizienz äußert, dies verursacht. Wenn alle Anleger vollkommen rational handeln und jede Arbitrage, d.h. die Möglichkeit risikoloser Gewinne, unmittelbar erkennen, dann antizipieren die Anleger jeden Trend der Aktienkurse. Zu jedem Zeitpunkt beinhalten dann die aktuellen Kurse schon den zukünftigen Trend. Die kurzfristigen Schwankungen, die man auch als Primär- oder Sekundärtrend bezeichnet, sind deshalb die nicht vorhersagbaren Abweichungen vom Trend. Aus der Sicht der Anleger, die vor allem die Dividendenrendite zum Ausgangspunkt ihrer Überlegungen machen, sind die zufälligen Bewegungen der Aktienkurse die zufälligen Abweichungen der Dividenden von ihrem erwarteten Trend. Eine Überrendite kann vom Investor nur erzielt werden, wenn er bereit ist, ein höheres Risiko in Kauf zu nehmen. Auf neue Informationen reagieren die Aktienkurse sofort. Die Konsequenz aus der Random-Walk-Hypothese lautet, dass Anleger sich in ihren Entscheidungen nicht von den Sekundär- und Tertiärtrends der Aktienkurse leiten lassen sollten. Eine optimale Diversifikation trägt dazu bei, dass der Anleger stets den Marktdurchschnitt erreicht und somit am volkswirtschaftlichen Potenzial einer Börse partizipiert.

2.2.10 Arbitrage Pricing Theory und die optimale Entscheidung

Die von Stephen Ross entwickelte Arbitrage Pricing Theory differenziert den systematischen Risikobegriff weiter und bezieht zusätzliche Parameter in die Betrachtung mit ein. Viele institutionelle Investoren halten neben Aktien auch große Anleihenportefeuilles, die vom Zinsniveau abhängig sind. Als systematische Risikovariablen sind daher auch die Zinsentwicklung, die Veränderung des Bruttosozialproduktes und die Inflationsrate mit einzubeziehen. APT betrachtet die Entstehung eines Marktgleichgewichts durch Arbitrageprozesse zwischen über- und unterbewerteten Kapitalanlagen und analysiert die Aufhebung der Fehlbewertung von Finanztiteln am Kapitalmarkt.

Das Ziel der Arbitrage Pricing Theory besteht darin, Kriterien für optimale Entscheidungen ausfindig zu machen. Dabei unterscheidet das Modell zwischen marktbedingten (externen) Risiken und betrieblich bedingten (internen) Risiken. Ross versucht in seinem Ansatz, einige der Annahme des CAPM zu revidieren, führt aber zusätzlich andere Prämissen in das Modell ein, die die Gültigkeit wiederum einschränken. Die APT erklärt unterschiedlich hohe erwartete Aktienrenditen durch verschiedene Determinanten, die als Risikofaktoren gelten. Diese Risikofaktoren untergliedert man in der Systematik in makro- und mikroökonomische Risikofaktoren. An diesem Punkt ergeben sich Analogien, aber jedoch auch Differenzen zum CAPM.

Während beim Capital Asset Pricing Model sämtliche potenziellen Risikofaktoren unter dem Beta-Faktor subsumiert und zusammengefasst werden, sieht die APT eine vielschichtige, komplexe und mehrdimensionale Risikoanalyse vor. Aufgrund dieser Differenzierung der Risikofaktoren ist es möglich, die Diversifikation und Strukturierung eines Portfolios anhand der Präferenzen der Anleger zu optimieren. Der APT liegt ein lineares Multifaktorenmodell zugrunde, das empirisch ermittelt wurde. Nach diesem Faktorenmodell wird die Rendite eines Wertpapiers durch zwei verschiedene Hauptfaktoren beeinflusst: durch titelspezifische Besonderheiten einer Aktie, die die Abweichung vom Durchschnitt des Gesamtmarkts erklären. Dieser Einfluss wird mit einer Störgröße beschrieben, die als intervenierende Variable die Abweichung auslöst. Der andere Hauptfaktor setzt sich aus marktspezifischen Risikofaktoren zusammen. Die Stärke oder Schwäche einer nationalen Börse wirkt sich auf die Gesamtheit der vorhandenen Wertpapiere aus.

In einer weiteren Differenzierung kann man nun den Stellenwert einzelner Risikofaktoren und deren Einfluss auf die einzelnen Renditen der Aktien ermitteln und diesen Einfluss mit Hilfe von Faktorsensitivitäten exakter bestimmen. In einer weiteren Annahme geht die APT davon aus, dass nur unerwartete Änderungen der Risiken zu einer veränderten Rendite führen, denn es gilt der Grundsatz der Markteffizienz. Damit man diese Schwankungen genau erklären kann, ist die idealtypische Voraussetzung erforderlich, dass die möglichen Störfaktoren untereinander nicht korrelieren, d. h. sich wechselseitig beeinflussen oder in einem interdependenten Verhältnis zueinander stehen. Erst dann ist es möglich, durch eine überschaubare Anzahl von Risikofaktoren Renditeschwankungen zu erklären.

Die APT beinhaltet noch eine zweite Grundannahme: die Arbitragefreiheit. Unter Arbitrage versteht man die Spanne zwischen zwei Börsenkursen; gelegentlich umfasst Arbitrage auch Transaktionen zwischen dem Börsen- und Terminmarkt, wo man sich die entsprechenden Differenzen zunutze macht. Die APT unterstellt, dass Arbitrage für den Investor weder ein systematisches noch ein unsystematisches Risiko bedeutet. Transaktionskosten und mögliche Schwierigkeiten bei der Umsetzung der Arbitrage werden ausgeklammert.

Die APT hat gegenüber dem CAPM den Vorteil, dass sie die potenziellen Risikofaktoren neben der herkömmlichen Zweiteilung in titelspezifische und marktspezifische Risiken weiter differenziert und in einem Faktorenmodell mit Gewichtungsfaktoren versieht. Aufgrund dieser umfassenden Konzeptualisierung und der geringeren Einschränkungen bei den idealtypischen Annahmen ist die APT weniger restriktiv als das Capital Asset Pricing Model. Das Problem der Normalverteilung von Renditen, das beim CAPM eine ausschlaggebende Rolle spielt, wird bei der APT nicht aufgeworfen. Ebenso kann die Nutzenfunktion außer Betracht gelassen werden. Prinzipiell unterscheidet sich die Arbitrage Pricing Theory dadurch, dass sie anders als das CAPM nicht die Renditeverteilung oder das schwer zu erfassende Anlegerverhalten in den Vordergrund rückt, sondern sich auf die Entstehung und die Einflussfaktoren der Renditeentwicklung konzentriert. Jedoch muss auch die APT idealtypische Prämissen aufstellen, wie beispielsweise die realitätsferne Annahme, dass Risikofaktoren nicht miteinander korrelieren, um die Gesamtfaktoren überschaubar zu halten. Solche idealtypischen Prämissen schränken die Gültigkeit und Anwendbarkeit der APT erheblich ein, da in realen Kapitalmärkten die entsprechenden Risikofaktoren miteinander verflochten sind und sich häufig durch eine deutliche Korrelation auszeichnen.

2.2.11 Die Indexstrategie als passive Investmentstrategie

Die Indexstrategie oder das Indexing[91] ist eine passive Investmentstrategie, die Konsequenzen aus den Schlussfolgerungen der Modernen Portfoliotheorie und der Effizienzmarkthypothese zieht. Wenn die Aktienkurse alle relevanten Informationen bereits widerspiegeln und neue Informationen unverzüglich in die Kurse eingepreist werden, dann werden die Bemühungen der Analysten, mit Hilfe der Fundamentalanalyse oder der technischen Analyse einen Vorsprung zu erzielen, sinnlos. Aufgrund der engen Vernetzung der internationalen Kapitalmärkte und der extrem hohen Informationseffizienz, die durch moderne Technologien, Netzwerke und das Internet gewährleistet wird, ist es nahezu aussichtslos, sich Informationsineffizienzen zunutze machen. Selbst noch nicht veröffentlichte Daten gelangen über inoffizielle Kanäle oder unkontrollierbare Insiderinformationen an die Öffentlichkeit und beeinflussen die Aktienkurse. Nach den Annahmen der Modernen Kapitalmarkttheorie ist es daher ein vergebliches Unterfangen, Überrenditen durch eine aktive Investmentstrategie erreichen zu wollen. Mehr als drei Jahrzehnte der empirischen Finanzmarktforschung haben schlüssig belegt, dass Überrenditen nur auf Zufall beruhen und dass langfristig alle Renditen zum Marktdurchschnitt konvergieren.[92] Der Marktteilnehmer kann über einen Zeitraum von mehreren Jahren nur eine Rendite erreichen, die dem Marktdurchschnitt entspricht.

---

[91] Evans, Richard E.; Malkiel, Burton G.: Earn More (Sleep Better). The Index Fund Solution, New York 1999.
[92] Heri, E. W.: Was Anleger eigentlich wissen sollten, Basel 1991, S. 153.

Das Nullsummenspiel der Gewinnverteilung

Für dieses Phänomen gibt es mehrere theoretische Erklärungen und eine Vielzahl empirischer Studien. Aus theoretischer Sicht ist es unmöglich, langfristig kontinuierlich eine höhere Rendite zu erwirtschaften als der Marktdurchschnitt, der durch einen Referenzindex beschrieben wird. Die Börse folgt einem Nullsummenspiel, so dass sich alle Gewinne und Verluste gegenseitig aufheben. Die Verteilung der Renditen im Markt ist mathematisch betrachtet ein Nullsummenspiel, bei dem sich die Gewinne und Verluste die Waage halten. Auf den ersten Blick mag diese These skurril und wirklichkeitsfremd erscheinen, sie ist jedoch in sich schlüssig.

Wenn ein Aktionär A seine Aktien verkauft, dann erwirbt sie ein Aktionär B, in der Hoffnung, dass die Kurse wieder steigen werden. Wenn man den gesamten Kapitalmarkt als eine Summe solcher Transaktionen auffasst, verliert der eine Anleger, was der andere gewinnt. In ihrer Gesamtheit heben sich die Verluste und Gewinne auf. Es ist daher nicht möglich, dass jemand beständig zu den besseren 50 Prozent des Marktes zählt. Man wird nun einwenden, dass die Kurse langfristig steigen und dass die Anleger dadurch Kurszuwächse verzeichnen. Man muss hierbei zwischen dem allgemeinen Wachstum einer Volkswirtschaft, das sich auch in einer steigenden Börsentendenz manifestiert, und der Verteilung der Renditen unterscheiden. Während alle Börsen infolge des volkswirtschaftlichen Wachstums im Laufe der Jahrzehnte steigen – von längeren Depressionsphasen wie nach der Weltwirtschaftskrise von 1929 abgesehen –, bleibt die Verteilung der Renditen stets gleich. Wenn der Index den Marktdurchschnitt abbildet, muss eine Hälfte zwangsläufig über dem Durchschnitt und die andere unter dem Durchschnitt liegen.

Empirische Untersuchungen[93] bestätigen diesen Sachverhalt. Neuere Studien aus den 1990er Jahren[94] belegen jedoch, dass es Informationsineffizienzen und so genannte Kursanomalien gibt. Die Effizienz des Marktes gilt daher nur eingeschränkt. Jedoch ist es für Anleger außerordentlich schwierig, mit Hilfe dieser Ineffizienzen Überrenditen zu erzielen. Diese Kursanomalien – wie beispielsweise der Januar- oder der Small-Cap-Effekt – treten in so geringem Umfang auf, dass die Transaktionskosten, die mit dem Kauf und Verkauf von Wertpapieren verbunden sind, eher zu unterdurchschnittlichen Ergebnissen führen.

---

[93] Dimson, Elroy: Stock market anomalies, Cambridge 1988.
[94] Oehler, Andreas: „Anomalien", „Irrationalitäten" oder „Biases" der Erwartungsnutzentheorie und ihre Relevanz für Finanzmärkte. In: Zeitschrift für Bankrecht und Bankwirtschaft, 4. Jg. Nr. 2, 30. Mai 1992, S. 97–124.

Unter Experten wird daher bezweifelt, ob es möglich ist, durch bessere Ausbildung und höhere Qualifikationen die Effizienz des Marktes zu schlagen. Für Anleger bedeutet dies: Es ist aufgrund der hohen Markteffizienz nahezu unmöglich, eine bessere Rendite als den Marktdurchschnitt zu erreichen. Überrenditen (excess returns) sind nur dann realisierbar, wenn man sich systematisch die Informationsineffizienzen zu Eigen macht, wie sie sich in den Kursanomalien äußern. Diese Kursanomalien sind indes so geringfügig, dass es eines hohen Aufwands bedarf, um daraus Renditen zu erzielen. Diese komplexe Anlagestrategie ist am besten für institutionelle Anleger umsetzbar, die bessere Konditionen und damit niedrigere Tradingkosten haben.

Ein weiterer Kritikpunkt an dieser Überrendite-Strategie ist, dass die Umsetzung einer solchen Anlagepolitik letztlich die noch vorhandenen Überrendite-Effekte verwässert. Wenn eine Vielzahl von Anlegern beispielsweise auf den Januar-Effekt setzt, wird diese Kursanomalie früher oder später verschwinden. Selbst wenn es eines Tages mit Hilfe von neuronalen Netzen und komplexen Analyseprogrammen gelänge, weitere Gesetzmäßigkeiten ausfindig zu machen, würde der Entdecker sie so lange wie möglich geheim halten, denn eine solche noch unentdeckte Anomalie würde kontinuierlich Überrenditen gewährleisten und den Entdecker letztlich unermesslich reich machen. Die bisherigen empirischen Untersuchungen in der Finanzmarktforschung, die es sich zur Aufgabe gemacht haben, Millionen von Daten auszuwerten und Kursverläufe zu analysieren, haben jedoch keine auffälligen Zusammenhänge, Korrelationen oder Kausalitäten entdecken können, die zu nachhaltigen Überrenditen führen.

Die Schlussfolgerungen aus der Modernen Portfoliotheorie mit ihren Modellen CAPM und APT legen nahe, dass die überdurchschnittlichen Renditen, die vereinzelt erreicht wurden, auf Zufall beruhen. Eine wichtige Voraussetzung für die genaue Einstufung dieser Ergebnisse ist, dass man solche überdurchschnittlichen Resultate langfristig betrachtet und eine Risikoadjustierung vornimmt. Kurzfristig können Anleger durchaus den Marktdurchschnitt um mehr als 60 Prozent übertreffen. Wenn jemand eine Aktie kauft, kann es sein, dass sie in den Folgemonaten erheblich zulegt – dies kann fundamentale Gründe oder andere Ursachen haben. Langfristig – und damit ist ein Zeitraum von mehr als fünf oder zehn Jahren gemeint – nähert sich die Rendite aber dem Marktdurchschnitt an. Eine echte überdurchschnittliche Rendite wird nur dann tatsächlich erzielt, wenn diese außergewöhnliche Rendite kontinuierlich erbracht wird, d. h. sie ist nachweisbar über einen Zeitraum von mehr als zehn oder zwanzig Jahren zustande gekommen.

Das Problem der Risikoadjustierung

Außerdem muss der Anleger bei derartigen Betrachtungen die Risikoadjustierung mit einbeziehen. Wenn ein Anleger auf absolut riskante Wertpapiere setzt, die mit einem totalen Verlustrisiko verbunden sind, kann er natürlich zumindest kurzfristig möglicherweise den Marktdurchschnitt überflügeln. Eine solche Vorgehensweise gleicht jedoch einem gefährlichen Vabanquespiel, das im Ruin des Anlegers enden kann. Insbesondere Terminmarktgeschäfte mit Futures, Penny Stocks und Explorationswerten fallen in diese Kategorie. In gewisser Weise zählen hierzu auch Hebelzertifikate, die, wenn sie die Knock-out-Schwelle erreicht haben, völlig wertlos werden. Ähnliches gilt für viele Optionsscheine, die aus dem Geld sind (out of the money) und deshalb ein enormes Aufgeld haben.

Von einer überdurchschnittlichen Wertentwicklung kann man daher nur sprechen, wenn zwei Voraussetzungen gegeben sind:

- Die überdurchschnittliche Rendite muss über einen längerfristigen Zeitraum einigermaßen kontinuierlich erreichbar sein.
- Das eingegangene Risiko darf nicht über dem des Marktdurchschnitts liegen.

Markowitz' Untersuchung ergab, dass es bei entsprechender Diversifikation über mehrere Asset-Klassen wie Aktien, Anleihen, Cash und Immobilien möglich ist, das unsystematische Risiko eines Einzeltitels völlig auszuschalten, so dass nur noch das nicht wegdiversifizierbare systematische Risiko des Marktes übrig bleibt.

Wenn ein Spekulant daher unnötigerweise ein hohes Einzelrisiko mit einer Aktie oder einem Derivat eingeht, nimmt er ein höheres Risiko auf sich als eigentlich notwendig. Eine wirkliche überdurchschnittliche Rendite wurde nur dann erzielt, wenn das Portfoliorisiko mit dem Marktrisiko übereinstimmt. Wer ein höheres Risiko in Kauf nimmt, hat eine unzulängliche Portfoliostrukturierung durchgeführt. Unter solchen Bedingungen sind die erzielten Renditen nicht vergleichbar. Außerdem ist die Gefahr eines Totalverlusts stets gegeben. Wenn man daher den Parameter des Risiko konstant hält, sind die höheren Renditen eines Einzelportfolios nur zufallsbedingt.

Für eine genaue Analyse sollten die Anleger daher stets eine Messung des Risikos und der Rendite vornehmen. Problematisch ist dabei die Vielfalt der vorhandenen und verwendeten Renditemaße. Die folgende Tabelle bietet einen Überblick über die am häufigsten verwendeten Renditemaße in der Performancemessung:

2.2 Die einzelnen Etappen der Finanzmarkttheorie

Renditemaß	Bedeutung
Bruttorendite	Rendite vor Abzug der Transaktionskosten
Nettorendite	Rendite nach Abzug der Transaktionskosten und anderen Kosten (Kauf- und Verkaufsspesen, Maklergebühren, Courtage, Depotgebühren, Ausgabeaufschläge, Verwaltungsgebühren etc.)
Vorsteuerrendite	Rendite vor Steuern (Kapitalertragsteuer, Einkommensteuer)
Nachsteuerrendite	Rendite nach Steuern
Nominale Rendite	Kuponrendite eines festverzinslichen Wertpapiers
Effektive Rendite	Rendite, bei der Transaktionskosten und sonstige Kosten berücksichtigt werden
Reale Rendite	Rendite abzüglich Inflationsrate
Durchschnittliche Rendite	Arithmetisches Mittel der Rendite
Annualisierte Rendite	Diese jährliche Rendite bezieht sich auf das geometrische Mittel der Durchschnittsrenditen und berücksichtigt den Zinseszinseffekt

Performancemessung und Benchmarking

Vor allem bei Investmentfonds treten Probleme bei der Performancemessung auf: Viele Banken und Investmentgesellschaften verwenden unterschiedliche Renditemaße, um ein möglicherweise schlechteres Abschneiden des eigenen Investmentfonds zu verschleiern. Eine beliebte Taktik dabei ist, dass man anstelle der annualisierten Rendite die durchschnittliche Rendite angibt.

Während beim arithmetischen Mittel der Durchschnittswert der jährlichen Einzelrenditen berechnet wird, berücksichtigt die annualisierte Rendite den Zinseszinseffekt. Insbesondere bei Rentenfonds ist dies wichtig, um beurteilen zu können, wie sich die kontinuierliche Wiederanlage von Ausschüttungen auf das Gesamtergebnis auswirkt.

Auch beim Benchmarking versuchen viele Investmentfonds das Ergebnis zu schönen, indem sie einen anderen Vergleichsindex auswählen. Ein Deutschlandfonds, der beispielsweise überwiegend Werte aus dem MDAX und Small Caps enthält, wird unpassenderweise mit der Wertentwicklung DAX verglichen, der aber nur große Standardwerte enthält. Insbesondere bei Spezialfonds ist es ungemein schwierig, einen angemessenen Vergleichsindex zu finden.

Bisweilen gehen manche Investmentgesellschaften gar so weit, eigene Indizes zu konstruieren, um das schlechte Abschneiden der eigenen Fonds zu kaschieren. Der Anleger sollte sich deshalb stets vergewissern, dass der Referenzindex auch etwas mit der Anlagepolitik des Fonds zu tun hat.

Die aktive Investmentstrategie, die alle herkömmlichen Investmentfonds verfolgen, widerspricht den Erkenntnissen der modernen Portfoliotheorie und der Effizienzmarkthypothese in einigen Punkten. Verschiedene empirische Untersuchungen zeigen, dass 50 bis 90 Prozent aller Investmentfonds unter dem Marktdurchschnitt liegen. Die meisten Studien gehen sogar von über 90 Prozent aus, was für die Investmentfonds ein vernichtendes Urteil bedeutet.[95] Dennoch haben viele Banken, Investmentgesellschaften und Versicherungen großes Interesse daran, Fonds zu vertreiben. Das liegt daran, dass der hohe Ausgabeaufschlag, der bei vielen Aktienfonds zwischen 3 und 6 Prozent liegt, und die üppigen Verwaltungsgebühren, die jährlich noch einmal mit mehr als einem Prozent zu Buche schlagen können, für die Vermittler hohe Provisionseinnahmen bedeuten.

Die meisten Investmentfonds liegen langfristig eher unter dem Marktdurchschnitt und sind für die meisten Anleger ein Verlustgeschäft. Investmentfonds sind mit hohen Kosten belastet. Jeder Fonds benötigt einen hoch bezahlten Analystenstab und eine moderne Infrastruktur. Obwohl Fonds optimal ausgestattet sind und weltweit über die besten und aktuellsten Informationen verfügen, hochqualifizierte Experten beschäftigen und täglich das Geschehen an den Finanzmärkten beobachten, ist das Resultat nach Abzug aller anfallenden Gebühren mehr als mager und dürftig. Infolge des hohen Kostenblocks und der Transaktionskosten, die durch die häufige Umschichtung des Vermögens entstehen, sind die Ergebnisse der meisten Investmentfonds sehr bescheiden.

Darüber hinaus müssen Investmentfonds eine größere Cash-Position vorhalten; diese Barreserve dient dem Rückkauf von Anteilen, da nach dem deutschem Recht offene Investmentfonds jederzeit die Anteile der Anleger zurücknehmen müssen. Diese Barreserve belastet das Ergebnis, da diese nur niederverzinslich in Geldmarktpapieren angelegt werden darf. Für viele Investmentfonds ist selbst der Marktdurchschnitt, den man durch den Kauf eines Indexzertifikats problemlos schaffen könnte, eine nahezu unerreichbare Hürde.

Auch die Strategie vieler Anleger, aus den in den Finanzfachzeitschriften veröffentlichten Hitlisten die besten Fonds auszuwählen, führt nicht zu einem besseren Ergebnis. Fonds, die zur Spitze eines Rankings gehören, lassen in den Folgejahren meist nach und fallen zurück. Im langfristigen Durchschnitt konvergieren die Renditen der Investmentfonds. Hinzu kommt, dass die Durchschnittsrendite

---

[95] Carhart, Mark M.: On Persistance in Mutual Fund Performance, Chicago 1994.

2.2 Die einzelnen Etappen der Finanzmarkttheorie

der meisten Fonds noch schlechter ist, als es die Rankinglisten suggerieren. Ausschlaggebend ist hier der so genannte Survivorship Bias, d. h. etliche Investmentfonds wurden im Laufe der Jahrzehnte einfach eingestellt, geschlossen oder mit anderen Investmentfonds fusioniert.

Wenn die Rankinglisten jedoch nur auf die noch vorhandenen Fonds zurückgreifen, wird das Ergebnis erheblich verzerrt, da die „Nieten" bereits aussortiert wurden. Ein Spitzenfonds kann schon in den nächsten Jahren zu den Verlierern zählen.

Besonders unsinnig ist das Fondskonzept bei deutschen Bundeswertpapieren. Da deutsche Staatsanleihen weltweit zu jenen mit der höchsten Bonität zählen, besteht ein Ausfallrisiko in naher Zukunft nach menschlichem Ermessen nicht. Anleger, die nun Rentenfonds mit deutschen Bundesanleihen kaufen, bezahlen einen stattlichen Ausgabeaufschlag von im Durchschnitt 3 Prozent; hinzu kommen noch jährliche Verwaltungsgebühren, sonstige Auslagen und die Depotgebühr der Bank. Alles in allem eine wenig sinnvolle Investition.

Viel billiger wäre es, wenn der Anleger gleich direkt Bundesanleihen bei der Bundesschuldenverwaltung in Bad Homburg kauft – dort werden noch nicht einmal Depotgebühren erhoben. Investmentfonds sind nur dann empfehlenswert, sofern man eine aktive Investmentstrategie überhaupt für sinnvoll hält, wenn man sich in einem Spezialmarkt engagieren will, für den es keinen repräsentativen oder bekannten Index gibt.

Viele Investmentfonds lassen sich auch anhand eines Renditemaßes oder einer Risikoadjustierung nicht angemessen beurteilen, denn es gibt einen Style Drift, d. h. die Anlagestile und -präferenzen des Fonds können sich innerhalb weniger Wochen oder Monate ändern, ohne dass dies der Anleger sofort erfährt. Zwar sind die Investmentfonds an einige Vorgaben gebunden, doch gibt es weitaus mehr Spielraum beim Stockpicking, als es den meisten Anlegern bewusst ist. Ein vermeintlich risikoloser Investmentfonds kann sich dadurch in einen risikoreicheren verwandeln.

Darüber hinaus ist das Kriterium der Diversifikation, mit dem vor allem in den Broschüren häufig geworben wird, nicht immer gegeben. Viele Fonds haben nur bis zu 50 Werte im Depot, die häufig noch branchenspezifische Schwerpunkte aufweisen. Durch diese unausgewogene Streuung wird das titelspezifische (unsystematische) Risiko nicht reduziert, so dass eine ungünstige Entwicklung einer Branche bereits erheblich die Gesamtrendite eines Portfolios beeinträchtigen kann. Aus diesen Gründen gelten Investmentfonds als Anlageform, die mit hohen Kosten verbunden ist. Die Wertentwicklung bleibt meist unter dem Marktdurchschnitt. In den letzten Jahren hat daher die passive Investmentstrategie an Bedeutung gewonnen.

2.2.12 Die Indexstrategie – Geschichte und Konzeption

Wenn man die Schlussfolgerungen der modernen Portfolio- und Kapitalmarkttheorie ernst nimmt, können Anleger stets nur den Marktdurchschnitt erreichen. Überdurchschnittliche Renditen sind letztlich ein Zufallsprodukt und beruhen nicht auf einem geschickteren Stockpicking. Deshalb bieten sich Indexstrategien[96] als der Königsweg der Kapitalanlage an.

> Als 1971 der berühmte Kofferhersteller Samsonite den ersten Indexfonds der Welt bei der Wells Fargo Bank in San Francisco ins Leben rief, der sich am S&P500 orientierte, reagierte die Finanzwelt mit Gleichgültigkeit. Die Kommentare fielen verhalten aus, einige nannten eine solche Anlagestrategie mittelmäßig und langweilig. Denn letztlich könne man mit Indexing nur immer den Marktdurchschnitt erreichen. Dass Samsonite sich überhaupt dazu entschloss, lag daran, dass der Sohn des Unternehmensgründers selbst bei Markowitz in Chicago studiert hatte.

Erst vier Jahre nach diesem Debüt entschloss sich die American National Bank in Chicago einen Indexfonds zu gründen, der ebenfalls am S&P500 ausgerichtet war und für die New York Telephone Corporation bestimmt war. Im Jahre 1975 schließlich gelang der erste bescheidene Durchbruch der neuen Investmentidee, als der legendäre John Bogle in Philadelphia die Vanguard-Kapitalanlagegesellschaft gründete.

John Bogle führte als Erster einen Indexfonds ein, der auch dem Publikum und nicht nur den Pensionsfonds der Unternehmen zugänglich war. Beobachter amüsierten sich damals über diesen neuen Fonds und sprachen süffisant von „Bogle's folly" (Bogles Narretei).

Den endgültigen Durchbruch erlebte die passive Investmentstrategie 1990, als der Wirtschaftsnobelpreis an Harry Markowitz, William Sharpe und Merton Miller, den Begründern der Modernen Portfolio- und Kapitalmarkttheorie, verliehen wurde. Es hat seit Markowitz' Dissertation in den 1950er Jahren in Chicago fast vier Jahrzehnte gedauert, bis die richtungweisenden Erkenntnisse der Portfoliotheorie auch bei den Praktikern offizielle Anerkennung erfuhren. Mit dem Wirtschaftsnobelpreis wurde dieses Modell zum Schlüssel für alle Anlagestrategien. Zwar kam in den 1990er Jahren mit Behavio-

---

[96] Swedroe, Larry E.: The Only Guide to a Winning Investment Strategy You'll Ever Need. Index Funds and Beyond, New York 1998.

2.2 Die einzelnen Etappen der Finanzmarkttheorie

ral Finance und der Erforschung der Informationsineffizienzen und Kursanomalien ein neues Paradigma auf, doch die Moderne Kapitalmarkttheorie bildete von nun an die Grundlage der Finanzmarktforschung.

Das passive Portfoliomanagement wird von vielen amerikanischen Fondsgesellschaften bevorzugt, da es bis Mitte 1997 nur 5 Prozent der Fondsgesellschaften gelang, den relativ marktbreiten S&P500 zu übertreffen.[97] Unter den Experten ist daher die passive Investmentstrategie eine der wichtigsten Errungenschaften dieser Richtung.

2.2.13 Voraussetzungen der Indexstrategie

Indexstrategien versuchen nicht, den Marktdurchschnitt zu übertreffen, da sie davon ausgehen, dass alle überdurchschnittlichen Renditen auf Zufall beruhen und es kein Analyseverfahren gibt, um überdurchschnittliche Renditen zu erzielen. Aufgrund der hohen Informationseffizienz auf den Kapitalmärkten (Efficient Markets) ist es ausgeschlossen, einen mit vertretbarem Aufwand erzielbaren Informationsvorsprung zu erlangen. Je schneller die Informationen weltweit fließen, desto rascher und schneller werden neue Daten in die Kurse eingepreist. Selbst bei Small Caps und nahezu unbekannten Werten in exotischen Börsensegmenten werden aktuelle Informationen unmittelbar berücksichtigt, so dass es selbst bei intensivster Analyse nicht gelingen kann, unter- oder überwertete Papiere zu finden.

Diesen Wettlauf um die schnellst verfügbare Information hat die Indexstrategie aufgegeben und orientiert sich daher nur noch am Marktdurchschnitt. Da selbst ein Großteil aller Investmentfonds den Marktdurchschnitt nicht erreichen, ist eine solche Indexstrategie keineswegs eine monotone Angelegenheit, denn sie stellt den Investor in fast jedem Fall besser als den vermeintlich smarten Fondsanleger.

Durch die breite Streuung, die ein Index erlaubt, wird jegliches titelspezifisches Risiko eliminiert. Es bleibt daher entsprechend der Markowitz'schen Portfoliotheorie nur noch das marktspezifische Risiko eines Landes oder einer Region, das nicht durch Streuung ausgeschaltet werden kann. Der Anleger kann jedoch dieses Marktrisiko weiter reduzieren, indem er bei seiner Anlagestrategie einen Asset-Klassen übergreifenden Ansatz verfolgt.

Waren in den neunziger Jahren in Deutschland indexbasierte Anlageformen noch eine Rarität, so haben sie seit der Jahrtausendwende

---
[97] Sorensen, Eric H.; Miller, Keith L.; Samak, Vele: Allocation between Active and Passive Management. In: Financial Analyst Journal, 54 (1998), S. 18–31.

rapide zugenommen und beginnen die herkömmlichen Investmentfonds allmählich zu verdrängen. Man unterscheidet zwischen Indexfonds und Indexzertifikaten. Während Indexfonds als Erste in Deutschland auf den Markt drängten und in den USA schon seit den 1980er Jahren einen Boom erlebten, haben in den letzten Jahren die Zertifikate[98] enorm an Bedeutung gewonnen.

Während Indexfonds in Deutschland auch jetzt nur ein Randdasein fristen und kaum bekannt sind, haben die Zertifikate einen beispiellosen Aufschwung erlebt. Vergleicht man die beiden Anlageformen Indexfonds und -zertifikate miteinander, so ergibt sich eine Reihe von Vor- und Nachteilen.

Indexfonds

Indexfonds bilden einen bestimmten Index nach und kaufen die entsprechenden Aktien oder Wertpapiere, aus denen der jeweilige Index besteht. Es ist auch möglich, nur Bruchteile von Aktien zu kaufen, um den Index nachzubilden. Indexfonds haben meist einige Nachteile, die sich aus der Anlageform ergeben. Da Fonds aufgrund gesetzlicher Bestimmungen in Deutschland jederzeit Anteile von Kunden zurücknehmen müssen, ist auch ein Indexfonds verpflichtet, eine größere Cashposition halten, die nur in Geldmarktpapieren angelegt werden kann. Die Nachbildung des Index wird dadurch beeinträchtigt; darüber hinaus ändert sich die Zusammensetzung des Index von Zeit zu Zeit, da der Verbleib einer Aktie bei den meisten Indizes von der Börsenkapitalisierung abhängig ist. Fällt die Börsenkapitalisierung einer Aktiengesellschaft, wird die Aktie im Index zu einem Abstiegskandidaten, während andere Aktien mit einer wachsenden Kapitalisierung in den Index aufsteigen.

Sobald eine neue Aktie in den Index aufgenommen wurde, muss der Indexfonds die alte Aktie verkaufen und die neue erwerben. Dadurch entstehen zusätzliche Transaktionskosten. Im Vergleich zu herkömmlichen Fonds mit einer aktiven Investmentstrategie halten sich diese Umschichtungen in Grenzen, denn bei den meisten Indizes werden pro Jahr höchstens ein oder zwei Aktien ausgetauscht. Hinzu kommen aber noch andere Schwierigkeiten. Man unterscheidet zwischen Kurs- und Performanceindizes:

- Bei Kursindizes orientiert sich das Indexzertifikat allein an der Punktzahl des jeweiligen Kursindex.
- Bei Performanceindizes dagegen werden auch Dividenden, Sonderausschüttungen und Bezugsrechtsänderungen mit einbezogen, so dass weitere Korrekturen und Maßnahmen erforderlich sind,

---

[98] Beike, Rolf: Index-Zertifikate. Optimal vom Börsentrend profitieren, Stuttgart 1999.

um die Dividenden und die anderen Ereignisse zu berücksichtigen. Dadurch entsteht ein höherer Verwaltungsaufwand. Insgesamt sind Indexfonds dennoch erheblich billiger und preisgünstiger als die konventionellen Fonds mit ihrer aktiven Anlagestrategie.

Indexfonds sind von den Zertifikaten zurückgedrängt worden, denn sie sind aufgrund der Fondskonstruktion weniger flexibel, d. h. sie bilden auch den Index nur mit zeitlicher Verzögerung und nur mit geringfügigen Ungenauigkeiten ab. Die Kosten sind meist höher als bei Zertifikaten, da ein gewisser Verwaltungsaufwand anfällt, der aber weiter unter dem herkömmlicher Fonds liegt. Ein Vorteil der Indexfonds ist, dass die eigentlichen Wertpapiere zum so genannten Sondervermögen gehören; bei einer Insolvenz bleiben die Wertpapiere unangetastet, denn sie gehören nicht zum Betriebsvermögen.

Der Boom der Indexzertifikate

Indexzertifikate[99] sind Bankschuldverschreibungen, denn sie werden von einer Bank herausgegeben. Sie haben im Vergleich zu Indexfonds mehrere Vorteile. Ihr Preis ist an einen Indexstand gekoppelt, daher folgen sie punktgenau dem jeweiligen Indexstand. Da hierfür keine größere Verwaltung erforderlich ist, fallen kaum Gebühren an. Anders als bei einem Indexfonds gibt es bei den Zertifikaten keinen Ausgabeaufschlag; vielmehr verdient die Bank an dem Spread, d. h. der Differenz zwischen dem Brief- und dem Geldkurs.

In der Praxis kann man beobachten, dass Zertifikate auf exotische Indizes wie beispielsweise aus Emerging Markets oder bestimmte branchenspezifische Indizes mit einem höheren Spread verbunden sind. Teilweise berechnen die Banken für besonders außergewöhnliche Indizes zusätzlich eine Managementgebühr. Der Anleger sollte daher stets sich mit den genauen Konditionen der Zertifikate vertraut machen und besonders auf den Spread (den Unterschied zwischen dem Geld- und Briefkurs) sowie mögliche jährliche Managementgebühren achten. Bei allgemein bekannten und häufig gehandelten Aktienindizes wie dem DAX oder dem S&P500 sind die Spreads im Allgemeinen sehr niedrig.

Unter diesen Voraussetzungen ist der Kauf eines Indexzertifikats in der Regel erheblich billiger als der Erwerb eines Indexfonds. Natürlich schlagen hier auch die Bankprovisionen zu Buche, die bei den meisten Banken bis zu 1 Prozent jeweils bei Ankauf und Verkauf betragen können. Direktbanken, die meist zugleich Online-Banken sind, gewähren größere Rabatte in Höhe von meist 50 Prozent. Der Spread liegt bei den meisten Standardindizes zwischen 0,1 und 1

[99] Vgl. Röhl, Christian W.: Generation Zertifikate, München 2003.

Prozent. Insgesamt sind diese Gebühren immer noch vorteilhafter, wenn man bedenkt, dass bei konventionellen Investmentfonds allein der Ausgabeaufschlag bei 5 oder 6 Prozent liegen kann. Diese offenkundigen Vorteile haben zu einer weiten Verbreitung von Zertifikaten geführt.

Neben den klassischen Indexzertifikaten gibt es inzwischen eine Vielzahl von neuen Zertifikaten, die sich nicht nur auf Aktien- oder Rentenindizes, sondern auch auf Branchen, Strategien oder Rohstoffe beziehen. Im Vergleich zu Indexfonds haben jedoch Zertifikate einen entscheidenden Nachteil: Sie unterliegen einem Bonitätsrisiko. Da Zertifikate nichts anderes als Bankschuldverschreibungen sind, kann es passieren, dass bei der Insolvenz einer Bank das eingesetzte Kapital komplett verloren geht.

Eine solche Betrachtung kann man relativieren, wenn man bedenkt, dass in Deutschland nur wenige, meist kleine Privatbanken in den letzten fünf Jahrzehnten insolvent wurden. Die meisten Zertifikate werden von renommierten und finanzstarken Banken herausgegeben, die über ein ausgezeichnetes Rating verfügen. Vorsichtige Anleger sollten Zertifikate von kleineren Banken und von solchen, die kein Spitzenrating (von AAA oder AA) vorweisen können, meiden. Dies gilt insbesondere für lang laufende Zertifikate oder Open-end-Zertifikate, die keine Fälligkeit aufweisen.

Wägt man die Vor- und Nachteile ab, so sind Zertifikate aufgrund ihrer Flexibilität und ihrer Vielseitigkeit den meisten Indexfonds überlegen. Im Folgenden sollen daher Indexstrategien mit Hilfe von Zertifikaten ausführlicher erläutert werden.

Indexstrategien und Zertifikate

Die ersten Zertifikate, die auf den Markt kamen, waren ausnahmslos Indexzertifikate. Diese unstrukturierten oder Plain-Vanilla-Zertifikate zeichnen sich dadurch aus, dass sie einen bestimmten Index genau nachbilden und dadurch dem Anleger die Partizipation an der zugrunde liegenden Wertentwicklung ermöglichen. Abweichungen (der so genannte Tracking Error) sind theoretisch sehr selten, in der Praxis können sie aufgrund eines Spreads, einer Managementgebühr oder einer eingeschränkten Bonität des Emittenten entstehen.

Anleger sollten bei ihrer Anlagestrategie darauf achten, dass der Spread nicht zu hoch ausfällt, denn dies bedeutet eine zusätzliche Belastung durch Gebühren. Darüber hinaus sollte bei einer Anlage mit langfristigem Zeithorizont eine weltweite Streuung der Indizes vorgenommen werden. Das systematische Marktrisiko wird nur bei marktbreiten Indizes ausgeschlossen; deshalb sollten sich die Anleger bei der Auswahl der Indexzertifikate auf Indizes konzentrieren, die sich durch eine große Marktbreite und einen gewissen Bekanntheitswert auszeichnen. Seltene Indizes oder solche, die von den Banken eigens konstruiert wurden, sind nicht geeignet.

Bevorzugt sollten auch Performanceindizes werden, die unmittelbar Dividendenausschüttungen und Bezugsrechtsänderungen mit einbeziehen. In vielen Fällen wird der Anleger jedoch auf Kursindizes zurückgreifen müssen, da Indexzertifikate nicht für alle Performanceindizes angeboten werden und da viele Performanceindizes auch nur einmal am Tag oder im Abstand von mehreren Tagen aktualisiert werden. Viele Banken präferieren daher als Underlying Kursindizes, zumal sie von den ausgeschütteten Dividenden profitieren. Manchen Banken geben diesen Vorteil in Form eines geringeren Spread an den Kunden weiter, viele jedoch tun es nicht. Der Investor sollte daher die Relation zwischen Brief-Geldkurs-Spanne und den Vorteilen, die ein Performanceindex bietet, kritisch abwägen.

Indexstrategien und die einzelnen Indizes

Bei der weltweiten Diversifikation sollte man die einzelnen Länder- oder Regionenindizes sorgfältig aussuchen. Der DAX-Index, der zirka 80 Prozent der Börsenkapitalisierung der deutschen Aktiengesellschaften erreicht, eignet sich nur bedingt, denn er korreliert sehr eng mit den anderen Aktienmärkten innerhalb der Eurozone. Durch den DAX-Index erreicht der Anleger eine nur unzureichende Streuung, zumal der deutsche Markt in den letzten Jahren eher von einer unterdurchschnittlichen Wertentwicklung gekennzeichnet war. Falls der Anleger den DAX dennoch mit aufnehmen möchte, empfiehlt es sich nur den Performanceindex zu wählen, der gewährleistet, dass auch die ausgeschütteten Dividenden mit einbezogen werden. Anleger sollte sich bei jedem Indexzertifikat vergewissern, ob es sich um den Kurs- oder den Performanceindex handelt.

Angesichts der geringen Streuung, die durch ein DAX-Zertifikat erzielt wird, sollte man auf den europäischen Markt ausweichen. Hierbei kommen zwei wichtige Indizes in Frage: der EuroStoxx und der Stoxx. Der EuroStoxx umfasst die wichtigsten und größten Aktiengesellschaften der Eurozone. Die meisten emittierten Indexzertifikate beziehen sich auf den EuroStoxx 50 mit den 50 wichtigsten Aktiengesellschaften in der Eurozone. Daneben gibt es noch den marktbreiteren Eurostoxx, der mehrere hundert Aktien umfasst und damit ein repräsentatives Bild der Blue Chips in der Eurozone zeichnet. Der Stoxx bezieht sich auf die bedeutendsten Aktiengesellschaften in ganz Europa, so dass vor allem britische Aktiengesellschaften in das Portfolio Eingang finden.

Eine weltweite Streuung bedarf auch außereuropäischer Werte. Der berühmte und bekannte Dow Jones eignet sich für eine solche Strategie nicht. Dieser älteste und mit Abstand geschichtsträchtigste Index wird anders berechnet als die meisten gängigen Indizes. Der Dow Jones beruht auf 30 Industrietiteln, daher repräsentiert er nicht die für die USA so wichtigen Technologiewerte; auch Bankaktien und Finanzdienstleister werden durch den Dow Jones nicht angemessen wiedergegeben. Darüber hinaus weist der Dow Jones aus historischen Gründen einige Besonderheiten auf: Er ist ein reiner Kursindex und wird – anders als die überwiegende Mehrzahl aller heute verfügbaren Indizes – nicht anhand der Marktkapitalisierung, sondern aufgrund der Kursentwicklung eines Einzelwerts berechnet; es handelt sich um einen ungewichteten Durchschnitt der 30 Aktienkurse. Der Dow Jones mit seiner Akzentuierung von Industrieunternehmen repräsentiert nur einen geringen Teil der US-amerikanischen Unternehmen. Diese Charakteristika machen den Dow Jones für eine weltweite Diversifikation eines Zertifikate-Portfolios relativ ungeeignet.

Vorteilhafter ist hingegen der S&P500 Composite Stock Index, der die 500 größten börsennotierten Aktiengesellschaften in Nordamerika zusammenfasst. Er repräsentiert zirka 75 Prozent der Börsenkapitalisierung in den USA und in Kanada. Leider handelt es sich bei dem S&P500 um einen reinen Kursindex. Dieser Nachteil wiegt jedoch nicht so schwer, wenn man bedenkt, dass in den USA im Gegensatz zu Deutschland die Dividendenrendite traditionell viel niedriger ist. Die meisten amerikanischen Unternehmen sind aus steuerpolitischen Gründen wenig geneigt, hohe Dividenden auszuschütten. Eine entscheidende Benachteiligung gegenüber einem Performanceindex ergibt sich nur dann, wenn langfristig die durchschnittlichen Dividendenrenditen in Nordamerika erheblich steigen würden.

Alternativ zum Dow Jones und zum S&P500-Index gibt es noch die weniger bekannten Indizes für den US-Markt. Der Schwab-1000-Index fasst die 1.000 größten US-Aktiengesellschaften zusammen und ist ein Performanceindex, der ca. 90 Prozent der Börsenkapitalisierung erfasst. Daneben werden noch andere Indizes berechnet, die sich durch eine noch größere Marktbreite auszeichnen. Der Russel-3000-Index, der als reiner Kursindex gehandelt wird, bezieht sich auf die 3.000 größten Aktiengesellschaften der USA und ist nach der Marktkapitalisierung gewichtet. Der Wilshire-5000-Index, der bei seiner Gründung im Jahre 1971 an die 5.000 Aktien mit einbezog, hat heute mehr als 7.500 Aktien, die nach der Marktkapitalisierung gewichtet werden. Der Wilshire-5000-Index ist ein Performanceindex. In der Praxis findet man kaum Zertifikate auf diese selteneren Indizes, obwohl deren Ausstattung aufgrund der Marktbreite und der Performanceorientierung für den Anleger vorteilhafter ist. In der Regel gibt es bislang nur Indexzertifikate auf den Dow Jones und den S&P500 sowie den NASDAQ-100.

Der NASDAQ-Index eignet sich aufgrund seines Schwerpunkts bei den Technologietiteln nicht für eine breite Streuung. Die Computerbörse NASDAQ ist vor allem ein Markt für innovative, technologiebezogene Branchen wie Software, Halbleiter und Biotechnologie. Nach der Dot.com-Krise und dem Niedergang der New Economy musste vor allem der technologielastige NASDAQ-Index erhebliche Einbußen hinnehmen, während der Dow Jones mit seinen traditionellen Blue Chips sich selbst unter so widrigen Umständen einigermaßen behaupten konnte.

Der NASDAQ-Index, der ein reiner Kursindex ist und die Dividendenzahlungen unberücksichtigt lässt, setzt sich aus 100 meist Technologieaktien zusammen, die im Quartal anhand der Marktkapitalisierung gewichtet werden. Finanzunternehmen sind generell ausgeschlossen und werden eher vom S&P500 erfasst. Bei der Sektorengewichtung dominieren Softwareaktien und IT-Services, die zusammen mehr als 30 Prozent ausmachen. An zweiter Stelle stehen Hardware und IT-Infrastruktur. Danach folgen die Branchen Healthcare bzw. Biotechnologie und Pharma sowie Konsum, Handel und Telekommunikation. Die Marktkapitalisierung des NASDAQ-Index beläuft sich auf 1,630 Mrd. US-Dollar.[100] Zu den Index-Schwergewichten zählen neben Microsoft, das 9,04 Prozent am Index erreicht, Qualcomm, Intel, Cisco und eBay. Unter den Biotechnologieunternehmen steht Amgen mit einem prozentualen Anteil von 3,13 Prozent an erster Stelle. Aufgrund dieser Zusammensetzung eignet sich der NASDAQ-100 nur bedingt für eine passive Investmentstrategie, die auf eine Eliminierung des titelspezifischen (unsystematischen) Risikos Wert legt, denn wegen der Übergewichtung von Technologiewerten ist eine breite Diversifikation beim NASDAQ nicht gewährleistet.

Der bekannteste japanische Index ist der Nikkei Stock Average 225, der – wie der Name bereits andeutet – die 225 größten japanischen Aktiengesellschaften umfasst. Er wird von der Zeitung Nihon Keizai Shimbun berechnet und ist ein einfacher Durchschnittsindex, der die Marktkapitalisierung außer Acht lässt. Die 225 enthaltenen Werte machen ungefähr 60 Prozent der Börsenkapitalisierung in Japan aus. Da die Marktkapitalisierung bei der Berechnung unberücksichtigt bleibt, eignet sich der Nikkei-Index weniger für eine Anlagestrategie. Der marktbreitere Topix bietet mehr Vorteile.

---

[100] Zertifikate Magazin, 10/2004, S. 56.

Anleger, die einzelne europäische Länder stärker gewichten möchten, können auf einzelne europäische Indizes zurückgreifen.

- Frankreich wird durch den CAC 40 repräsentiert, der nach Marktkapitalisierung gewichtet die 40 größten französischen Aktiengesellschaften zusammenfasst.
- Für Großbritannien gibt es den FTSE 100, der von Börsianern ironisch „Footsie" genannt wird. Der Financial Times London Stock Exchange umfasst die 100 größten britischen Aktiengesellschaften.
- Der spanische Aktienindex heißt Ibex und beinhaltet die 35 größten spanischen Aktiengesellschaften, die nach der Marktkapitalisierung gewichtet werden.
- Der SMI, der Swiss Market Index, bezieht sich auf die 25 größten Schweizer Aktien und erreicht ca. 80 Prozent der Marktkapitalisierung.
- Der in Amsterdam berechnete AEX beinhaltet die 25 größten Aktiengesellschaften der Niederlande und ist nach der Marktkapitalisierung gewichtet.

Für die anderen europäischen Ländern gibt es jeweils eigene Indizes.

Eine derartig spezielle Gewichtung eines europäischen Landes ist jedoch nach der Modernen Portfoliotheorie nur bedingt sinnvoll, denn der marktbreite Stoxx oder EuroStoxx umfasst bereits die wichtigsten europäischen Standardwerte. In den letzten Jahren konnte man vor allem an den osteuropäischen Börsen starke Wertentwicklungen verbuchen. Jedoch befinden sich diese Börsen auf einem Höchststand, so dass ein Einstieg bereits zu spät ist. Erst nach einer Konsolidierung könnte eine größere Depotbeimischung in Frage kommen.

Anleger, die einen marktbreiten europäischen Index auswählen, profitieren sowohl von der Börsenentwicklung in der Eurozone als auch in den anderen Ländern der Europäischen Union und in Osteuropa.

Die weltweite Streuung wäre unvollständig, wenn man die Emerging Markets unberücksichtigt ließe. Ende der 1990er Jahre begannen vor allem die Schwellenländern zu boomen; insbesondere China erwies sich als ein lukrativer Markt, der mit exorbitant hohen Wachstumsraten aufwarten konnte. Im Gefolge der chinesischen Entwicklung erreichten auch andere Schwellenländer ein starkes Wachstum, das die Börsenkurse in diesen Ländern beflügelte. Vor allem Indien und manche südostasiatischen Länder zogen kontinuierlich an. Daneben war auch in Lateinamerika die Entwicklung eines positiven Umfelds zu beobachten.

Der Kauf von Indexzertifikaten für den chinesischen Markt ist kompliziert, denn es gibt verschiedene Aktiengattungen. Am wertstabilsten sind die an der Börse in Hongkong notierten Papiere, die insbesondere nach dem Boom in China eine leichte Aufwärtstendenz verzeichneten. Die Börse in Hongkong zeichnet sich durch ihre Wertbeständigkeit und Liquidität aus; daher sind Indexzertifikate auf den Hang-Seng-Index weniger volatil. Indexzertifikate auf andere chinesische Börsen mussten teilweise erhebliche Einbußen hinnehmen, als die chinesische Konjunktur Überhitzungserscheinungen zeigte. Hinzu kommt, dass die für Ausländer zugelassenen Aktien weniger liquide waren und daher zu starken Kursschwankungen tendierten.

Auf die anderen Emerging Markets gibt es ein breites Spektrum an verschiedenen Indexzertifikaten; dies gilt insbesondere für die osteuropäischen Märkte. Der CECE-Index fasst mehrere Börsen in Osteuropa zusammen. Für Indien sind weniger Zertifikate im Angebot, einige beziehen sich nur auf die wichtigsten Blue Chips. Bedauerlich ist, dass es auf Emerging Markets, die noch am Anfang stehen und daher besonders hohe Wachstumsraten versprechen, keine Indexzertifikate gibt – dies gilt insbesondere für Vietnam, das anders als die meisten schon stark gestiegenen Börsen in Südostasien noch über genügend Potenzial verfügt.

Auch die Börsen Lateinamerikas, die nur eine geringe Kapitalisierung aufweisen, können bislang nur selten durch Indexzertifikate abgedeckt werden, da es an einzelnen Zertifikaten für die Länderbörsen fehlt. Eine Ausnahme bilden Zertifikate auf den Latibex, der länderübergreifend die wichtigsten Blue Chips Lateinamerikas zusammenfasst. Solche konstruierten Indizes werden jedoch dem Grundsatz der Diversifikation nur unzureichend gerecht.

Zertifikate können sich auch auf gesamte Regionen beziehen. So gibt es beispielsweise Indexzertifikate auf die MSCI-Indizes von Morgan Stanley Capital International. Ein Regionenindex ist der MSCI Europe und der MSCI EAFE (Europe, Australia and Far East) sowie der MSCI Select Emerging Markets, der ungefähr 450 Aktien aus Hongkong, Indonesien, Malaysia, Singapur, den Philippinen, Thailand, Argentinien, Brasilien, Mexiko, Portugal, Griechenland und der Türkei umfasst. Er steht für 60 Prozent der Marktkapitalisierung in diesen Schwellenländern. Er bezieht sich nur auf jene Aktien, die ohne Restriktionen von Ausländern gekauft werden können. Zertifikate auf solche Regionenindizes sind jedoch sehr selten und haben meist ein ungünstiges Spread oder zusätzlich eine jährliche Managementgebühr, die die langfristige Performance erheblich beschneiden kann.

Es gibt inzwischen auch Zertifikate, die sich auf den Weltindex beziehen, den MSCI World. Durch solche Instrumente ist es möglich, das titelspezifische, unsystematische Risiko komplett durch Diversifikation auszuschalten. Aber die Nebenwerte mit ihrer Sonderentwicklung finden hierbei nur unzureichend Berücksichtigung. Natürlich hat auch ein solches optimal diversifiziertes Portfolio ein systematisches Marktrisiko. Durch die weltweite Streuung über sämtliche Regionen der Welt wird jedoch dieses Marktrisiko erheblich ausgeglichen und abgefedert.

Anleger sollten bedenken, dass sie mit dem Kauf solcher Zertifikate stets ein Währungsrisiko eingehen, da auch die Indexpunkte, auf die sich das Zertifikat bezieht, eine ausländische Währung widerspiegeln, die starken Schwankungen unterliegen kann. Deshalb bieten manche Banken zusätzlich währungsgesicherte Zertifikate an, die man auch Quanto-Zertifikate nennt. Quanto-Zertifikate sind mit einem höheren Verwaltungsaufwand verbunden, so dass zusätzlich zum Spread, der bei Emerging Markets ohnehin meist höher ist, eine jährliche Managementgebühr anfällt. Ein sorgfältiger Vergleich der entsprechenden Konditionen ist daher für den Anleger unabdingbar.

Zertifikate und Finanzinnovationen

Neben den klassischen Indexzertifikaten werden immer mehr Zertifikate emittiert, die eine komplexe Struktur besitzen. Innerhalb kürzester Zeit ist ein regelrechter Zertifikateboom entstanden, der zu einer Vielzahl neuartiger Produkte geführt hat. Hinter dieser Emissionsflut steht auch das Interesse der Banken, an diesen neuartigen Instrumenten vermehrt zu verdienen, zumal die Dot.com-Krise und der dramatische Zusammenbruch der New Economy zu Umsatzrückgängen und erheblichen Einbußen im Wertpapiergeschäft geführt hat.

Da herkömmliche Indexzertifikate für Banken nur geringe Einnahmen mit sich bringen, zumal der Spread durch die Fülle der neuen Zertifikate kontinuierlich abnimmt, konstruieren die Abteilungen des Financial Engineering in den Banken immer komplexere Zertifikate. Diese Kreationen ähneln bisweilen den altbekannten Investmentfonds, nur dass die Gesamtgebühren, die sich aus dem Spread (der Spanne zwischen dem Geld- und dem Briefkurs) und der jährlichen Managementgebühr zusammensetzen, ein vergleichbares Gebührenniveau erreichen.

Kritiker warnen inzwischen davor, dass einige strukturierte Zertifikate zu ähnlichen Kosten führen wie Investmentfonds, ohne dass deren Flexibilität in der Anlagepolitik gegeben ist.

In der Anlagepraxis unterscheidet man folgende Kategorien von Zertifikaten:

2.2 Die einzelnen Etappen der Finanzmarkttheorie 85

Kategorie	Unterkategorie	Beispiele
Indexzertifikate Aktien	Kursindexzertifikate	DAX, CAC 40 (Frankreich), MIB 30 (Italien), AEX (Niederlande), IBEX 35 (Spanien), Stoxx Nordic (Skandinavien), Dow Jones, NASDAQ, S&P500, Hang Seng (Hongkong), Kospi 200 (Südkorea), Topix, CTX (Tschechien), PTX (Polen), HTX (Ungarn), RDX (Russland), ISE 30 (Türkei), CECE (Osteuropa), SET 50 (Thailand), NIFTY 50 (Indien), MSCI Taiwan, KLCI (Malaysia), ASX 200 (Australien), MSCI World
	Performanceindexzertifikate	DAX, MDAX, SDAX, TecDAX, Euro Stoxx, Stoxx
	Branchenzertifikate	Stoxx Chemie, Stoxx Energie, Euro Stoxx Insurance, Euro Stoxx Technology
Indexzertifikate Renten	In- und ausländische Rentenindizes, nach Laufzeiten	REXP, JPM EMU Government Bond mittel, JPM EMU Government Bond kurz
Basketzertifikate	Branchenspezifisch, neue Technologien, Immobilien	World Leader (Deutsche Bank), Worldwide Logistics (Merrill Lynch), Asia Real Estate (ABN), Nanotech Active (West LB)
Rohstoffzertifikate	Rohstoffindizes, einzelne Rohstoffe	Gold, Silber, Palladium, Platin, Blei, Kupfer, Nickel, Zink, Kaffee, Zucker, Kakao, Weizen, Orangensaft, Brent Crude Oil, Natural Gas,
Strategiezertifikate	Einzelne Strategien (Momentum-Strategie, Dividendenstrategie, Strategien der technischen Analyse, Marktindikatoren, PEG-Strategie, Value-Stratgie)	Global Dividend Runner (HypoVereinsbank), Sector Leader (Deutsche Bank), Value Leader (Deutsche Bank), Japan Momentum (Merrill Lynch), Fallen Angels (West LB)
Aktiv gemanagte Zertifikate	Verschiedene Unterkategorien (Altersvorsorge, Branchen, Strategien)	Altervorsorge-Gewinner (ABN), Dr. Jens Erhardt (ABN), Generika Select (ABN)

Kategorie	Unterkategorie	Beispiele
Zinszertifikate	Tagesgelder unterschiedlicher Währungen	Türkische Lira, ungarische Forint, südafrikanische Rand, US-Dollar, australische Dollar, kanadische Dollar, Euro, Schweizer Franken, norwegische Kronen
Knock-out-Papiere	Mit Laufzeitbegrenzung	Turbo
	Ohne Laufzeitbegrenzung	Mini-Future, Turbo-Future, Turbo Unlimited, Wave XXL
	Ohne Laufzeitbegrenzung, mit konstantem Hebel	Rolling Turbo
	Knock-out und Basispreis identisch, mit Laufzeitbegrenzung	Turbo Wave, Turbo-Classic, Knock-out-Optionsschein
	Knock-out und Basispreis identisch, ohne Laufzeitbegrenzung	Best unlimited

Manche dieser Zertifikate sind kritisch zu bewerten, denn sie ahmen teilweise die Funktionsweise von Investmentfonds nach.

Beispielsweise sind Basketzertifikate nichts anderes als eine mehr oder weniger geschickte Zusammenstellung einzelner Aktien zu einem Korb. Ob nun diese Mischung aus Wertpapieren, die sich nach bestimmten Kriterien richtet, in der Wertentwicklung Erfolg hat, lässt sich nicht ohne weiteres vorhersehen. Besonders bedenklich erscheint, dass Basketzertifikate meist Modeströmungen auf den Kapitalmärkten folgen und so häufig zu einem Höchststand der Kurse einsteigen.

So wurden in den letzten Jahren eine Vielzahl von Basketzertifikate auf Vorreitertechnologien wie neue Energie (Wasserstoff, Brennstoffzellen, Solarenergie) und Nanotechnologie (Miniaturisierung von Maschinen und Verfahrensweisen) herausgegeben. Da der Erdölpreis krisenbedingt und aufgrund der gestiegenen Nachfrage in den Schwellenländern und insbesondere China kontinuierlich anstieg, zogen auch diese Aktien erheblich an. Zu dem Zeitpunkt, als die meisten Marketingabteilungen der Banken diese neuen Zertifikate auf den Markt brachten, hatten die meisten Aktien aus der Branche der alternativen und neuen Energien bereits Höchststände erreicht.

Ähnliches gilt auch für Indexzertifikate: Die meisten Zertifikate für die osteuropäischen Märkte kamen erst auf den Markt, als diese Börsen bereits seit mehreren Monaten boomten. Anleger sollten sich daher hüten, auf einen bereits lang anhaltenden Trend aufzuupringen, denn meist setzt dann die längst überfällige Konsolidierung ein. Werden besonders viele Zertifikate zu einem speziellen Thema oder Markt herausgegeben, so ist dies ein Anzeichen für eine Übertreibung der Markttendenz. Natürlich kann es sein, dass der Trend noch längere Zeit fortgesetzt wird, aber es ist wenig ratsam, sich noch anzuschließen, da der Trend jederzeit kippen kann.

Spezielle Zertifikate

Gab es früher aus gesetzlichen Gründen nur befristete Indexzertifikate, so werden nun immer mehr Endloszertifikate herausgegeben. Darüber hinaus werden auch spezielle Zertifikate auf den Rentenmarkt, Rohstoffe und Immobilienindizes emittiert.

Das Angebot an Zertifikaten hat in den letzten Jahren erheblich zugenommen; inzwischen bieten einige Banken sogar Sparpläne an, die sich auf Zertifikate stützen.

Put- oder Bear-Zertifikate setzen auf fallende Kurse. Ähnlich wie bei Optionen und Optionsscheinen kann der Anleger mit Hilfe dieser Bear-Indexzertifikate auf fallende Indizes spekulieren. Strategiezertifikate tragen dem Sicherheitsbedürfnis der Anleger Rechnung. Die Emissionsbank garantiert häufig eine Mindestverzinsung des Anlagebetrags oder einen bestimmten Rückzahlungspreis. Komplizierte Varianten haben eine Untergrenze (Floor) oder eine Obergrenze (Cap) oder eine garantierte Spannbreite (Range).

Noch innovativere Konzepte setzen beispielsweise auf eine Verzinsung, die an einem Aktienkorb gemessen wird, wobei die Höhe der Verzinsung von den Kursschwankungen (der Volatilität) abhängt. Wird ein solcher Kursausschlag als Höhe der Verzinsung genommen, spricht man von einem Lock-in-Zertifikat. Obgleich Garantiezertifikate sich bei Anlegern insbesondere in stürmischen Börsenjahren großer Beliebtheit erfreuen, sollte man bedenken, dass die entsprechende Kursabsicherung oder Garantieleistung stets mit Renditeeinbußen verbunden sind.

Basket-Zertifikate setzen auf einen ausgewählten Korb von Aktien. Dabei hängt die Renditeentwicklung entscheidend vom Geschick der Bank und deren Auswahl ab. Anders als bei Investmentfonds, wo Anlageentscheidungen fortlaufend vom Portfoliomanagement überprüft und gegebenenfalls geändert werden, ist dies bei Basket-Zertifikaten nicht der Fall, so dass die anfängliche Aktienauswahl auch noch nach zwei oder drei Jahren ein stimmiges Bild ergeben muss. Manche Zertifikate sehen eine viertel- oder halbjährliche Überprüfung der Anlageentscheidungen vor – man spricht dann aber eher von aktiv gemanagten Zertifikaten. Der Vorteil gegenüber Investmentfonds liegt hierbei in den geringeren Gebühren.

Während bei Investmentfonds neben dem Ausgabeaufschlag, der bei Aktienfonds in der Regel 5 Prozent beträgt und bei Rentenfonds ca. 3 Prozent, auch noch eine jährliche Managementgebühr in Höhe 1 bis 1,5 Prozent anfällt, begnügen sich die Banken bei Zertifikaten mit der Differenz von Geld- und Briefkurs, dem so genannten Spread. Das Spread liegt bei den meisten Zertifikaten unter 2 Prozent. Aktiv gemanagte Zertifikate verlangen bisweilen ein dreiprozentiges Spread und gelegentlich auch eine jährliche Managementgebühr. Insofern nähern sich die Konditionen von aktiv gemanagten Zertifikaten und Investmentfonds zunehmend an. Hedgefonds-Zertifikate beziehen sich auf Hedgefonds, die eine sehr spekulative Anlagepolitik verfolgen und auch Leerverkäufe und andere Terminmarktinstrumente nutzen dürfen. Für den konservativen Anleger sind sie ungeeignet.

Knock-out-Zertifikate bergen ein noch höheres und beträchtliches Verlustrisiko. Sie werden auch als Turbo- oder Bull-Zertifikate bezeichnet und sind mit einem Hebeleffekt ausgestattet. Ähnlich wie bei Optionsscheinen kann der Anleger bei richtiger Einschätzung der Markttendenz eine Vervielfachung seines angelegten Kapitals erreichen. Das Tückische an Knock-out-Zertifikaten ist die Knock-out-Schwelle: Unterschreitet der Kurs diese Schwelle, ist das gesamte Kapital unwiderruflich verloren. Wenn man bedenkt, dass bereits bei den vergleichsweise etwas sichereren Optionsscheinen über 70 Prozent der Anleger einen Verlust erleiden, sind Knock-out-Zertifikate noch weitaus riskanter. Ihr einziger Vorteil gegenüber Optionsscheinen besteht darin, dass sie Open-end-Zertifikate sind und daher endlos lange laufen. Doch dieser Vorteil wiegt nicht die Gefahr auf, dass der Kurs unter die Knock-out-Schwelle sinken könnte und damit ein Totalverlust eintritt.

Vorteile der Zertifikate

Für eine passive Anlagestrategie, die den Vorgaben der Modernen Kapitalmarkttheorie folgt, eignen sich Indexzertifikate sehr gut. Anleger, die der Auffassung sind, dass der Markt ohnehin nicht geschlagen werden kann, werden sich in ihrer Anlagestrategie damit begnügen, den Markt abzubilden, d. h. den Index zu kaufen. Auf den ersten Blick mag eine solche passive Strategie langweilig erscheinen, dennoch hat sie erhebliche Vorteile.

Langfristig ist die Indexstrategie mehr als 80 Prozent aller Investmentfonds überlegen. In den angelsächsischen Ländern sind daher Pensionsfonds und andere institutionelle Investoren längst dazu übergegangen, die Indexstrategie einzusetzen. Vertraut man der Effizienzmarkthypothese, so ist es ohnehin unmöglich, den Markt durch gezieltes Stockpicking zu übertreffen, denn jede verfügbare

Information fließt sofort in die Kurse ein, so dass die Aktienkurse stets einen fairen Preis widerspiegeln.

Viele Finanzmarktexperten an den Hochschulen plädierten für eine Indexstrategie, denn wenn es theoretisch nicht möglich ist, den Index langfristig zu übertreffen, besteht die sinnvollste Strategie darin den Index zu kaufen und sich an ihn zu koppeln. Die Praxis reagierte auf die Effizienzmarkthypothese skeptisch, denn sie würde alle Bemühungen der Experten als nutzlos degradieren. Die emsigen Analysen von Charttechnikern und Analysten würden zu Makulatur. Die empirische Kapitalmarktforschung hat diese Kontroverse ein wenig entschärft. Tatsache ist, dass die Investmentfonds und viele andere institutionelle Anleger trotz großen Aufwands und ausgeklügelter Analysen langfristig nicht einmal die Performance des Index erreichen. Die Mehrheit der Investmentfonds schneidet regelmäßig schlechter als der Vergleichsindex ab.

Die empirische Finanzmarktforschung konnte aufzeigen, dass bestimmte Effekte (Januar-Effekt, Größeneffekt, Dividendeneffekt) zu einer höheren Rendite führen können. Bestimmte Strategien am Aktienmarkt machen es möglich, den Index langfristig zu übertreffen. Trotz dieser Befunde ist es aber umstritten, ob diese Überrendite-Effekte in allen Börsensituationen ihre Wirkung entfalten oder ob dies nur für bestimmte Perioden gilt. Insofern ist die Indexstrategie für konservative Anleger ein geeigneter Weg, um langfristig gute Renditen zu erzielen. Dabei sollte man aber auch verschiedene Indizes kaufen, um eine möglichst weltweite Streuung zu erzielen.

Der Vorteil von Zertifikaten liegt darin, dass sie eine Vielzahl verschiedener Aktien abbilden und damit das Prinzip der Streuung in Reinform verkörpern. Ein weiterer Pluspunkt sind die geringeren Gebühren. Während beim Kauf von zwanzig verschiedenen Aktien erhebliche Transaktionskosten anfallen, sind Zertifikate in der Regel preisgünstiger und vorteilhafter.

Die früher verbreiteten Indexfonds verlieren an Attraktivität, da die Fondsmanager gezwungen sind, den Index (beispielsweise den DAX) permanent nachzubilden. Ein Nachteil sind die jährlich anfallenden Managementgebühren und der Ausgabeaufschlag, der bei den Indexfonds fällig wird, und Probleme beim Erwerb der einzelnen Aktien, wenn eine zu hohe oder zu geringe Nachfrage besteht. Insgesamt sind Indexfonds im Vergleich zu Indexzertifikaten eher ein schwerfälliges Instrument mit vergleichsweise hohen Kosten und Gebühren.

Vor- und Nachteile von Strategiezertifikaten

Für alle diese speziellen Zertifikate gilt, dass sie dem Grundsatz der Diversifikation und damit der Modernen Portfoliotheorie widersprechen. Durch die Spezialisierung auf eine bestimmte Branche oder eine Aktienauswahl wird das Prinzip der breiten Streuung und damit der Eliminierung eines titelspezifischen Risikos unterlaufen. Insbesondere Branchen unterliegen einer konjunkturzyklischen Branchenrotation; so boomen zu Beginn eines Aufschwungs vorwiegend die Rohstoffaktien, während in der Boomphase zyklische Konsumaktien zu den Gewinnern zählen. Als Nachzügler haussieren bei einem bereits einsetzenden Abschwung die Automobilbranche und das Bauwesen. Als konjunkturresistent wurden lange Zeit die Pharmaaktien und die Werte der Versorger eingestuft. Wegen der starken Schwankungen der Energiepreise und der zahllosen Reformen und Eingriffe im Gesundheitswesen gehören die Arzneimittelhersteller und Energieversorger längst nicht mehr zu den sicheren „Witwen- und Waisenpapieren", für die sie früher gehalten wurden.

Resümierend kann man festhalten, dass Branchenzertifikate für eine passive Investmentstrategie, die den Vorgaben der Markowitz'schen Portfoliotheorie folgt, nicht geeignet sind. Sie spiegeln keineswegs die Wertentwicklung des Marktdurchschnitts wider.

Strategiezertifikate beherzigen partiell den Grundsatz der effizienten Märkte, und sie setzen auf einzelne Strategien, um sich die daraus resultierenden Überrendite-Effekte zunutze zu machen. Solche Überrendite-Effekte sind in der empirischen Kapitalmarktforschung belegt und eindeutig nachgewiesen. Problematische Aspekte ergeben sich dennoch: Zum einen sind diese Überrendite-Effekte nur für bestimmte Börsenphasen und Jahrzehnte nachgewiesen. Ob diese Effekte auch langfristig und für alle Zyklen gelten, lässt sich bisher nicht klar beweisen. Hinzu kommt, dass die Verteilung der erzielbaren Renditen finanzmathematisch betrachtet ein Nullsummenspiel ist.

Der Versuch, den Kapitalmarkt durch solche Strategien zu „überlisten", scheitert daran, dass nur weniger als 50 Prozent den Marktdurchschnitt überflügeln können. Rein rechnerisch bildet der Marktdurchschnitt und damit das arithmetische Mittel aller Renditen die Grenze. Wenn nun alle Anleger auf solche Überrendite-Strategien setzen, verschwindet dieser Effekt von selbst. Daher gibt es auch keinen Investmentfonds oder Strategiezertifikate, die gezielt auf Kursanomalien zielen wie beispielsweise den Januar-Effekt.

Andere Überrendite-Effekte werden zumindest zum Teil in Investmentfonds und Strategiezertifikaten eingesetzt. Am weitesten verbreitet ist der empirisch gesicherte Small-Cap-Effekt, der bereits seit den achtziger Jahren Eingang in die Anlagestrategie gefunden hat. Es gibt heute Hunderte von Investmentfonds, die in Nebenwerte investieren. Der Anleger kann dabei häufig noch zwischen Small Caps und Mid Caps sowie zwischen verschiedenen Ländern wählen. Bei den Strategiezertifikaten ist die Auswahl wesentlich geringer als bei den Investmentfonds.

Andere Strategien wie die Momentum-Strategie, deren empirische Fundierung aber nur eingeschränkt langfristige Aussagen zulässt, werden in Strategiezertifikaten bereits umgesetzt. Auch markttechnische Indikatoren, die computerüberwacht Kaufsignale auslösen, wurden für die Konstruktion von Zertifikaten herangezogen. Prototypisch ist dafür das Fallen-Angel-Zertifikat der Düsseldorfer West LB, das bereits im Sommer 2001 emittiert wurde. Das Basketzertifikat setzt sich aus einem Korb von Aktien zusammen, die dem Dow Jones Euro Stoxx entstammen. Als technische Marktindikatoren werden der Relative-Stärke-Index herangezogen, wobei die Wertsteigerungen innerhalb von neun Tagen maximal 40 Prozent betragen dürfen. Der aktuelle Aktienkurs sollte ein Drittel unter dem 200-Tages-Hoch liegen, dann ist die Wahrscheinlichkeit eines Kurserholung am größten. Zusätzlich wird zur Analyse ein Volumenoszillator herangezogen. Nur wenn das durchschnittliche Handelsvolumen der letzten 50 Tage unter dem der letzten 200 Tage liegt, entsteht ein mögliches Kaufsignal. Für den eigentlich Kauf ist die Entwicklung des Relative-Stärke-Index maßgeblich.

Dieses komplexe Modell veranschaulicht, wie man mit Hilfe verschiedener Indikatoren strukturierte Zertifikate anhand der technischen Analyse konstruieren kann. Solche Zertifikate haben eine Reihe von Nachteilen: Zum einen entstehen aufgrund der Vielzahl möglicher Signale und Auslösungen häufige Umschichtungen, die mit hohen Managementgebühren und einem größeren Spread verbunden sind. Zum anderen ist die technische Analyse in der empirischen Finanzmarktforschung nicht anerkannt. Bislang konnte kein Beweis erbracht werden, dass das Chartreading oder die technische Analyse den langfristigen Marktdurchschnitt übertreffen können. Simulationen weisen eher darauf hin, dass die Kursentwicklungen einzelner Aktien einem Random Walk, d. h. dem Zufall, folgen.

Man kann diesen Zusammenhang mit Hilfe einer Metapher veranschaulichen: Bei einer Flut werden alle Schiffe und Boote gleichermaßen angehoben. Zwar werden schwere Schiffe (also Large Caps) weniger von der Flutwelle profitieren als kleine Fischer- und Segelboote (Mid und Small Caps), aber sie können daher auch weniger schnell in Seenot geraten. Die Flutwelle beeinflusst aber alle Schiffe und Boote in gleichem Umfang (marktspezifisches Risiko). Es gibt nun Meere, die kaum Gezeiten kennen (wie das Mittelmeer), und andere, bei denen hohe Sturmwellen auftreten können (wie im Atlantik). Die Bewegung des einzelnen Schiffes oder Bootes ist nun zufällig (sie ist in unserer Analogie ein einzelspezifisches Risiko), denn ein Schiff oder Boot kann von einer einzelnen Welle erfasst werden oder anders gebaut sein. Der Versuch, Überrendite-Effekte anhand von Strategiezertifikaten auszunützen, ähnelt dem Unterfangen, während eines Sturms von einem Boot zum anderen zu springen, um möglichst einen Wellenkamm zu erreichen – so wie manche Surfer immer auf dem Wellengipfel reiten wollen.

Zusammenfassend kann man sagen, dass Strategiezertifikate gegenüber den Indexzertifikaten gewisse Nachteile haben. Die hohen Gebühren und Transaktionskosten schmälern in jedem Fall die erreichbare Rendite. Darüber hinaus ist es empirisch nicht erwiesen, ob Überrendite-Effekte für alle Börsenperioden uneingeschränkt gelten und ob bei einer Massenanlagestrategie der Überrendite-Effekt langfristig verschwindet oder nivelliert wird. Da die Verteilung der Renditen eines Gesamtmarkts einem Nullsummenspiel unterliegt, lässt sich der Markt durch solche Kursanomalien wahrscheinlich auf lange Sicht nicht austricksen. Der Renditezuwachs, den der einzelne Anleger erzielen kann, beruht nicht auf der Verteilung der einzelnen Rendite, sondern auf der Dynamik des gesamten Marktes. Aus diesem Grunde ist eine weltweite Diversifikation unerlässlich, um sich die Dynamik der verschiedenen Weltregionen zu Eigen zu machen.

Das Problem der Knock-out-Zertifikate

Besonders umstritten sind die Knock-out-Papiere, die erst seit kurzem den Markt überschwemmen. Knock-out-Zertifikate bergen einen Totalverlust in sich, wenn die so genannte Knock-out-Schwelle überschritten wird. Für Privatanleger sind diese so vermeintlich lukrativen Wertpapiere mit enormen Risiken versehen, denn schon innerhalb kürzester Zeit kann die Schwelle gestreift sein, so dass der Anleger sein gesamtes Geld einbüßt. Viele Anleger sind sich dieser enormen Gefahren gar nicht bewusst.

Da schon eine starke Kursschwankung ausreicht, um zum Totalverlust zu führen, sind diese Knock-out-Papiere erheblich gefährlicher als Optionsscheine, die zumindest eine noch vertretbare Restlaufzeit haben können. Viele Anleger lassen sich von der unbefristeten Laufzeit der Knock-out-Papiere und dem hohen Hebel blenden. Zwar kann es interessant sein, ein Zertifikat zu haben, das den DAX mit dem zehnfachen Hebel repräsentiert, diese Entwicklung kann aber dann äußerst riskant werden, wenn der DAX zufällig unter die vorgegebene Knock-out-Schwelle fällt. In diesem Fall ist das gesamte Kapital endgültig verloren.

2.2 Die einzelnen Etappen der Finanzmarkttheorie

Diese hochriskanten Knock-out-Papiere eignen sich daher keinesfalls für die Altersvorsorge. Sie sind selbst für hartgesottene Spekulanten eine ernst zu nehmende Herausforderung und müssen permanent jeden Tag in der Wertentwicklung verfolgt werden. Für Privatanleger sind solche Knock-out-Zertifikate daher gänzlich ungeeignet und mit unüberschaubaren Risiken verbunden. Portfoliotheoretisch können solche Hebelzertifikate zu hohen Renditen führen, wenn man eine weltweite Streuung vornimmt und endlose Laufzeiten hat. Am ehesten kommen dann Rolling Turbos in Frage, da bei diesen der Hebel konstant gehalten wird und die Knock-out-Schwelle bei geringfügigen Schwankungen nur berührt wird. Bei stärkeren Schwankungen und kleineren Crashs ist es jedoch möglich, dass die Knock-out-Schwelle unvermittelt überschritten wird und das Papier verfällt, so dass der Anleger einen Totalverlust erleidet. Aus der Sicht der Modernen Portfoliotheorie steht die dank des Hebels erzielbare hohe Rendite in keiner vernünftigen Relation zur stets akuten Gefahr eines Totalverlusts.

3 Empirische Finanzmarktforschung

Aufgrund der Unzufriedenheit mit den realitätsfernen Prämissen der Modernen Kapitalmarkttheorie artikulierte sich zu Beginn der neunziger Jahre eine große Unzufriedenheit an der Standard Finance und deren Annahmen. Bereits in früheren Jahrzehnten wurden empirische Untersuchungen an den Kapitalmärkten durchgeführt. Eine Vielzahl von Kursanomalien wurden schon in den siebziger und achtziger Jahren entdeckt und in empirischen Studien beschrieben.

Zu Beginn der neunziger Jahre formierte sich ein neues Gebiet, das als empirische Kapitalmarktforschung eine Abgrenzung zur bis dahin dominierenden Modernen Kapitalmarkttheorie vornahm. Die empirische Kapitalmarktforschung wollte zunächst nur mit Hilfe systematischer Befunde die Strukturen und Prozesse an den internationalen Kapitalmärkten erforschen und erkunden. Dank akribischer Forschungsarbeit und einer Fülle von Studien gelang es, die Wirksamkeit von Überrenditeeffekten und von Kursanomalien zu untermauern.[101] Die Annahmen und Prämissen der Modernen Kapitalmarkttheorie wurden dadurch zunehmend in Frage gestellt und eingeschränkt, zumal immer mehr Kursanomalien und Besonderheiten des Kapitalmarktes entdeckt wurden. Auch die Random-Walk-Hypothese wurde in ihrer Geltung zunehmend in Frage gestellt.

Im Verlauf der neunziger Jahre entstand schließlich ein neues Paradigma, die Modern Finance, die hauptsächlich auf verhaltenswissenschaftlichen Untersuchungen beruht und der Börsenpsychologie einen neuen Stellenwert zuwies. Unter dem Übergriff Behavioral Finance[102] wurden alle Forschungsrichtungen subsumiert, die sich speziell mit den Verhaltensweisen, Denkformen und Strategien der Akteure auf den Kapitalmärkten befassen.

Insgesamt befindet sich die Finanzwissenschaft nach der Jahrtausendwende in einem Zustand der neuen „Unübersichtlichkeit". Das alte Paradigma der Modernen Kapitalmarkttheorie, das in der Wissenschaft noch immer einen hohen Stellenwert hat, beeinflusst mit

---

[101] Oehler, Andreas: „Anomalien", „Irrationalitäten" oder „Biases" der Erwartungsnutzentheorie und ihre Relevanz für Finanzmärkte. In: Zeitschrift für Bankrecht und Bankwirtschaft, 4 (1992), S. 97–124.

[102] Shleifer, Andrei: Inefficient Markets: An Introduction to Behavioral Finance, Oxford 2000.

den richtungweisenden Grundeinsichten die Heuristik und die Forschungsprogramme der empirischen und experimentellen Kapitalmarktforschung. Ein Paradigmenwechsel hat in der Finanzwissenschaft nicht eigentlich stattgefunden, vielmehr beobachtet man eine seltsame Koexistenz von Modern und Standard Finance. Obwohl viele Prämissen der Modernen Kapitalmarkttheorie angezweifelt werden und immer mehr empirische Befunde die Aussagen relativieren, bleiben die grundlegenden Einsichten bestehen. Die Behavioral Finance[103] hat das Augenmerk vielmehr auf die Verhaltensprobleme, die mentalen Voraussetzungen und die Handlungsstrategien der Akteure gelenkt.

Die empirischen Befunde der Kapitalmarktforschung können nur teilweise in die Anlagepraxis umgesetzt werden, da einzelne Strategien zu komplexe Voraussetzungen haben und mit hohen Kosten verbunden sind. Darüber hinaus gelten die erhobenen Ergebnisse häufig nur für einzelne Börsenperioden, Börsensegmente oder spezielle Märkte. Eine Generalisierung ist daher nicht zulässig. Trotz dieser Vorbehalte bietet die empirische Finanzmarktforschung einen interessanten Einblick in die Strukturen und Besonderheiten des Kapitalmarkts. Der Fokus der Forschung richtete sich dabei insbesondere auf die Überrenditeeffekte. Ein erster Paradigmenwechsel kündigte sich in den achtziger Jahren an, als die Kursanomalien und die Überrendite-Effekte stärker beachtet wurden. Insbesondere der KGV-Effekt und der Small-Cap-Effekt wurden zum Gegenstand empirischer Untersuchungen, die in dem darauf folgenden Jahrzehnt noch intensiviert wurden. In den neunziger Jahren schließlich kamen mit Behavioral Finance[104] und der nichtlinearen Dynamik neue große Forschungsgebiete hinzu, die heute im Vordergrund stehen und die Diskussion unter Experten beherrschen. Diese verhaltenswissenschaftliche Orientierung in der Finanzmarktforschung bedeutet keineswegs die vollständige Abkehr von den exemplarischen Konzeptionen der Modernen Kapitalmarkttheorie, deren Hypothesen und Theoreme weiterhin die Diskussion und die Heuristik der wissenschaftlichen Fragestellung bestimmten.

Heute sind eine Fülle von Überrenditeeffekten bekannt, die man in einzelne Anlagestrategien umsetzen kann. Die Befunde zu den einzelnen Anomalien, die den Grundannahmen der Modernen Kapitalmarkttheorie und der Effizienzmarkthypothese widersprechen, erscheinen trotz vieler Einzelstudien widersprüchlich. Für den Anleger bieten sie jedoch die Möglichkeit, Anlagestrategien zu realisie-

---

[103] Rapp, Heinz-Werner: Behavioral Finance – neue Sicht der Finanzmärkte. In: Finanz und Wirtschaft (Zürich), Nr. 74, 20.9.1995, S. 15.
[104] Shleifer, Andrei: Inefficient Markets: An Introduction to Behavioral Finance, Oxford 2000.

ren, mit deren Hilfe man langfristig überdurchschnittliche Wertentwicklungen erreichen kann. Im Folgenden werden die einzelnen Effekte ausführlich vorgestellt.

3.1 Der KGV-Effekt und die Überrendite

Eine der gängigsten und am weitesten verbreiteten Kennzahlen der Aktienanalyse ist das Kurs-Gewinn-Verhältnis (KGV), das im englischen Sprachraum unter Bezeichnung „price/earnings-ratio (PER)" bekannt ist. Bei Privatanlegern und institutionellen Investoren dient das KGV als erste Orientierungshilfe bei der Einstufung und Bewertung einzelner Aktien. Darüber hinaus kommt dem Kurs-Gewinn-Verhältnis auch bei der Analyse von Branchen, Marktsegmenten, regionalen und nationalen Märkten eine überragende Bedeutung zu.

Das Kurs-Gewinn-Verhältnis (KGV) macht deutlich, mit welchem Faktor der Gewinn multipliziert werden muss, um auf den aktuellen Aktienkurs zu gelangen. Diese Kennzahl ist damit eine der gängigsten und populärsten in der gesamten Fachliteratur.[105] Wachstumsunternehmen haben einen viel höheren KGV als die moderat wachsenden Substanzwerte.[106] In einer generellen Regel kann man sagen, dass niedrige KGVs eine Unterbewertung signalisieren. Hohe KGVs sind dagegen für Wachstumswerte aus der IT- und der Biotechnologiebranche typisch. Für eine adäquate Bewertung müssen noch andere Kriterien herangezogen werden.[107]

Trotz dieser Popularität und der leichten Nachvollziehbarkeit weist das KGV einige Besonderheiten auf, die es bei einer fundierten Aktienanalyse zu berücksichtigen gilt. Der Quotient, der aus dem Aktienkurs und dem Gewinn gebildet wird, enthält einige Aspekte, die zu fehlerhaften Einschätzungen führen können, wenn diese Fehlerquellen nicht ausreichend betrachtet werden.

Das Ergebnis je Aktie (Earnings per Share) ist die zur Bewertung und zur Performancemessung am meisten verwendete Kennzahl. Aufgrund von Modifikationen des Ergebnisses durch Ausübung von Bezugsrechten, Wandelanleihen gestaltet sich die Interpretation des Ergebnisses je Aktie schwierig. Die Gewinnermittlung erfordert eine genaue Betrachtung, da unterschiedliche Rechnungslegungsstandards erheblichen Einfluss auf das Ergebnis haben.

Der umgangssprachliche Begriff „Gewinn" bezieht sich auf den Bilanzgewinn oder auch auf den Jahresüberschuss, dessen Höhe ab-

---

[105] Gibson, C.: Financial Statement Analysis, 7. Aufl. Cincinnati 1998, S. 437.
[106] Gibson, C.: Financial Statement Analysis, 7. Aufl. Cincinnati 1998, S. 437.
[107] Gibson, C.: Financial Statement Analysis, 7. Aufl. Cincinnati 1998, S. 437.

hängig von den jeweiligen Rechnungslegungsvorschriften ist. Das Nebeneinander von HGB, IFRS und US-GAAP führt dazu, dass einzelne Bilanzposten unterschiedlich bewertet werden und Ermessensspielräume sich in der Höhe des ausgewiesenen Jahresüberschusses niederschlagen. Daher sollte man nur KGVs vergleichen, deren Gewinne nach einem Rechnungslegungsstandard ermittelt wurden. Während die deutsche Rechnungslegungspraxis dem Gläubigerschutz verpflichtet ist, orientiert sich das internationale und das amerikanische System der Bilanzierung vorwiegend am Investor und dessen Forderung nach Transparenz und Realitätsnähe. Selbst innerhalb eines Rechnungslegungsstandards eröffnet die Vielzahl von Bewertungsmöglichkeiten und Wahlrechten einen Spielraum bei der Gewinnermittlung, der die Aktienanalyse beeinträchtigen kann. Daher wird bei einer extensiven Aktienanalyse ein zusätzliche Kennzahl herangezogen, die weniger Variabilität bei Ermessensentscheidungen zulässt: das Kurs-Cashflow-Verhältnis (KCF). Es überrascht nicht, dass das Kurs-Gewinn-Verhältnis und das KCF eine starke Korrelation aufweisen, denn beide Kennzahlen sind sich von ihrem konzeptuellen Ansatz sehr ähnlich.

Bei der Analyse des KGV sollte man auch auf das Geschäftsjahr achten, auf das sich der ausgewiesene Gewinn bezieht. Liegt der Kennzahl das vergangene Geschäftsjahr zugrunde, so ist das KGV einigermaßen zuverlässig, wenn man die allgemeinen Probleme bei der Ermittlung des Jahresüberschusses hintanstellt. Problematisch wird die Kennzahl, wenn sie sich auf das laufende Jahr und damit auf eine Analystenprognose bezieht. Aufgrund einer Vielzahl von Faktoren – wie konjunkturelle Schwankungen, Umsatzeinbrüche, besondere Ereignisse – können Gewinnprognosen auch kurzfristig sich als falsch oder unzulänglich erweisen. Zum besseren Verständnis werden im Folgenden die Begriffe Bilanzgewinn und Jahresüberschuss näher differenziert.

Der Bilanzgewinn einer Aktiengesellschaft erscheint auf der Passivseite der Bilanz und ist Bestandteil des Eigenkapitals. Als Ausgangsgröße zur Berechnung nimmt man den Jahresüberschuss, der aus dem Saldo von Erträgen und Aufwendungen besteht. Die Berechnung des daraus abgeleiteten Bilanzgewinns gliedert sich folgendermaßen:

+/– Jahresüberschuss/Jahresfehlbetrag gemäß Gewinn- und Verlustrechnung
+/– Gewinnvortrag/Verlustvortrag aus dem Vorjahr
+ Entnahmen aus den Kapitalrücklagen
+/– Entnahmen/Zuführungen zu den Gewinnrücklagen
= Bilanzgewinn

Die notwendigen Einstellungen in die Kapitalrücklage sind bereits bei der jährlichen Aufstellung der Bilanz durchzuführen. Eine Veränderung der Gewinnrücklagen, die entweder aufgrund gesetzlicher Vorschriften erfolgen oder auf der Satzung beruhen, müssen bei der Bilanz ausgewiesen werden.

Bei der Aktienanalyse sollten die Anleger den Bilanzgewinn genau analysieren. Die Aktivierung von Positionen führt zu Vermeidung von Aufwandsbuchungen, während die Passivierung dazu beiträgt, die Erträge zu verringern. Aufgrund dieser Mechanismen ist es möglich, einen niedrigeren Bilanzgewinn auszuweisen. Für Aktionäre und Investoren ist es von entscheidender Bedeutung, eine realistische Einschätzung des ausgewiesenen Bilanzgewinns vorzunehmen. Die bilanztechnische Reduzierung des Bilanzgewinns ist nur eine kurzfristige Operation, denn in den Folgejahren müssen aktivierte Beiträge ordnungsgemäß abschreiben und die Positionen, die bei den Passiva berücksichtigt wurden, ertragswirksam aufgelöst werden. Insofern sind diese bilanztechnischen Operationen nur eine kurzfristige Korrektur des Bilanzgewinns, die in den Nachfolgejahren wieder ausgeglichen wird. Vergleichbares gilt für die Bilanzierungswahlrechte, die bei einer eingehenden Untersuchung der Bilanz ermittelt werden können.

Der Anleger und Investor, der sich mit den Details der Gewinnermittlung vertraut machen möchte, sollte auf jeden Fall auch einen Blick in den Anhang werfen, um die tatsächliche Höhe des Bilanzgewinns realistisch beurteilen zu können. Dies gilt auch für die Frage, ob auf die Nutzung von Wahlrechten verzichtet wurde. Besonders betroffen davon sind Aufwandsrückstellungen und latente Steuern.

Angesichts der Unübersichtlichkeit der deutschen Bilanzierungspraxis verwendet man ein korrigiertes Ergebnis, das den Vorgaben der DVFA und der Schmalenbach-Gesellschaft entspricht. Das Ergebnis nach DVFA/SG ist insbesondere für die Aktienanalyse von herausragender Bedeutung. Aufgrund der Komplexität des deutschen Bilanzrechts bedarf eine akribische Aktienanalyse eines korrigierten Ergebnisses, um den Erfolg eines Unternehmens angemessen einschätzen zu können.

Das Berechnungsschema sieht folgendermaßen aus:

(1) Konzern-Jahresergebnis (Überschuss bzw. Fehlbetrag)
(2) Anpassungen des Konzernergebnisses im Hinblick auf die Konsolidierung
(3) Berücksichtigung latenter Steuern
(4) = Angepasstes Konzernergebnis
(5) Bereinigungspositionen in den Aktiva

(6) Bereinigungspositionen in den Passiva
(7) Bereinigung nicht eindeutig zuordnungsfähiger Sonderpositionen
(8) Währungsfaktoren
(9) Zusammenfassung der Bereinigungen
(10) DVFA/SG-Konzernergebnis für das Gesamtunternehmen

Die DVFA hat für die genaue Ermittlung die Faktoren zusammengestellt, die das Ergebnis beeinflussen, um die nötigen Korrekturen und Bereinigungen vornehmen zu können. Es geht dabei um verschiedene Ansatzwahlrechte und die möglichen steuerlichen Auswirkungen. Anleger und Investoren können die genaue Berechnung des Konzernergebnisses nach DFVA/SG nicht unmittelbar einsehen, da das detaillierte Berechnungsschema äußerst komplex und umfangreich ist. Im Geschäftsbericht werden häufig nur selektiv die Berechnungen vorgestellt. Für die genaue Aktienanalyse ist das Ergebnis nach DVFA/SG jedoch zuverlässiger und praxisorientierter als andere Erfolgsgrößen wie der Jahresüberschuss.

Eine weitere wichtige Kennzahl in diesem Kontext ist das Ergebnis je Aktie nach DVFA/SG. Bei der Berechnung mit Bezug auf das Einzelergebnis je Aktie gelten einige Besonderheiten: Bei Minderheitsgesellschaften müssen Teile der Ergebnisse subtrahiert werden, wenn es Gewinnanteile sind, und Verlustanteile addiert werden. Gibt es auch noch Wandelanleihen (Convertible Bonds) oder spezielle Optionsrechte, dann ist das Ergebnis je Aktie unzuverlässiger und verliert an Aussagekraft. Anleger sollten besonders berücksichtigen, dass das Ergebnis je Aktie nach DVFA/SG nicht mit den bei den internationalen Rechnungslegungsstandards (IFRS) üblichen Earnings per Share (EPS) in der Berechnung übereinstimmt. Das EPS nimmt keine Korrekturen vor, sondern bezieht sich unmittelbar auf die Angaben im Jahresabschluss.

Trotz dieser Einschränkungen gilt das KGV als eine der wichtigsten Kennzahlen der modernen Aktienanalyse. Schon früh wurde in der Praxis der Stellenwert des KGV erkannt, ohne dass es hierzu eine fundierte Grundlage gab. Wie die meisten Modelle in der Anlagepraxis oder dem Portfoliomanagement, beruhte die Anwendung dieser Kennzahl auf der Intuition und dem Pragmatismus der Investoren und Anleger. Die empirische Finanzmarktforschung führte zu erstaunlichen Erkenntnissen über das KGV, die diese Kennzahl weiter aufwerteten. Im Jahr 1960 veröffentlichte Nicholson eine Studie, die den Auftakt zu einer Reihe von Folgestudien führte, in deren Verlauf das Kurs-Gewinn-Verhältnis zu einer der entscheidendsten Kennzahl der Aktienanalyse avancierte.

3.1 Der KGV-Effekt und die Überrendite

Nicholson untersuchte in seiner Studie,[108] die einen Meilenstein in der empirischen Kapitalmarktforschung darstellt, die Wertentwicklung zweier Portefeuilles über den Zeitraum von 1939 bis 1959. Das eine Portefeuille setzte sich aus Aktien mit einem überdurchschnittlich hohen KGV zusammen, während das andere Portfolio sich durch Aktien mit einem niedrigen KGV auszeichnete. Das Ergebnis war erstaunlich: Die 20 Aktien mit dem niedrigsten Kurs-Gewinn-Verhältnis erzielten eine jährliche Rendite von 13,5 Prozent, während das Portefeuille mit den 20 Aktien, die ein hohes KGV hatten, nur mit einer jährlichen Rendite von 7,43 Prozent aufwarten konnten.

In den 1960er Jahren war es zudem gängige Praxis bei der Renditeberechnung keine Dividendenausschüttungen zu berücksichtigen, so dass genau betrachtet die Performance noch bessere Ergebnisse erzielte.

> Ein Vermögen von 10.000 €, das über 30 Jahre mit einer Rendite von 13,5 Prozent angelegt wird, führt zu einem Ergebnis von über 3,2 Millionen €. Das Vergleichsportfolio mit den höheren KGV-Werten würde nach 30 Jahren bei einer Durchschnittsrendite von 7,43 Prozent ein Vermögen von ca. 1 Million € hervorbringen. Der Vermögensunterschied beträgt daher weit über 2 Millionen €.

Der kluge Investor und Anleger sollte sich bewusst machen, dass jede Anlageentscheidung letztlich erhebliche Konsequenzen nach sich zieht: Eine Fehlentscheidung kann über Jahrzehnte gravierende Auswirkungen haben und Ergebnisunterschiede in Millionenhöhe bewirken. Der Zinseszinseffekt und die langfristige Perspektive können sich dramatisch bemerkbar machen. Daher gilt es, Marktineffizienzen und Kursanomalien bei einer strategischen Anlageentscheidung zu berücksichtigen. Das naive Stockpicking, das viele Privatanleger praktizieren, oder eine an der technischen Analyse orientierte Auswahl birgt erhebliche Risiken, wenn man die langfristigen Ergebnisse betrachtet. Eine indexorientierte Strategie kann nur dann übertroffen werden, wenn man sich die Marktineffizienzen, die Kursanomalien und die Überrendite-Effekte systematisch zunutze macht.

Der KGV-Effekt bedingt eine Unterteilung von Assetklassen in Wachstumsaktien und Substanzaktien. Charakteristisch für Wachstumsaktien ist die ungewöhnliche Gewinndynamik, wie man sie besonders bei den Technologiewerten antrifft. Diese Auffassung ist jedoch nur eingeschränkt richtig. Die Technologiebereiche müssen weiter aufgefächert werden: Während es bei Software- oder Halblei-

---

[108] Nicholson, S. F.: Price-Earnings Ratios. Financial Analysts Journal, 16 (1960), S. 43–45.

terwerten durchaus ein erhebliches Gewinnwachstum geben kann, ist dies – abgesehen von Schwergewichten, die den Rang eines Blue Chip haben – bei Biotechnologiewerten eher der Ausnahmefall. Viele Wachstumsaktien, die im Einzelfall einen KGV-Wert von 50, 100 oder gar 200 erreichen können, müssen differenziert betrachtet werden. Etliche dieser meist neu gegründeten Unternehmen glänzen mehr durch die Cash-burn-Rate als durch das Gewinnwachstum. Die Cash-burn-Rate zeigt auf, wann die vorhandenen liquiden Mittel verbraucht sein werden und die Zahlungsunfähigkeit eintritt. Die restliche Zeit wird in Monaten gemessen („months to burnout"). Die Kennzahl berechnet sich als Quotient aus Cashflow und den Monaten des Berichtszeitraums (bezogen auf das Geschäftsjahr bzw. ein Quartal). Für die Berechnung sollte man den Cashflow nach Investitionen und Finanzierung zugrunde legen. Anstelle des Cashflows wird bisweilen auch das um außerordentliche Aufwendungen und Erträge bereinigte EBITDA (das so genannte adjusted EBITDA) verwendet.

Die Zeit bis zur endgültigen Zahlungsfähigkeit wird rechnerisch bestimmt, indem man die liquiden Mittel und geldnahe Vermögensgegenstände zusammenfasst (monetäres Umlaufvermögen) und durch die Cash-burn-Rate dividiert. Der Cash-burn-Rate wurde bislang vor allem zur Bewertung von Unternehmen der New Economy eingesetzt. Aufgrund der schweren Dot.com-Krise und des dramatischen Bärenmarktes in den letzten Jahren haben Internet- und Biotechnologiewerte einen anhaltenden Vertrauensverlust erlitten. Die Auflösung des Neuen Marktes und die unzähligen Skandale um Enron und andere Unternehmen haben deutlich gemacht, dass Unternehmen, die keine Gewinne und keine deutlich steigenden Umsätze vorweisen können, für den Anleger zu einem unkalkulierbaren Risiko werden. Die Gefahr eines Totalverlusts ist äußerst groß. Nur in wenigen Branchen ist es sinnvoll, von einer ausgedehnten Anschubfinanzierung auszugehen. Die Biotechnologiebranche ist mit einigen Abstrichen eine Ausnahme, da nur große Pharmakonzerne die hohen Aufwendungen für Forschung und Entwicklung aus eigener Kraft tragen können. Anleger, die sich auf die Altersvorsorge konzentrieren, sollten Aktien meiden, die keinerlei Gewinne aufweisen. Auch eine Cash-burn-Rate, die die Zahlungsunfähigkeit erst in ferner Zukunft prognostiziert, ist nicht unbedingt ein Qualitätsmerkmal für eine Aktiengesellschaft, wenn sie nur geringe Umsätze und keinerlei Gewinne vorweisen kann.

Die Cash-burn-Rate ist aufgrund ihres statischen Charakters eine unzuverlässige Kennzahl, zumal künftige Finanzierungen ebenso unberücksichtigt bleiben wie eine mögliche Verbesserung der Finanz- und Ertragslage, wenn es beispielsweise einem innovativen

Biotechnologieunternehmen gelingt, für ein aussichtsreiches Medikament eine Marktzulassung zu erhalten.

In einigen dieser als Wachstumsaktien gepriesenen Unternehmen spielt die Gewinnphantasie eine größere Rolle als die beträchtlichen Verluste.

Ein Unternehmen mit einem KGV von 200 wird mit dem 200fachen des Gewinns bewertet, d. h. es müsste seinen Gewinn um das 200fache steigern, um den aktuellen Aktienkurs zu rechtfertigen. Die meisten Anleger machen sich diese Dimensionen nicht klar, so dass sie leichtfertig völlig überteuerte Aktien kaufen.

Die gravierenden Folgen der Dot.com-Krise, die die Börsenlandschaft nachhaltig erschütterte, zeigen, wie wichtig es ist, bei der Aktienanalyse realistisch vorzugehen. Der NEMAX – der Aktienindex des inzwischen aufgelösten Neuen Marktes – verlor innerhalb kürzester Zeit einen Großteil seines Wertes. Von 1998 bis zum März 2000, als der NEMAX 50 einen Höchstpunktestand von 9.694 Punkten erreichte, hatte das Barometer des Neuen Marktes eine Wertsteigerung von 850 Prozent verbuchen können. Der NEMAX 50 fiel bis zu seiner Auflösung Ende des Jahres 2004 auf 306 Punkte. Arbeitnehmer, die in ihrer Altersvorsorge auf den Neuen Markt gesetzt hatten, waren in kürzester Zeit komplett ruiniert. Auch die nachfolgenden Kurserholungen – sofern es die sonderbaren Internetwerte, die damals in aller Munde waren, noch gab – konnten den drastischen und historisch unvergleichlichen Verlust nicht mehr wettmachen.

In dieser Phase der grenzenlosen Euphorie, die insbesondere der die Jahre 1999 und 2000 kennzeichnete, grassierte unter Börsianern ein Millennium-Optimismus der jedem Vergleich spottete. Ganze Heerscharen begeisterter Abenteurer zogen nun nicht mehr wie einst die Goldschürfer zum Klondike nach Kalifornien oder nach Alaska, sondern das Gelobte Land befand sich nun in den unendlichen Weiten des Internets. Die kuriosesten Ideen, vorgetragen von einem Studenten ohne jegliche Berufserfahrung, wurden begeistert aufgenommen; Unternehmen, die nicht einen Euro Umsatz erzielten und deren Idee darin bestand, ein Telefonbuch online anzubieten oder Bücher zu versenden, mutierten über Nacht zu gewinnträchtigen Superunternehmen.

Neidvoll blickten die Arbeitnehmer, die in der Old Economy arbeiteten, auf die forschen Internetpioniere, die dank Unternehmensbeteiligung in zwei, drei Jahren vermeintlich zu Millionären würden. Diese Start-ups verwandelten sich in eine Art Studentenwohnheim, wo die Möchtegern-Millionäre von morgen schon Champagner schlürften und im eigenen Fitnessraum von einer Jacht in der Karibik träumten. Die Leser der Boulevardpresse drängelten sich vor den Banken, um eine der glamourösen Neuemissionen zu erhaschen und in allen Zeitungen, Zeitschriften und Fernsehkanälen machte sich das Wunder der New Economy breit. Das Siemens-Unternehmen Infineon wurde zum Liebling der Anleger und Unternehmen wie Yahoo und Amazon standen in der Anlegergunst weit vor den vermeintlich abgetakelten Werten der Old Economy.

Doch dann kam die Katastrophe: Der Neue Markt stürzte ab. Der Kurseinbruch war so verheerend, dass selbst die Weltwirtschaftskrise daneben wie eine mäßige Kurskorrektur erscheint. Viele Unternehmen, die einst stolz ihren Firmennamen mit kryptischen Internetkürzeln versahen, benannten sich schnell wieder um. Viele dieser Wolkenkuckucksunternehmen verschwanden vom Kurszettel und deren Name löst heute nur noch Bestürzung oder Zynismus aus. Wachstumsaktien sind vor diesem Hintergrund kritisch zu betrachten.

Für eine Anlagestrategie, die Überrenditen erreichen möchte, ist es notwendig, sich genauer mit dem KGV von Wachstums- und Substanzaktien zu befassen. Die empirische Kapitalmarktforschung hat gezeigt, dass langfristig eine sinnvolle Investition nur bei Werten gelingt, deren KGV nicht höher als 20 ist. Wachstumsaktien liegen meist über diesem Wert. Dennoch gibt es auch bei den Wachstumsaktien solide Titel, die sich durch ein stetiges Wachstum auszeichnen. Ein typisches Beispiel dafür die Aktie von SAP, deren Gewinnkontinuität exemplarisch ist.

Andere Aktien, die der Wachstumsklasse zugerechnet werden, sind die Biotechnologiewerte. Anders als in der Softwarebranche erreichen die Biotechnologieunternehmen erst spät die Gewinnzone, denn die Entwicklung neuer Medikamente erfordert einen enormen Kapitalaufwand und häufig ist das Ergebnis nicht zu kalkulieren. Die meisten Biotechnologieunternehmen haben in ihrer Pipeline nur ein oder zwei Arzneimittel in der klinischen Erprobungsphase.

Goldman Sachs schätzt in einer Studie,[109] dass die Zahl der Neuzulassungen von Medikamenten in den USA in dem Zeitraum von 2005 bis 2008 von derzeit 17 auf 21 steigen wird. Die endgültige Zulassung durch die amerikanische Zulassungsbehörde FDA bleibt ungewiss, zumal viele Medikamente nicht die erhoffte Wirkung zeigen oder wegen Nebenwirkungen nie auf den Markt kommen. Die meisten Biotechnologieunternehmen sind daher Hoffnungswerte und nur eine genaue Sachkenntnis in der Arzneimittelforschung gestattet ein fundiertes Urteil. Hiervon unterscheiden sich nur die Rie-

---

[109] Riedel, Stefan: Für die Pillendreher sind die fetten Jahre vorbei. In: Börse Online, 2 (2005), S. 27.

sen innerhalb der Branche, die aufgrund ihrer breiten Produktpalette und einiger Umsatzbringer eine profitable Basis aufweisen. Dies gilt für Unternehmen wie Amgen oder Genentech, die auch über eine lange Erfahrung verfügen.

Problematisch erscheinen dennoch die Restriktionen und Preisbindungen, die in vielen Ländern mit Gesundheitsreformen einhergehen, das Auslaufen von Patenten nach zwölf Jahren und die illegale Praxis etlicher Schwellen- und Entwicklungsländer, nicht lizenzierte Nachahmerprodukte billig herzustellen, auch wenn dies ethisch motiviert sein mag. Die Biotechnologiebranche weist daher einen stark spekulativen Charakter auf; für konservative Anleger sind daher Biotechnologiewerte keine erste Wahl.

Andere Wachstumswerte aus dem Bereichen Software, Maschinenbau und neue Energien zeigen günstigere Relationen und Wachstumschancen, wenngleich auch hier eine differenziertere Betrachtung von Nöten ist. Einige Investmentfonds setzen speziell auf Wachstumswerte, die besonders in den neunziger Jahren überdurchschnittliche Wertentwicklungen zu verzeichnen hatten.

Substanzaktien weisen ein niedrigeres KGV auf; bei ihnen ist zudem der Buchwert höher. Einige Experten bevorzugen Substanzaktien, da sie überzeugt sind, dass langfristig nicht so sehr eine überzogene Gewinndynamik zu Kurssteigerungen führt, sondern die „Substanz" eines Unternehmens. Unterbewertete Aktien sind gleichsam verborgene Perlen, deren innerer Wert früher oder später entdeckt werden wird. Dieses Konzept des „inneren Werts" wird in der Finanzmarktforschung kontrovers diskutiert.

Kritiker vertreten die Auffassung, dieser innere Wert sei eine Fiktion, da der Markt jede Aktiengesellschaft real bewerte, was insbesondere den Grundannahmen der Modernen Kapitalmarkttheorie entspricht. Die Entdeckung der Kursanomalien und Marktineffizienzen hat deutlich gemacht, dass es zur Verzerrung bei der Bewertung kommen kann. Einige Aktienfonds und auch bekannte Investoren setzt auf das Konzept des inneren Wertes und damit auf die Überlegenheit von Substanzaktien.

Worauf beruhen die unterschiedlichen Kurs-Gewinn-Verhältnisse von Wachstums- und Substanzaktien? Aktien werden weniger wegen der zu erwartenden Dividende und der damit verbundenen Dividendenrendite erworben, zumal besonders Technologiewerte selten eine Dividende ausschütten. Historisch betrachtet lag die Dividendenrendite in Deutschland bei ca. 2,5 Prozent, während Anleihen im Durchschnitt der letzten Jahrzehnte das Zwei- bis Dreifache einbrachten. Der Aktionär rechnet vielmehr mit Kurssteigerungen.

Die Kursentwicklung spiegelt letztlich das Gewinnwachstum eines Unternehmens indirekt wider, wenngleich die Kursentwicklung von zufälligen, durch Tagesereignisse beeinflusste Schwankungen verzerrt wird. Ist das Konzept des inneren Wertes gültig, dann müssten Aktien mit hohen Gewinnen schneller steigen. Nicholson bewies in seiner Untersuchung, dass Aktien mit einem niedrigen KGV grundsätzlich eine bessere Wertentwicklung vorweisen als Werte mit einem hohen KGV.

Dieses paradoxe Ergebnis aus der empirischen Finanzmarktforschung fordert eine Erklärung, über die unter Finanzexperten bis heute keine Klarheit herrscht. Es gibt drei mögliche Erklärungsansätze:

- Wachstumsaktien haben einen Kursaufschlag, da sie von den Börsianern als besonders Erfolg versprechend eingestuft werden. Die Marktteilnehmer nehmen daher höhere Kurse in Kauf, da die Prognosen überdurchschnittliche Gewinne versprechen.
- Aus der Sicht der modernen Kapitalmarkttheorie haben Wachstumswerte ein höheres Kurs-Gewinn-Verhältnis, da das hohe Wachstum mit einem höheren Risiko verknüpft ist. Der höhere Kurs entspricht einer Risikoprämie.
- Die Überbewertung von Wachstumswerten existiert nur scheinbar. Ausgehend von der Prämisse der Markteffizienz sind die Aktien gar nicht überbewertet; vielmehr führen die hohen Einstiegskurse zu einem Verlust und damit zu einer Angleichung an die durchschnittliche Marktrendite.

In einer neueren Untersuchung konnte auch aufgezeigt werden, dass die KGV-abhängige Rendite zeitlich schwankt. Die Untersuchung von Hawawini (1993)[110] machte deutlich, dass ein niedriges KGV kein Garant für eine kontinuierliche Wertentwicklung ist; in den schwierigen Börsenjahren 1969, 1982 und 1987 waren auch bei diesen Aktien drastische Kurseinbußen zu verzeichnen.

In einer speziellen Studie,[111] die sich auf den deutschen Markt konzentrierte, wies Wallmeier nach, dass in Deutschland die Jahresrendite für Aktien mit einem niedrigen KGV für den Zeitraum von 1967 bis 1994 durchschnittlich bei 17,58 Prozent lag, während Aktien mit einem hohen KGV nur eine Jahresrendite von 10,05 Prozent vorzuweisen hatten.

---

[110] Hawawini, G.; Keim, D. B.: On the Predictability of Common Stock Returns: Worldwide Evidence. Working Paper, University of Pennsylvania 1993.
[111] Wallmeier, M.: Prognose von Aktienrenditen und -risiken mit Hilfe von Mehrfaktorenmodellen, Bad Soden 1997.

3.1 Der KGV-Effekt und die Überrendite

Schlussfolgerungen für die Anlagepraxis:

- Aktien mit einem niedrigeren KGV weisen grundsätzlich langfristig eine bessere Wertentwicklung auf. Dieser Zusammenhang wurde empirisch für viele Länder nachgewiesen und kann als gesichert gelten. In der Anlagepraxis sollte man daher auf Aktien mit einem niedrigen Kurs-Gewinn-Verhältnis achten und diese bevorzugen. Aktien, die ein KGV von über 20 besitzen, sollte man meiden. Werte mit einem KGV von über 50 oder 100 sind hochspekulativ und auf keinen Fall empfehlenswert.
- Bei der Analyse des KGV muss beachtet werden, dass ein niedrigerer Wert nicht immer Erfolg versprechend sein muss. Ein niedrigeres KGV kann auch auf einen starken Kursverfall hindeuten, der sich vielleicht noch einige Zeit fortsetzt. Ein anderer Grund könnte sein, dass die Analysten die Gewinnprognosen für das Unternehmen erheblich heruntergesetzt haben.
- Um solche Probleme zu vermeiden, sollte man zunächst herausfinden, welcher Gewinn in den Quotienten mit eingeflossen ist. War es der Gewinn des Vorjahres oder eine aktuelle Gewinnprognose für das laufende Jahr? Wenn es sich um eine Gewinnprognose handelt, stellt sich die Frage, wie zuverlässig die Vorhersage ist. Welche Auffassung vertreten andere Analysten? Entscheidend ist auch, nach welchem Rechnungslegungsstandard die Gewinnermittlung erfolgte.
- Eine Aktie mit einem niedrigen KGV ist nur dann empfehlenswert, wenn weitere Faktoren überprüft wurden: Wenn der Kurs der Aktie stark fiel und deshalb das KGV einen günstigen Wert erreicht, dann sollte der Investor prüfen, weshalb die Aktie starke Kursverluste erlitten hat. Handelt es sich um eine normale Reaktion auf eine fallende Börse, dann ist dies unbedenklich, wenn das Unternehmen eine solide Bilanz und eine kontinuierliche Gewinnentwicklung aufweist. Man sollte zuerst eine Konsolidierung abwarten und gegebenenfalls als Hilfsmittel die Charttechnik heranziehen. Bei einer Bodenbildung ist ein Einstieg möglich. Aktien mit einem niedrigen KGV, die durch eine diskontinuierliche Gewinnentwicklung charakterisiert sind oder einige Jahre keine Dividende gezahlt haben, sind auch bei einem günstigen KGV kein Kauf.
- Aktien, die der Altersvorsorge dienen, sollten sorgfältig geprüft werden. Ein niedriges KGV ist nur ein Faktor unter vielen. Besonders bei der Altersvorsorge sollten Aktien mindestens zehn (konservative Anleger) oder fünf Jahre eine Gewinnsteigerung und eine Kontinuität der Dividendenpolitik aufweisen. Die Zunahme des Gewinns pro Aktie sollte innerhalb von zehn Jahren bei mindestens 30 Prozent liegen. Es gibt nur wenige Aktien auf dem deutschen Markt, die so hohe Anforderungen erfüllen.

- Beim Stockpicking mit Hilfe des KGV unterscheidet man zwei diametral unterschiedliche Vorgehensweisen: das Bottom-Up- und das Top-Down-Verfahren. Beim Bottom-Up-Verfahren wählt man unabhängig vom Markt- und Branchenumfeld einen Wert, der ein vorteilhaftes KGV aufweist. Zugleich sollte man mit Hilfe der Fundamentalanalyse untersuchen, ob das Unternehmen ein kontinuierliches Gewinnwachstum und andere günstige Kennzahlen aufweist.

- Beim Top-Down-Verfahren beginnt man bei der Analyse der länderspezifischen Situation, indem man die KGVs der einzelnen Länderindizes oder der Indizes verschiedener Marktsegmente auswertet. Danach verengt man das Auswahlspektrum und betrachtet die KGVs einzelner Branchen und Sektoren. Erst dann fängt das eigentliche Stockpicking an. Bei der Branchenanalyse wird man feststellen, dass einige Branchen naturgemäß höhere Kurs-Gewinn-Verhältnisse besitzen (Technologiewerte, Biotechnologie, Software, Internet) als andere (Stahl, Maschinenbau, Konsum, Versorger, Chemie, Handel, Banken, Versicherungen).

3.2 Die KGV-Strategie im Portfoliomanagement

Das KGV ist nur innerhalb einer Branche vergleichbar. Der niedrige Quotient mancher Branchen bedeutet keinesfalls, dass es sich hierbei um günstige Kaufgelegenheiten handelt; vielmehr haben bestimmte Branchen seit jeher ein niedrigeres KGV als andere. Insbesondere der Technologiesektor, der aufgrund seiner Wachstumsaussichten in Boomzeiten lukrativ erscheint, zeichnet sich durch exorbitant hohe Kurs-Gewinn-Verhältnisse aus.

Zu Zeiten des Internetbooms gab es einzelne Werte, die ein fast astronomisch zu nennendes KGV von 200 oder 300 besaßen. Derartig krasse Überwertungen, die in keiner Relation zur Ertrags- und Finanzlage des Unternehmens stehen, führen früher oder später zu einer erheblichen Korrektur. Kurzfristig können gefragte Technologietitel eine starke Kurssteigerung hervorbringen, da eine anhaltende Nachfrage zu weiteren Kurserhöhungen führen kann.

Sämtliche empirischen Untersuchungen deuten indes darauf hin, dass Aktien, die ein KGV über 20 besitzen, eine ungünstige Investition sind. Der Anleger sollte stets bedenken, dass das KGV generell branchenabhängig ist und sich je nach Ertragssituation ändern kann.

3.2 Die KGV-Strategie im Portfoliomanagement

Im Folgenden werden die geschätzten KGVs für das Jahr 2005 verglichen:

Aktie	KGV (e2005)
Allianz	9,5
Münchener Rück	7,8
Commerzbank	8,4
Deutsche Bank	8,7
BMW	8,8
Volkswagen	8,9
SAP	29,0

*Abbildung 2: Geschätzte KGVs für 2005
(Quelle: Börse Online 35/2004)*

Abgesehen von dem Softwarehersteller SAP weisen alle anderen DAX-Werte ein relativ niedriges KGV auf. Versicherungen und Banken haben aufgrund der meist soliden Finanz- und Ertragslage ein niedriges Kurs-Gewinn-Verhältnis. In der Automobilindustrie liegt das KGV in einem mittleren Bereich, denn Automobilhersteller sind teilweise technologieabhängig, verfügen aber über einen großen, weltweiten Absatzmarkt. Daher kann das KGV von Automobilaktien durchaus etwas ansteigen. Besonders schwierig ist die Einstufung des KGV von Technologieaktien, denn hier hängt die weitere Kursentwicklung maßgeblich von der Innovationsfähigkeit und der Flexibilität des Unternehmens ab.

SAP ist im Bereich der Unternehmenssoftware ein Marktführer mit guten Zukunftsaussichten, wenngleich auch dieses Unternehmen in einer problematischen Wettbewerbssituation operiert. Diese Einschätzung spiegelt sich auch in dem hohen KGV wider.

Ein Anleger müsste nun zusätzlich prüfen, ob dieses KGV gerechtfertigt ist, was man anhand einer Analyse der Gewinn- und Cashflow-Entwicklung nachprüfen könnte. Hinzu kommen noch andere Aspekte wie die Eigenkapitalrendite, der Return on Investment und die Bruttorendite. Eine ausgewogene und sorgfältige Anlageentscheidung sollte sich stets mehrerer Kriterien bedienen, um eine Gesamtübersicht zu erlangen.

Besonders deutlich manifestiert sich das hohe KGV der Technologietitel bei den NASDAQ-Werten, die während der gewaltigen Hausse im Jahre 1999 und Anfang 2000 zulegen konnten und den NASDAQ 100 im Jahre 2000 auf einen Punktestand von über 4.700 Punkten trieben. Die bereits 1971 als erste automatische und computerisierte Börse etablierte NASDAQ begann mit einer Basispunktezahl von 100. In dem Zeitraum zwischen 1971 und 2000 bedeutet dies eine durchschnittliche jährliche Wertsteigerung von fast 59 Prozent. Jedoch sind diese Kursanstiege ungleichmäßig über die drei Jahrzehnte verteilt: Während die 1970er Jahre infolge der Ölpreisschocks und der hohen Inflation eher magere Jahre waren, nahm der gigantische Kursanstieg in den frühen achtziger Jahren seinen Anfang und beschleunigte sich Ende der 1990er Jahre. Diese exzessive Euphorie der Anleger, die zur Jahrtausendwende einer Gigantomanie glich, führte schließlich zu einer drastischen Korrektur, die den Indexstand von 4.700 Punkten auf 1.400 im Jahre 2004 sinken ließ und ganze Vermögen innerhalb kürzester Zeit vernichtete.

Nach diesem Debakel, das in der Wirtschaftsgeschichte einen traurigen Höhepunkt bildet, sollten Anleger Technologiewerte grundsätzlich besonders sorgfältig und eingehend analysieren. Die hohen KGVs sind nur dann zu rechtfertigen, wenn eine kontinuierliche und gefestigte Gewinnentwicklung und andere günstige Kennzahlen und Relationen für die Aktie sprechen. Beispiele von Werten, die im NASDAQ 100 enthalten sind, zeigen sehr hohe KGVs, die einer besonders gründlichen Bewertung bedürfen.

Aktie	KGV (e2005)
Adobe Systems	25,2
Amazon.com	27,0
Amgen	19,6
Biogen Idec	33,9
eBay	50,1
MedImmune	40,4
Yahoo	60,4

Abbildung 3: Geschätzte KGVs 2005 aus dem NASDAQ 100
(Quelle: Börse Online 35/2004)

Ein KGV von 50 oder 60 ist selbst bei hohen Ertragsaussichten und einer stetigen Gewinnentwicklung keine Empfehlung. Der Anleger müsste die Aktie mit dem 50- bis 60fachen des Gewinns bezahlen. Es ist eher unwahrscheinlich, dass auch eine Kursrallye einen so hohen Preis rechtfertigte.

Das Gefahrenpotenzial wird noch augenscheinlicher, wenn man die KGVs innerhalb einer Branche vergleicht. Die drei Werte Amgen, Biogen und MedImmune, die der Pharma- bzw. Biotechnologiebranche angehören, machen diese Situation deutlich. Amgen ist als etablierter Konzern im Biotechnologiesektor mit einem KGV von 19,6 gut bewertet. Das Unternehmen verfügt über eine breite Palette an zugelassenen Medikamenten, über einen hohen Forschungsetat

3.2 Die KGV-Strategie im Portfoliomanagement

und verzeichnet ein kontinuierliches Umsatzwachstum. Kleinere Biotechnologieunternehmen haben nur wenige Arzneimittel im Portfolio und sind weniger wettbewerbsstark am Markt positioniert, was sich in dem höheren KGV niederschlägt. Biogen und MedImmune sind zwar Biotechnologieunternehmen von erstklassigem Rang, was auch ihr Listing im NASDAQ 100 verdeutlicht, sie sind aber nicht so breit im Markt vertreten wie Amgen oder Genentech.

Für die Anleger bedeutet dies, dass Technologiewerte mit einem hohen KGV erheblich überbewertet sind und möglicherweise vor einer Korrektur stehen. Das Kursmomentum, die Dynamik der Kurssteigerungen, mag zwar noch Monate anhalten, aber langfristig wird die Aktie den Marktdurchschnitt nur dann überholen, wenn sie ein höheres Gewinnwachstum und eine bessere Ertragslage erreichen kann. Insbesondere sollte man bedenken, dass viele neue Technologieunternehmen anfangs keinerlei Umsätze erzielen oder sich mit geringen Umsätzen begnügen müssen. Zynischerweise spricht man dann von „Cash Burn" und viele Internetunternehmen sind durch dieses „Geldverbrennen" negativ aufgefallen – zuweilen gab es gar Unternehmen am Neuen Markt, die niemals Umsätze erzielt haben. Vorsichtige Anleger werden keinesfalls Unternehmen kaufen, die nicht einen Euro Umsatz machen und nur waghalsige Versprechungen für die Zukunft machen.

Bei der Analyse des KGV sollte man außerdem darauf achten, dass ein günstiger Quotient nicht auf einem starkem Kursverfall basiert. Wenn der Kurs einer Aktie über längere Zeit ins Bodenlose sinkt, wird die Aktie am Ende auch ein besonders niedriges Kurs-Gewinn-Verhältnis zeigen, denn der Zähler des Quotienten nimmt deutlich ab. Eine solche Aktie ist keineswegs ein Kauf, da der Abwärtstrend noch länger anhalten kann. Auch nach einer Konsolidierung ist Vorsicht geboten. Ein gutes KGV liegt nur dann vor, wenn die günstige Relation durch einen Anstieg der Gewinne, also des Nenners, entstanden ist. Marktkenner sprechen oft von „Fallen Angels", die nach psychologischen Reaktionen oder kurzfristigen Änderungen der Marktlage von den Teilnehmern vernachlässigt oder abgestraft werden, aber gute fundamentale Daten aufweisen, die eine spätere Erholung nicht ausschließen. Darüber hinaus sollten auch andere verfügbare Kennzahlen, die markttechnische und charttechnische Situation sowie die Ertragslage für einen Kauf sprechen.

Zur genaueren Analyse sollte man überblicksartig auch die KGVs der einzelnen Märkte, Segmente und Branchen in die Betrachtung mit einbeziehen.

Land	Index	KGV (e2005)
Deutschland	DAX	11,48
Deutschland	MDAX	14,48
Deutschland	SDAX	15,30
Deutschland	TecDAX	21,05
USA	Dow Jones Industrial	14,70
USA	S&P500	14,83
USA	NASDAQ 100	21,47
Japan	Nikkei 225	19,60
Japan	Topix	14,66
Euroraum	Euro Stoxx 50	11,90
Europa	Stoxx 50	15,12

Abbildung 4: Geschätzte KGVs 2005 für Märkte und Segmente
(Quelle: Börse Online 35/2004)

Bei diesen gewichteten KGVs der einzelnen Länderindizes erkennt man die Unterschiede zwischen Standardwerten, Mid Caps und Small Caps sowie zwischen Technologiewerten und anderen Branchen. Während die DAX-Werte über ein relativ niedriges KGV verfügen, überschreitet das KGV des TecDAX mit seinen Technologiewerten die kritische Marke von 20.

Es gibt zudem Unterschiede zwischen den einzelnen Ländern. Japan hat traditionell ein relativ hohes KGV, und selbst nach über einem Jahrzehnt der schweren Rezession und von leichten Deflationstendenzen erreicht der im Vergleich zum Topix marktengere Index Nikkei 225 die Marke von 20. Experten führen diese überdurchschnittlich hohen KGVs der japanischen Aktien auf andere Rechnungslegungsvorschriften in Japan zurück. Auch der Unterschied zwischen dem Euro Stoxx 50 und Stoxx 50 lässt sich interpretieren: Die Länder der Eurozone sind aufgrund der Stabilitätskriterien des Maastrichter Vertrags restriktiver in ihrer Wirtschafts- und Haushaltspolitik als die EWR-Staaten Norwegen, Island und die Schweiz sowie die anderen europäischen Länder. Die bessere Kursentwicklung in diesen Ländern spiegelt sich im höheren KGV wider.

3.2.1 Anlagestrategie

Eine reine am KGV orientierte Anlagestrategie gibt es nicht, da das KGV nur ein Aspekt der Anlagestrategie sein sollte. Der Quotient ist wenig aussagekräftig, wenn ein starker Kursverfall stattgefunden hat. Darüber hinaus ist das KGV stets branchenabhängig. Es wäre eine fatale Fehleinschätzung zu glauben, dass ein niedriges KGV stets für ein

3.2 Die KGV-Strategie im Portfoliomanagement

hohes Kurspotenzial spricht, denn die Kursentwicklung wird von einer Vielzahl anderer Faktoren beeinflusst, die es zu berücksichtigen gilt.

Für die Analyse des KGV sollte man folgende Aspekte beachten:

- Als Faustregel gilt, dass das Kurs-Gewinn-Verhältnis nie über 20 liegen sollte. Diese Regel sollte nicht schematisch angewandt werden, denn japanische Aktien beispielsweise haben aufgrund landesspezifischer Rechnungslegungsvorschriften ein höheres KGV. Technologiewerte liegen sogar generell über der Marke von 20; hier sollte man aber genau und sorgfältig die Gewinnentwicklung und die allgemeine Ertragslage beobachten. Untersuchungen haben ergeben, dass Wachstumswerte über einen Zeitraum von mehreren Jahrzehnten schlechter abschneiden als Substanzwerte. Nur die neunziger Jahren waren für Wachstumswerte ein Boomdekade. Seit der Jahrtausendwende notieren alle Wachstumssegmente an den Weltbörsen schwächer.
- Aktien mit einem im Branchenvergleich extrem niedrigen KGV sollte man vermeiden. Eine solche Aktie wurde von den Anlegern abgestoßen; meist stellt sich im Nachhinein heraus, dass die äußerst negative Bewertung einen fundamentalen Grund hatte. Es handelt sich dann um riskante und bedenkliche Turn-around-Werte, deren Wiederaufstieg davon abhängig ist, ob die Wende zum Besseren gelingt oder nicht. Im schlimmsten Fall droht ein Totalverlust durch eine Insolvenz. Fallen Angels dagegen haben die Chance, sich von dem Kursrückschlag zu erholen und sogar überdurchschnittliche Kursgewinne zu erzielen. Für die meisten Anleger ist es jedoch schwer zu unterscheiden, ob ein Wert nur aus kurstechnischen oder aus fundamentalen Gründen schwere Kurseinbußen hinnehmen musste. Nur eine sorgfältige und gewissenhafte Analyse der Gesamtsituation macht es möglich, die Spreu vom Weizen zu trennen. Konservative Anleger sollten solche Werte generell meiden. Ratsamer ist es, eine Aktie zu wählen, deren KGV mit einem leichten Abschlag unter dem Branchendurchschnitt liegt. Bei aussichtsreichen Kandidaten mit einer starken und kontinuierlichen Gewinnentwicklung darf das KGV auch leicht über dem Branchendurchschnitt angesiedelt sein.
- Das KGV ist stets branchenabhängig – ein Vergleich von Aktien-KGVs aus unterschiedlichen Branchen ist sinnlos. Man kann jedoch die Kurs-Gewinn-Verhältnisse von einzelnen Ländern, Regionen und Börsensegmenten (Standardwerte, Mid Caps, Small Caps) vergleichen und analysieren.
- Problematisch erscheint an der Kennzahl KGV auch der Aspekt des Gewinns. Der Gewinn eines Unternehmens kann betriebswirtschaftlich verschieden definiert werden als Gewinn vor und nach Steuern, mit oder ohne Abschreibungen und Zinsen. Als zu-

sätzliche Kennzahl wird daher auch bei Analysen meist das EBIT (Earnings before interest and taxes – Gewinn vor Zinsen und Steuern) angegeben. Als weiteres Problem kommt hinzu, dass die unterschiedlichen Rechnungslegungsvorschriften in den Ländern zu erheblichen Verzerrungen führen. Aufgrund einer Vielzahl von Bewertungsvorschriften und Wahlrechten sind Bilanzen schon innerhalb eines Landes schwer zu interpretieren – im internationalen Bereich sind Gewinne nicht vergleichbar. Das KGV ist daher nur innerhalb eines Landes vernünftig zu deuten. In Deutschland wird die Situation noch dadurch erschwert, dass es neben der Bilanzierung nach dem Handelsgesetzbuch die amerikanischen Rechnungslegungsvorschriften (US-GAAP) und die internationalen Richtlinien (IFRS) gibt, die seit dem Jahr 2005 für börsennotierte Unternehmen verpflichtend sind. Selbst innerhalb Deutschlands lassen sich daher nur die Bilanzen sinnvoll vergleichen, die den gleichen Rechnungslegungsstandard verwenden.

- Viele Analysten halten den Gewinn an sich für wenig aussagekräftig, wenn er nicht näher aufgeschlüsselt wird. Aus Imagegründen versuchen manche Unternehmen, ihre Gewinnsituation zu schönen, indem sie Beteiligungen veräußern oder stille Reserven durch den Verkauf von Immobilien auflösen. Die wahre Gewinnsituation und Ertragslage wird dadurch für den Anleger verschleiert. Unternehmen, die es nötig haben, gleichsam ihr Tafelsilber billigst zu verscherbeln, um die missmutigen Aktionäre durch Dividendenausschüttungen aus der Substanz bei Laune zu halten, sind meist keine lukrativen Werte. Analysten betrachten daher auch die so genannten freien Cashflows eines Unternehmens (Discounted-cashflow-Methode, DCF), um zu einer genaueren Bewertung zu gelangen.

Empfehlungen für Anleger und Investoren bei der KGV-Strategie:
- Beachten Sie die Marke von 20 für das KGV.
- Das KGV sollte etwas unter dem Kurs-Gewinn-Verhältnis des Branchendurchschnitts liegen.
- Aktien mit einem extrem niedrigen KGV im Vergleich zum Branchendurchschnitt sollten Sie meiden. Diese Aktien haben wahrscheinlich einen starken Kursverfall hinter sich, der noch nicht zu Ende ist. Eine spätere Erholung ist nur bei guten Substanzwerten denkbar, aber ungewiss.
- Das KGV ist nur innerhalb einer Branche vergleichbar.
- Gewinne sind relativ: Beachten Sie, dass Unternehmen in ihrer Bilanzpolitik Gewinne verändern können. Gewinne bei unterschiedlicher Rechnungslegung sind ohnehin nicht vergleichbar.
- Technologiewerte können höhere KGV-Werte haben; sie sind aber nur dann ein Kauf, wenn alle anderen Kennzahlen und die Ertragslage stimmen.

3.2.2 Ergebnisse der Finanzmarktforschung

Der KGV-Effekt wird in der empirischen Kapitalmarktforschung bereits seit längerem akribisch untersucht, da das KGV eine der ältesten und gebräuchlichsten Kennzahlen ist. Wallmeier konnte in einer Studie[112] verdeutlichen, dass in Deutschland die jährliche Rendite für Aktien mit einem niedrigen KGV für den Zeitraum von 1967 bis 1994 durchschnittlich bei 17,58 Prozent lag, während Aktien mit einem hohen KGV nur eine Jahresrendite von 10,05 Prozent vorzuweisen hatten. Der KGV-Effekt ist damit bewiesen und wissenschaftlich abgesichert.

Der KGV-Effekt ist jedoch als alleiniger Faktor für die Auswahl von Aktien aufgrund der Problematik der Gewinnentwicklung und markttechnischer Einflüsse ungeeignet. Ein sorgfältiges Stockpicking bezieht eine komplexe Vielzahl von Faktoren mit ein. Ein niedriges KGV ist kein genereller Erfolgsgarant, da Aktien mit einem KGV zu Ausverkaufspreisen meist gebeutelte Dumpingwerte nach einem fundamental ausgelösten Kursverfall sein können.

3.3 Der Cashflow als Korrekturhilfe

Von dem KGV abgeleitet ist das Kurs-Cashflow-Verhältnis. Im Gegensatz zum KGV besitzt das Cashflow-Verhältnis den Vorteil, dass es weniger den Besonderheiten und Ausnahmefällen der Rechnungslegungsvorschriften unterliegt. Der Cashflow spiegelt die Ertragslage und die Refinanzierungskraft eines Unternehmens eindeutiger wider als die komplizierte Gewinnermittlung in Form des Jahresüberschusses. Der operative Cashflow je Aktie ist eine sinnvolle Kennzahl und beschreibt die Fähigkeit des Unternehmens, Schulden zu tilgen, Dividenden zu zahlen und Investitionen vorzunehmen. Das Ergebnis je Aktie findet jedoch größere Verbreitung.[113]

Insofern müsste das Kurs-Cashflow-Verhältnis (KCF) als Kennzahl für die Aktienanalyse plausibler und eindeutiger sein. In der Tat wird das KCF vermehrt für die Aktienanalyse eingesetzt. Dennoch gibt es auch hier Interpretationsprobleme, die aus den unterschiedlichen Ansätzen zur Berechnung des Cashflows resultieren. Die einfachste Formel setzt den Cashflow mit der Summe von Gewinn und

---

[112] Wallmeier, M.: Prognose von Aktienrenditen und -risiken mit Hilfe von Mehrfaktorenmodellen, Bad Soden 1997.
[113] Gibson, C.: Financial Statement Analysis, 7. Aufl. Cincinnati 1998, S. 488–489.

Abschreibungen gleich. Dieses vereinfachende Berechnungsschema gibt nicht exakt die Ertragslage des Unternehmens wieder.

In einer Studie von Keim und Hawawini[114] wurden AMEX- und NYSE-Aktien auf der Grundlage des Kurs-Cashflow-Verhältnisses untersucht. Ähnlich wie beim KGV ergab sich hier ein klar zutage tretender Zusammenhang zwischen dem Cashflow, der Kurshöhe und der Rendite. Aktien, die einen Cashflow und einen niedrigen Kurs vorweisen konnten, besaßen eine monatliche Rendite von durchschnittlich 1,62 Prozent, während Aktien mit einem ungünstigen Kurs-Cashflow-Verhältnis mit 0,73 Prozent wesentlich schlechter abschnitten.

Dass es eine Analogie zwischen dem KGV und dem KCF gibt, ist nicht erstaunlich, denn im Grunde ist der Cashflow eine optimierte Betrachtung der Gewinnsituation eines Unternehmens. Der Cashflow präzisiert die Gewinnentwicklung durch die Berücksichtigung der Abschreibungen. Dadurch, dass ein hoher Ermessensspielraum bei der Höhe und beim Ansatz von Abschreibungen besteht, wird die wahre Gewinnentwicklung in den Unternehmen verzerrt. Die Abschreibungsquote, die dem Anlagenspiegel entnommen werden kann, analysiert die gesamten Abschreibungen einer Periode im Hinblick auf die gesamten getätigten Investitionen. Eine fallende Abschreibungsquote ist ein sicherer Hinweis auf Probleme im Unternehmen. Sinkende Abschreibungen deuten auf nachlassende Investitionen hin und schränken die Innovationsfähigkeit des Unternehmens erheblich ein. Diese Kennzahl ist nur dann aussagekräftig, wenn sie auf das Sachanlagevermögen beschränkt bleibt. Die bilanzielle Bewertung von immateriellen Vermögensgegenständen wie Patenten oder Lizenzen sowie des derivativen Firmen- oder Geschäftswerts wirft besondere Fragen auf, die im Rahmen der Aktien- oder Bilanzanalyse nicht ohne sorgfältige Abwägungen zu lösen sind. Darüber hinaus wird die Abschreibungsquote durch steuerrechtliche Abschreibungen und außerplanmäßige Abschreibungen verzerrt.

Der Cashflow korrigiert diese Einseitigkeit. Erstaunlich in der Untersuchung von Hawawini und Keim ist das Faktum, dass auch Aktiengesellschaften mit einem negativen Cashflow überdurchschnittliche Renditen erzielen (durchschnittlich 1,32 Prozent pro Monat).

In der Kosten- und Leistungsrechnung wird der Jahresüberschuss aus der Differenz von Erträgen und Aufwendungen ermittelt. In der Bilanzierung wird der „Gewinn" vor allem durch die möglichen Ab-

---

[114] Hawawini, G.; Keim, D. B.: On the Predictability of Common Stock Returns. Worldwide Evidence. Working Paper, University of Pennsylvania 1993.

3.3 Der Cashflow als Korrekturhilfe

schreibungen, die nach verschiedenen Abschreibungsmethoden variiert werden können, und durch die Rückstellungen beeinflusst. Die Abschreibungsintensität eines Unternehmens bezieht sich auf die Relation von Abschreibungen zum Umsatz und gibt Aufschluss über die Produktionsstruktur eines Unternehmens.

Eine steigende Abschreibungsintensität ist ein Indiz für eine größere Fertigungstiefe und führt meist im Umkehrschluss zu einer geringeren Materialintensität. Die Abschreibungsintensität wird von einer Vielzahl verschiedener Faktoren maßgeblich beeinflusst; hierzu gehören unter anderem der Investitionszyklus und die damit verbundene Investitionsintensität, die Finanzierung des Anlagevermögens, wobei sich Leasing besonders auf die Kennzahl auswirkt, und die Ausübung von verschiedenen Bewertungs- und Bilanzierungswahlrechten. Die Abschreibungsintensität gilt dann als zuverlässiger Indikator, wenn das Unternehmen konstant investiert. Starke Schwankungen bei der Investitionstätigkeit schlagen sich in fluktuierend hohen Abschreibungen nieder, die keinen verlässlichen Einblick in die Investitionspolitik des Unternehmens gestatten. Andere Abweichungen können sich auch durch eine Änderung der Abschreibungsmethode (etwa der Übergang von der geometrisch-degressiven Abschreibung zur linearen Methode oder diverse Sonderabschreibungen), verkürzte Nutzungsdauern sowie außerplanmäßige Abschreibungen ergeben.

Aufgrund unterschiedlicher Rechnungslegungsvorschriften sind die von den Unternehmen ausgewiesenen Gewinne international weniger vergleichbar als der Cashflow. Aus diesen Gründen ist das Kurs-Cashflow-Verhältnis im internationalen Vergleich aussagekräftiger und zuverlässiger als das KGV. Dennoch kann bei der Aktienauswahl innerhalb eines Landes auch das KGV als Kennzahl zur Analyse herangezogen werden. Das Kurs-Cashflow-Verhältnis gibt besseren Aufschluss als das KGV, das von den jeweiligen wirtschaftlichen Rahmenbedingungen und den landesspezifischen Rechnungslegungsvorschriften abhängig ist.

Vorrangige Aufgabe und Zielsetzung des Jahresabschlusses nach dem Handelsgesetzbuch ist die Gewinnermittlungs- und Ausschüttungsbemessungsfunktion. Es soll der umsatzbezogene, verlustantizipierende und ausgeprägt objektivierte Gewinn ermittelt und ausgewiesen werden, ohne die Unternehmenssubstanz und das haftende Eigenkapital zu gefährden.[115] Das Prinzip der Kapitalerhaltung dient in erster Linie dem Schutz der Gläubiger, da in Deutschland traditionell Kapital vor allem über Banken als Fremdkapital beschafft wurde.

---

[115] Vgl. Baetge, Jörg; Kirsch, Hans-Jürgen: Grundsätze ordnungsmäßiger Buchführung, in: Handbuch der Rechnungslegung, Hrsg. Küting, K.; Weber, C., 4. Aufl. Stuttgart 1995, S. 135–173, S. 146 und 148

Die Rechnungslegungsvorschriften in den USA gingen indes aus der allgemeinen Bilanzierungspraxis hervor. Der Begriff „Generally Accepted Accounting Principles" (GAAP) weist darauf hin, dass sie als Praxisrichtlinien im Konsens mit den Wirtschaftsprüfern und den zuständigen Regulierungsbehörden als allgemein akzeptiert werden. Sie sind jedoch nur für börsennotierte Aktiengesellschaften verpflichtend. Primäres Ziel des Financial Reporting ist die Zusammenstellung von relevanten unternehmensspezifischen Informationen. Diese Informationen sollen den jeweiligen Adressaten helfen, den wirtschaftlichen Erfolg und die Ertragslage des Unternehmens zu erkennen, sowie damit verbundene Risiken verdeutlichen. Der amerikanische Rechnungslegungsstandard und die Unternehmenspublizität, zu denen neben den eigentlichen Rechnungslegungsvorschriften noch weitere Offenlegungsvorschriften gehören, die von der zuständigen Behörde der Securities Exchange Commission (SEC) definiert werden, dienen vor allem dem Anlegerschutz.

Aufgrund dieser divergierenden Zielsetzungen zwischen dem deutschen und dem amerikanischen Rechnungslegungsstandard gibt es auch erhebliche Unterschiede bei der Gewinnermittlung. Durch diese Verzerrung sind Gewinne deutscher und ausländischer Unternehmen nicht unmittelbar vergleichbar. Der Cashflow dagegen orientiert sich an der Liquidität und an der Eigenfinanzierung des Unternehmens, so dass solche rechnungslegungsbedingten Eigentümlichkeiten korrigiert werden. Das Kurs-Cashflow-Verhältnis gibt daher präziser über die Ertragslage und die Liquidität eines Unternehmens Auskunft.

3.3.1 Der Cashflow und seine Berechnung

Der Cashflow, der eine der zentralsten Kennzahlen der Fundamentalanalyse ist, beschreibt den erwirtschafteten Überschuss an Zahlungsmitteln und beschreibt damit die Selbstfinanzierungskraft des Unternehmens. Entgegen landläufiger Vorstellungen finanzieren die Unternehmen Neuinvestitionen vorwiegend durch erzielte Überschüsse. Die in Europa übliche Bankenfinanzierung und die in den angelsächsischen Ländern bevorzugte Kapitalmarktorientierung spielt angesichts der herausragenden Bedeutung der Innenfinanzierung des Unternehmens nur eine untergeordnete Rolle. Das Cashflow ist dabei für die Finanzstärke eine richtungsweisende Kennzahl.

Das Konzept des Cashflows beruht auf dem Vergleich von Aufwendungen und Erträgen, die als Stromgrößen gegenübergestellt werden. Da im betrieblichen Alltag nicht nur Ein- und Auszahlungen vorherrschen, ist es notwendig, nicht auszahlungswirksame Auf-

3.3 Der Cashflow als Korrekturhilfe

wendungen und Erträge zu berücksichtigen. Bei der indirekten Ermittlung des Cashflows geht man folgendermaßen vor:

Jahresüberschuss
+ nicht auszahlungswirksame Aufwendungen
− nicht auszahlungswirksame Erträge
= Cashflow

Bei der direkten Ermittlung des Cashflows werden nur die auszahlungswirksamen Erträge und Aufwendungen betrachtet, so dass man einen konkreten und detaillierten Einblick in die Liquiditätsentwicklung erhält. In der Praxis wird die indirekte Methode bevorzugt.

Jahresüberschuss/-fehlbetrag
+/− Abschreibungen und Zuschreibungen auf Gegenstände des Anlagevermögens
+/− Zunahme/Abnahme der langfristigen Rückstellungen
= Vereinfachter Cashflow

Der häufig verwandte operative Cashflow gilt als Standardberechnung der wichtigen Kennzahl, dient der exakten Liquiditätsanalyse eines Unternehmens und liegt in dieser Form auch der Kapitalflussrechnung zugrunde.

Der freie Cashflow, der für die DCF-Methode (Discounted-cashflow-Methode) von besonderer Bedeutung ist, wird von dem operativen Cashflow abgeleitet:

Operativer Cashflow
− Tilgungsverpflichtungen
− Ersatzinvestitionen
− Gewinnausschüttung
= Freier Cashflow (free cash flow)

Der freie Cashflow subtrahiert vom operativen Cashflow alle Verpflichtungen, denen das Unternehmen zwingend nachkommen muss. Der verbleibende Wert zeigt auf, welchen finanziellen Spielraum das Unternehmen für weitere Investitionen, die Unternehmensexpansion und für Sondertilgungen hat. Für Analysten, die diesen Wert bei der DCF-Analyse einsetzen, ist es sehr schwer, die genauen freien Cashflows zu erheben, denn sie beruhen immer auf Schätzungen. Trotz dieser Unsicherheit hat sich die DCF-Methode als zuverlässiges Instrument der Aktienanalyse durchgesetzt.

Operativer Cashflow
− Abschreibungen (Ersatzinvestitionen werden mit einbezogen)
− Zusatzinvestitionen in Anlagevermögen
+ Zinsen
= Netto-Cashflow (Discounted Cashflow)

Der in den 1980er Jahren bereits vorgeschlagene Shareholder-Value-Ansatz[116] basiert auf der Idee des Discounted Cashflow. Der Analyst berechnet anhand von Schätzungen, die vor allem die Höhe der Ersatz- und Zusatzinvestitionen betreffen, den Cashflow für mehrere Geschäftsjahre. Der jeweilige Betrag wird mit den Kapitalkosten diskontiert. Bei der DCF-Analyse bleiben Schuldzinsen und die Gewinnausschüttungen unberücksichtigt.

Für die schnelle Bewertung von Aktien eignet sich für Anleger und Investoren besonders der operative Cashflow, den man im Jahresabschluss und der Kapitalflussrechnung vorfindet. Die Einschätzung der Cashflow-Entwicklung ist für eine fundamentale Bewertung einer Aktie von entscheidender Bedeutung. Es besteht nur ein indirekter Zusammenhang zur Gewinnentwicklung eines Unternehmens, da eine Vielzahl von Faktoren (Rechnungslegungsstandards, steuerliche Aspekte) die Entwicklung der beiden Einflussgrößen bestimmt. Eine sorgfältige Aktienanalyse betrachtet daher weniger die absolute Höhe des Cashflows als vielmehr seine Zusammensetzung und die Entwicklung.

Auch die Relation zum Gewinn gestattet nicht immer eine zuverlässige Aussage über den künftigen Aktienkurs eines Unternehmens. Dennoch ist das Kurs-Cashflow-Verhältnis aussagekräftiger als das KGV, da länderspezifische Rahmenbedingungen zu einer stärkeren Beeinflussung der Gewinne führen und so das Resultat verzerren. Insgesamt jedoch ähneln sich die Kenngrößen von KCV und KGV, wobei dem KCV eine höhere Praktikabilität zugesprochen werden muss.

Ein positiver operativer Cashflow spricht für die Selbstfinanzierungskraft und die Dynamik eines Unternehmens, das sich durch eine positive Ertrags- und Finanzlage auszeichnet. Liegt ein positiver operativer Cashflow vor, obwohl das Unternehmen einen Jahresfehlbetrag aufweist, so deutet dies auf die Bildung stiller Reserven hin oder auf höhere Vorsorgeaufwendungen. Für Aktionäre kann dies von Nachteil sein, wenn zu viele stille Reserven gebildet werden, die nicht in die Bewertung des Aktienkurses mit einfließen. In Krisenzeiten können hohe stille Reserven eine Abfederung gegen Risiken sein; da aber stille Reserven im Zweifelsfall nur mühsam und unter hohen Kosten aufgelöst werden können, stellen sie bei einem starken Kursverfall infolge ungünstiger makroökonomischer Bedingungen keinen wirklichen Risikopuffer dar.

Wenn ein negativer operativer Cashflow entstanden ist, obwohl das Unternehmen einen Jahresüberschuss erzielte, dann kann man daraus schlussfolgern, dass ein zunehmendes Netto-Umlaufvermögen

---

[116] Rappaport, A.: Creating Shareholder Value, New York 1986.

3.3 Der Cashflow als Korrekturhilfe

nicht mehr aus eigener Kraft finanziert werden kann. Das Unternehmen ist durch ein „Over-Stretching", eine zu schnelle und unterfinanzierte Expansion, in akuter Gefahr, den Tod durch eine Überexpansion zu erleiden. Wenn nicht durch zusätzliche Finanzierungen oder Desinvestitionen neue Mittel zur Verfügung gestellt werden, kann das Unternehmen scheitern. Besonders für viele neu gegründete Unternehmen ist der Sprung in eine neue Größenklasse mit erheblichen Gefahren und Unwägbarkeiten verbunden. Neben einer Neustrukturierung und einer Umorganisation sind häufig auch neue Finanzierungsformen unerlässlich, die dem drastisch erhöhten Finanzierungsbedarf Rechnung tragen.

Kommt zu einem negativen operativen Cashflow noch ein Jahresfehlbetrag, so zeigt dies, dass das Unternehmen sich in einer Krise befindet und die Ertrags- und Finanzlage eine negative Tendenz aufweist. Aktien solcher Unternehmen erzielen langfristig eine Performance, die unter dem Marktdurchschnitt liegt. Kurzfristig können sich solche „Fallen Angels" jedoch erholen oder eine Turnaround-Situation durchlaufen und damit einen überproportionalen Kurszuwachs verbuchen; die langfristige Perspektive bleibt aber ungewiss, daher eignen sich solche Aktien nicht für konservative und vorsichtige Anleger.

Ein positiver operativer Cashflow kann aber auch nur dann als günstiger Faktor bewertet werden, wenn alle notwendigen Investitionen und die Tilgung der Verbindlichkeiten im Unternehmen bereits finanziert sind. Die Anleger sollten daher auf die genaue Zusammensetzung des operativen Cashflows achten.

Die Cashflow-Betrachtung ist Bestandteil der umfassenden finanzwirtschaftlichen Analyse. Der Cashflow fungiert als hauptsächlicher Indikator für die Finanzkraft eines Unternehmens. Er drückt die Fähigkeit aus, eigenerwirtschaftete Mittel zu reinvestieren, Schulden zu tilgen und Dividenden zu zahlen, ohne auf Kredite oder die Veräußerung von Anlagevermögen wie Immobilien oder Beteiligungen angewiesen zu sein. Der Cashflow erfasst den Umsatzüberschuss, indem er den Einnahmenüberschuss über die laufenden Ausgaben ermittelt. Die tatsächlichen Zahlungseingänge werden berücksichtigt und kreditabhängige Buchungen und Transaktionen, die keine Auswirkung auf die Kasse haben, vollständig ausgeblendet.

Der Vorteil des Cashflows liegt darin, dass die Unternehmen weniger Möglichkeiten haben, die absolute Höhe des Cashflows zu beeinflussen, während Gewinne durch bilanztechnische Operationen erheblich nach unten oder oben korrigiert werden können. Unternehmen, die in der Öffentlichkeit ihr Renommee bewahren oder die seit Jahrzehnten kontinuierlich ausgezahlte Dividende gewährleisten wollen, werden im Zweifelsfall auch Gebäude und Grundstücke sowie Beteiligungen veräußern, nur um einen Gewinn auszuweisen. Auch gibt es bei Forschungsaufwendungen je nach Rechnungslegungsstandard die Möglichkeit, solche Produktentwicklungskosten oder Zinszahlungen in der Gewinn- und Verlustrechnung geltend zu machen oder in der Bilanz zu aktivieren. Dies hat beträchtliche Auswirkungen auf die Höhe des Gewinns. Der Cashflow gibt die Gewinnsituation genauer wieder. Wenn beispielsweise ein realer Verlust eintritt, kann das Unternehmen nur dann noch einen Gewinn ausweisen, wenn die Abschreibungen über den Verlusten liegen.

Der Cashflow liefert ein realitätsnahes Bild der Finanz- und Ertragslage eines Unternehmens. Die vorhandene Liquidität ist für die Weiterexistenz eines Unternehmens von maßgeblicher Bedeutung. Der operative Cashflow dient letztlich dazu, die Steuern zu begleichen und die Dividende zu bezahlen. Unternehmen, die ihre Dividende aus den Rücklagen und den vorhandenen liquiden Mitteln bestreiten müssen, haben langfristig ungünstige Zukunftsperspektiven. Dividende sollte stets nur aus einem positivem Cashflow aufgebracht werden. Unternehmen, die die Dividende durch die Veräußerung von Anlagevermögen oder durch Kreditaufnahmen finanzieren, haben später nicht genügend Liquidität, um langfristige und zukunftswichtige Neuinvestitionen zu finanzieren.

Die Nettoinvestitionsdeckung ist für die Aktienanalyse von entscheidender Bedeutung, denn sie zeigt auf, ob das Unternehmen in der Lage ist, seine Investitionen und damit sein expansives Wachstum aus eigener Kraft mit Hilfe des operativen Cashflows zu finanzieren. Stark wachsende Unternehmen, denen es gelingt ihr Wachstum aus der eigenen Dynamik zu finanzieren, sind besonders lukrative Titel am Aktienmarkt.

Der Anleger sollte bei der Analyse beachten, dass die Kennzahl nur die Vergangenheit widerspiegelt. Bei vielen Unternehmen gibt es eine Art Expansionsschwelle, wenn das Unternehmen eine gewisse Größenklasse überschreitet. Um die weitere Expansion problemlos bewältigen zu können, benötigt das Unternehmen dann meist Fremdmittel, um dem gestiegenen Finanzbedarf noch gerecht zu werden. Anleger sollten daher zusätzlich die Höhe der Fremdkapitalquote und die Entschuldungsdauer prüfen, um eine objektive Übersicht über die Gesamtlage zu erhalten. Zur genaueren Analyse ist es empfehlenswert, die Wachstumsquote zu berechnen, um sich ein umfassendes Bild der Unternehmenslage zu verschaffen.

Die Investitionsquote ist dabei ein wichtiger Bewertungsmaßstab. Die Nettoinvestitionen ergeben sich aus der Saldierung der Zugänge

3.3 Der Cashflow als Korrekturhilfe

und Abgänge beim Sachanlagevermögen. Die Investitionsquote beschreibt die Relation von Nettoinvestitionen in das Sachanlagevermögen und den historischen Anschaffungs- oder Herstellungskosten des Sachanlagevermögens zu Beginn des Geschäftsjahres. Die entsprechenden Abgänge kann der Anleger aus dem Anlagenspiegel des Jahresabschlusses entnehmen.

Die Investitionsquote bezieht sich auf das Ausmaß und den Umfang der bisherigen Investitionstätigkeit. Je innovativer und zukunftsorientierter ein Unternehmen ist, desto höher steigt die Investitionsquote, die gerade für Unternehmen mit einem hohen Wachstum charakteristisch ist. Jedoch wird bei der Berechnung nicht zwischen Ersatz- und Erweiterungsinvestitionen unterschieden. Vorsicht sollten die Anleger walten lassen, wenn die Abschreibungsquote sinkt und auch die Investitionsquote fällt. Diese Entwicklung deutet auf bevorstehende Verluste oder eine deutliche Verlangsamung und eine erkennbare Stagnation des Wachstums hin.

Weiteren Aufschluss über die Liquiditätsentwicklung gibt auch das so genannte Lieferantenziel. Das Lieferantenziel erläutert, wie viele Tage ein Unternehmen benötigt, um sämtliche vorhandenen Lieferantenverbindlichkeiten abzubauen. Die Kennzahl bezieht sich auf die Zahlungsfähigkeit und die Zahlungsbereitschaft des Unternehmens. Ein niedriges Lieferantenziel deutet darauf hin, dass Lieferantenverbindlichkeiten unverzüglich bezahlt werden, was für eine hohe Liquidität und eine ausgeprägte Zahlungsbereitschaft des Unternehmens spricht. Durch die schnelle Bezahlung kann sich das Unternehmen Skonti sichern und bessere Konditionen aushandeln. Längere Durchlaufzeiten wirken sich mit Verzögerung auch auf das Lieferantenziel aus.

Das Working Capital ermittelt den Anteil des kurzfristig eingesetzten Vermögens, der nicht durch kurzfristige Schulden finanziert ist. Dieser Anteil kann daher für die Tilgung oder für weitere Investitionen eingesetzt werden. Ein hohes Working Capital ist daher ein positives Signal, das für eine hohe Liquidität des Unternehmens spricht. Die Zielsetzung des Unternehmens wird es sein, die Kapitalbindung zu senken und sich so mehr Liquidität zu erhalten.

Die Cashflow-Rechnung bezieht sich auf den gleichen Zeitraum wie die Gewinn- und Verlustrechnung und beschreibt die Bewegungen beim Kassenbestand und die Entwicklungen bei der Kreditaufnahme des Unternehmens. Deshalb eignet sie sich besonders zur Beurteilung und Einschätzung der Liquidität und der Finanzkraft eines Unternehmens. Gute Gewinne sollten daher immer von einem steigenden Cashflow begleitet sein. Solide Unternehmen sollten zudem einen jährlichen Zuwachs bei der Cashflow-Entwicklung zeigen.

An einem Beispiel soll das Erläuterte konkretisiert werden; wir vergleichen im Folgenden die verschiedenen Cashflows von Unternehmen aus der Automobilbranche.

Unternehmen	Cashflow je Aktie	Kurs-Cashflow-Verhältnis
BMW	6,68	5,29
Daimler-Chrysler	16,36	2,17
Porsche	57,59	9,37
VW	22,71	1,46

Abbildung 5: Cashflows ausgewählter Unternehmen der Automobilbranche
(Quelle: Börse Online 39/2004)

Wie Abbildung 5 verdeutlicht, weichen die KCVs der einzelnen Automobilwerte erheblich voneinander ab. Von den vier Titeln weist VW mit Abstand das günstigste Kurs-Gewinn-Verhältnis auf, d. h. der pro Aktie erzielte Umsatzüberschuss ist bei den Wolfsburgern am höchsten. Dennoch darf eine sorgfältige und umfassende Aktienanalyse nicht die allgemeine Gewinn- und Cashflow-Entwicklung außer Betracht lassen. Weder Daimler-Chrysler noch VW haben sich aufgrund von Marktproblemen und unternehmenspolitischen Fehlentscheidungen in den letzten Jahren sonderlich gut entwickelt. Das niedrige KCV deutet nur auf die niedrige Einschätzung durch die Marktbeobachter hin.

Ein günstiges Kurs-Cashflow-Verhältnis kann nur dann als positives Signal eingestuft werden, wenn die betreffende Aktie eine relative Stärke gegenüber dem Gesamtmarkt aufweist und keine hohen Kurseinbußen hinnehmen musste. Wie auch bei der Bewertung des KGV hat in dem Quotienten der Nenner die ausschlaggebende Bedeutung. Ist das KCV nur deshalb billig, weil der Kurs der Aktie über Monate fiel, dann ist Vorsicht angebracht. Die Konsolidierungsphase könnte noch nicht abgeschlossen sein und weitere Gewinnmitnahmen in den Folgemonaten auslösen.

Die Cashflow-Analyse wurde aufgrund ihres zentralen Stellenwerts bei der Vergleichbarkeit von finanzwirtschaftlichen Analysen durch neue Konzeptionen wie die DCF-Methode (Discounted Cashflows) erweitert. In der Kapitalflussrechnung wird zwischen „Operating", „Investing" und „Financing" Cashflow unterschieden.[117] Informationen über die Herkunft und die spätere Verwendung von Zahlungseingängen und -ausgängen aus der operativen Geschäftstätigkeit haben erhebliche Vorteile für die Prognose von Cashflows. Darüber

---

[117] Gibson, C.: Financial Statement Analysis, 7. Aufl. Cincinnati 1998, S. 477–478.

3.3 Der Cashflow als Korrekturhilfe

hinaus ermöglichen sie die genauere Einschätzung der Liquidität, der finanziellen Spielräume und der einzelnen Risiken. In der Analysepraxis werden eine Vielzahl unterschiedlicher Kennzahlen zur Beurteilung eines Unternehmens im Zeitablauf herangezogen. Hierzu gehören das Verhältnis von operativem Cashflow zu den fälligen Verpflichtungen aus langfristigen Verbindlichkeiten und den aktuellen Zahlungen. Dieser Indikator zeigt das finanzielle Potenzial des Unternehmens auf, den anstehenden Verpflichtungen termingerecht nachzukommen.

Ein anderer Indikator bezieht sich auf das Verhältnis des operativen Cashflows zu den Gesamtverbindlichkeiten. Dieser Indikator veranschaulicht, ob das Unternehmen die bestehenden Gesamtverbindlichkeiten aus dem jährlichen zufließenden Cashflow bestreiten kann.[118] Die moderne Kapitalflussrechnung liefert zusätzlich wichtige Informationen über die Auswirkungen von Investitions- und Finanzentscheidungen.[119] Der frei verfügbare Cashflow (FCF) dient als maßgebliche Grundlage für verschiedene, komplexe Bewertungsmodelle. Der freie Cashflow beziffert die verfügbaren finanziellen Mittel, die nach der Begleichung der fälligen Verpflichtungen zur weiteren Verwendung dem Unternehmen zur Verfügung stehen. Hohe freie Cashflows spiegeln die hohe Finanzkraft des Unternehmens wider, da mehr finanzielle Mittel für das zukünftige Unternehmenswachstum, technologische Innovationen und Dividendenzahlungen bereitstehen.[120]

Der Cashflow ist weniger von den jeweiligen landesspezifischen und situativen Rahmenbedingungen abhängig. Die unterschiedlichen, selbst innerhalb eines Rechnungslegungssystem möglichen Spielräume bei den Bilanzierungs- und Bewertungsmethoden machen sich weniger bemerkbar, da die Cashflow-Analyse auf einer liquiditätsorientierten Rechnung beruht.[121]

3.3.2 Die KCV-Strategie für den Anleger

Anleger sollten darauf achten, dass der Cashflow eines Unternehmens über Jahre kontinuierlich ansteigt und dass die Dividendenzahlungen aus dieser Innen-Refinanzierungskraft des Unterneh-

---

[118] Gibson, C.: Financial Statement Analysis, 7. Aufl. Cincinnati 1998, S. 486–487.
[119] White, Gerald I.; Sondhi, Ashwinpaul C.; Fried, Dov: The Analysis and Use of Financial Statements, 2. Aufl. New York 1998, S. 104.
[120] White, Gerald I.; Sondhi, Ashwinpaul C.; Fried, Dov: The Analysis and Use of Financial Statements, 2. Aufl. New York 1998, S. 105.
[121] White, Gerald I.; Sondhi, Ashwinpaul C.; Fried, Dov: The Analysis and Use of Financial Statements, 2. Aufl. New York 1998, S. 106.

mens erfolgen. Der Cashflow ist auch maßgeblich für die Beurteilung der Liquidität und der Zukunftssicherung. Ein Kurs-Cashflow-Verhältnis sollte nicht nur „optisch" günstig sein – etwa bedingt durch einen erheblichen Kursverfall –, sondern die vorteilhafte Bewertung der Aktie sollte durch einen steigenden Cashflow zustande kommen. Neben einem niedrigen Kurs-Cashflow-Verhältnis sollte der Anleger auf jeden Fall die Gewinnentwicklung, die Positionierung des Unternehmens und andere wichtige Kennzahlen zur Analyse heranziehen. Als alleiniger Faktor ist das Kurs-Cashflow-Verhältnis zur Bewertung einer Aktie nicht geeignet.

Das KCV hat nur den Vorteil, dass es Verzerrungen, die bei der Berechnung des Gewinns und die in das Kurs-Gewinn-Verhältnis mit einfließen, neutralisieren kann. Wie nachhaltig dieser Effekt ist, geht aus einer Untersuchung von Goldman Sachs Research[122] hervor: Während bei dem KGV in den USA und Japan eine Differenz von 19,5 Punkten besteht, verringert sich dieser Unterschied bei dem Cashflow auf 3,0 Punkte.

3.3.3 Ergebnisse der Kapitalmarktforschung zum KCV

Aktien, die ein besonders günstiges Kurs-Cashflow-Verhältnis besitzen, haben eine monatliche Rendite von durchschnittlich 1,62 Prozent, während Aktien mit einem ungünstigen Kurs-Cashflow-Verhältnis mit einer monatlichen Rendite von 0,73 Prozent ein gravierend schlechteres Ergebnis erzielen. In einer empirischen Studie von Hawawini und Keim[123] wurde festgestellt, dass Aktiengesellschaften mit einem negativen Cashflow überdurchschnittliche Renditen erzielen (durchschnittlich 1,32 Prozent pro Monat).
Die Investoren sollten dieses Ergebnis jedoch kritisch betrachten: Kein Unternehmen kann langfristig mit einem negativen Cashflow bestehen, da die Liquidität fehlt. Die Gefahr der Insolvenz ist somit überproportional groß. Bei diesen Werten handelt es sich daher bestenfalls um Turn-around-Werte, deren Zukunftsaussichten vage und ungewiss sind. Für langfristig und konservativ orientierte Anleger sind solche Aktien ungeeignet, da sie das Risiko eines Totalverlusts in sich bergen.
Die Anleger sollten vielmehr auf Aktien achten, die sich durch ein günstiges Kurs-Cashflow-Verhältnis auszeichnen. Andere Kennzahlen – wie etwa aus dem Bereich der Rentabilität – müssen bei einer ausgewogenen und sorgfältigen Aktienanalyse unbedingt berücksichtigt werden.

---

[122] Goldman Sachs Research, 1990.
[123] Hawawini, G.; Keim, D. B.: On the Predictability of Common Stock Returns: Worldwide Evidence. Working Paper, University of Pennsylvania.

3.4 Die Bedeutung der Überrendite und des Größeneffekts

Der Größeneffekt, der in den 1980er Jahren in den USA entdeckt wurde, spielt in heutigen Anlagestrategien eine bedeutende Rolle, und es gibt zahlreiche, neu aufgelegte Investmentfonds, die dieser Strategie folgen. Der Größeneffekt, der auch als Size Effect oder Small-Cap-Effect bezeichnet wird, besagt, dass Aktiengesellschaften mit einer geringeren Börsenkapitalisierung eine höhere Rendite haben. Dieser scheinbar so simple Zusammenhang hat in der Kapitalmarktforschung große Resonanz gefunden. Die Entdeckung dieses Effekts gilt als ein wichtiger Fortschritt in der Forschung. Obwohl der Größeneffekt bereits in den 1980er Jahren von Banz[124] beschrieben wurde, wurde die Veröffentlichung „The Cross-Section of Expected Stock Returns" von Fama und French im Jahre 1992 zum Fanal für eine ganze Reihe von weiteren Untersuchungen und Investmentstrategien.

Die beiden Experten fanden in einer empirischen Untersuchung heraus, dass die Aktien in den USA in den Jahren von 1941 bis 1990 in ihrer Rendite ein klares Muster aufweisen: Aktiengesellschaften mit der geringsten Börsenkapitalisierung erzielen eine monatliche Durchschnittsrendite von 1,78 Prozent, während große Aktiengesellschaften nur 0,95 Prozent erreichen. Stuft man die Aktien nach graduell abfallenden Größenklassen ein, so zeigt sich ein evidenter Zusammenhang zwischen der Marktgröße eines Unternehmens und der Rendite. Dieser Effekt ist noch stringenter und empirisch deutlicher als der KGV-Effekt, wenn es um die Erzielung von Überrenditen geht. Kleine Aktiengesellschaften haben im Vergleich zu den großen Unternehmen eine fast doppelt so hohe durchschnittliche Rendite.

In den 1990er Jahren führt dies zu einer Vielzahl von neuen Investmentfonds, die sich vor allem auf die Aktiengesellschaften mit geringer Börsenkapitalisierung konzentrieren. Diese Small Caps (abgeleitet von „small capitalization" – geringer Börsenkapitalisierung) zeichnen sich durch Innovationsfähigkeit und Flexibilität aus. Während die großen Standardwerte – die Blue Chips – aufgrund ihrer Größe zur Bürokratie und zur Trägheit neigen, haben Klein- und mittelständische Unternehmen mehr Möglichkeiten, sich geschickt und aktiv den wirtschaftlichen Rahmenbedingungen anzupassen. Die Entscheidungswege sind kürzer und die Notwendigkeit, eine

---

[124] Banz, R. W.: The Relationship between Returns and Market Value of Common Stock. Journal of Financial Economics, 9 (1981), S. 3–18.

angemessene Eigenkapitalrendite zu erreichen, ist viel größer als bei Konzernen, die selbst unrentable Tochtergesellschaften über Jahrzehnte quersubventionieren können. Besonders für Aktionäre ist die Eigenkapitalrendite von Bedeutung, denn sie veranschaulicht, wie das Kapital des Aktionärs eingesetzt und verzinst wurde.[125]

Diese herausragende Stellung der Small Caps spiegelt sich auch in der Entwicklung des MDAX, der die Aktiengesellschaften mit mittlerer Kapitalisierung umfasst, und des SDAX wider. Man unterscheidet folgende Kategorien: Die Zweiteilung in Standard- und Nebenwerte bezieht sich vorwiegend auf ein Börsensegment. Standardwerte sind vor allem jene Aktien, die im wichtigsten Index eines Landes gelistet sind – in Deutschland sind dies die DAX-Werte und in den USA die dem Dow Jones Industrial zugeordneten Aktien, wenngleich der Dow Jones einige historische Besonderheiten hat, die eine Repräsentation aller Branchen verhindert. Unter Nebenwerten versteht man eher die Aktien, die in einem untergeordneten Aktienindex verzeichnet sind – wie etwa dem MDAX, dem SDAX oder dem NASDAQ 100.

Blue Chips ist die allgemeine Bezeichnung für Aktien mit großer Börsenkapitalisierung. Sie gelten als die Protagonisten einer Wirtschaft und spiegeln deren Einfluss und Ansehen wider. Die Blue Chips eines Landes sind so bekannt, dass die meisten Befragten sofort ein Produkt oder eine Dienstleistung nennen können, die mit diesem Wert verbunden ist. Die meisten Blue Chips sind im wichtigsten Index eines Landes enthalten, daher ist ihr Begriff synonym mit den Standardwerten. Standardwerte galten früher als sicher und wertbeständig – sie sind die Aktien, die von allen führenden Bankhäusern, Brokern und Investmentgesellschaften sorgfältig analysiert werden. Sie zeichnen sich durch eine hohe Marktgängigkeit und beachtliche Umsätze aus. Noch vor einigen Jahren galten Standardwerte ironisch als „Witwen- und Waisenpapiere", da sie eine relativ überdurchschnittliche Dividendenrendite und eine geringere Volatilität haben – was früher insbesondere für Versorgungsunternehmen der Elektrizitäts- und Wasserwirtschaft und für die Pharmaindustrie galt.

Inzwischen haben auch die Blue Chips viel von ihrem einstigen Glanz eingebüßt. Es ist zwar unwahrscheinlich, dass diese großen und renommierten Aktiengesellschaften Insolvenz anmelden müssen, dafür aber sind die Wertentwicklungen im Vergleich zu anderen Börsensegmenten unterdurchschnittlich. Eine bedenkliche Unternehmenspolitik, die eine unzulängliche Orientierung erkennen

---

[125] Coenenberg, A.: Jahresabschluß und Jahresabschlußanalyse, 15. Aufl. Landsberg 1994, S. 612.

lasst, führt zu Gewinnbeeinträchtigungen und einer unzureichenden Positionierung auf den Weltmarkten. Daimler-Chrysler beispielsweise hat in den siebziger und achtziger Jahren das Leitbild eines integrierten Technologiekonzerns verfolgt, der vom Auto über Staubsauger und Mobilfunk bis zum Düsenjet alles herstellte. Diese Hansdampf-in-allen-Gassen-Strategie führte immer mehr ins Abseits, so dass mit den neunziger Jahren eine Rückbesinnung auf die Kernkompetenzen einsetzte, die in die Vision eines innovativen Weltkonzerns mündete. Doch auch die Synergien, die man sich beim Zusammengehen mit Chrysler erhoffte, blieben weitgehend aus.

Die Pannen der großen Aktiengesellschaften sind inzwischen allgemein bekannt. Die Behäbigkeit altehrwürdiger Konzerne und Großunternehmen führt zu einer Lähmung der Innovationsfähigkeit. An die Stelle von Innovation und Ideenreichtum treten Bürokratie, Schwerfälligkeit und mangelnde Wahrnehmungsfähigkeit. Kundenkritik wird lange Zeit ignoriert, neue Trends auf den Weltmärkten werden verpasst und Besitzstandswahrung wird zum unerklärten Ziel.

3.4.1 Die Sonderstellung der Nebenwerte: Chance und Risiko

Kleine Unternehmen haben demgegenüber den Vorteil, dass sie schneller auf Veränderungen reagieren können. Standardwerte gleichen Langstreckenläufern, die zwar meist ihr Ziel erreichen, aber dafür längere Zeit benötigen, während die Small Caps den Sprintern ähneln, auch wenn mancher Sprinter mangels Kondition auf der Strecke bleibt.

Dennoch sollte man auch die Nebenwerte kritisch betrachten, denn ihre geringe Größe führt zu Problemen anderer Art. Viele dieser Nebenwerte, die man in Mid Caps (Aktiengesellschaften mittlerer Börsenkapitalisierung) und in Small Caps untergliedern kann, weisen an den Börsen nur geringe Umsätze auf, so dass sie für viele Investmentgesellschaften und Pensionsfonds von vornherein ausscheiden. Viele Investmentfonds kaufen Unternehmen erst ab einer Börsenkapitalisierung von mindestens 50 Millionen €. Darüber hinaus haben solche Nebenwerte ein weitaus größeres Insolvenzrisiko, das für den Anleger einen Totalverlust des eingesetzten Kapitals nach sich ziehen kann.

Man sollte daher eine differenzierte Betrachtung bevorzugen: Einige der Nebenwerte sind Technologieaktien, die häufig kaum Gewinn abwerfen. Die hohen Verbindlichkeiten und ein unzulängliches Geschäftsmodell kennzeichnen solche Gesellschaften. Bei ihnen ist die Kursentwicklung meist abhängig von einer gewissen Börseneuphorie, wie sie sich Ende 1999 und zu Anfang des Jahres 2000 zeigte.

Anleger sollten bedenken, dass eine Aktiengesellschaft, die über mehrere Jahre nur Verluste vorweisen kann, keinesfalls ein seriöses Investment ist. Die zahllosen Dot.com-Werte des Neuen Marktes waren mehr durch ihre Cash-burn-Rate aufgefallen als durch Gewinne. Als im Frühjahr 2000 die ersten „Todeslisten" von Brokern veröffentlicht wurden, brach eine Panik aus, die dazu führte, dass der NEMAX komplett abstürzte. In manchen Unternehmen gab es noch nicht einmal eine Buchhaltung und auch die meisten Gewinnprognosen gingen völlig an der Realität vorbei.

Andere Nebenwerte dagegen erwiesen sich als äußerst gewinnträchtig; meist handelt es sich um konservativ geführte Familienunternehmen mit einem lukrativen Geschäftsmodell. So ist es nicht verwunderlich, dass Unternehmen wie Porsche und Boss zu den attraktiven Nebenwerten zählen. Unternehmen wie Bijou Brigitte, Bechtle oder Fuchs Petrolub weisen eine stabile Gewinnentwicklung auf.

Neben diesen Vorzeigewerten sind die ganz kleinen Aktiengesellschaften oft durch eine gewisse Trägheit charakterisiert, die außerordentliche Wertentwicklungen verhindert. Als Nischenunternehmen von regionaler oder lokaler Bedeutung spielen sich nur eine völlig untergeordnete Rolle. Aufgrund ihrer geringen Börsenkapitalisierung werden sie von den Investmentgesellschaften und Analysten ignoriert.

Anleger sollten allzu marktenge Werte meiden, da sie bei einem plötzlichen Kurssturz oder einem Crash aufgrund der mangelnden Marktgängigkeit kaum schnell zu veräußern sind. Darüber hinaus werden Familienunternehmen häufig von Erbauseinandersetzungen und Streitigkeiten innerhalb der Familie heimgesucht. Viele mittelständische Unternehmen haben Probleme bei der Besetzung der Geschäftsführung, da der eigene Nachwuchs oft eigene Berufs- und Karrierevorstellungen hat.

Der Größeneffekt lässt sich für Investoren und Anleger nur dann sinnvoll nutzen, wenn eine genaue und umfassende Prüfung der Bonität, der Umsätze, der Gewinnentwicklung und der Börsenumsätze erfolgt. Werte mit zu geringem Streubesitz stellen grundsätzlich ein fragwürdiges Investment dar, da schon eine beiläufige Empfehlung in Publikationen und Medien dazu führen kann, dass der Aktienkurs sprunghaft nach oben schnellt und ebenso rapide wieder fällt. Eine genaue Abwägung der vorhandenen Chancen und Risiken ist deshalb unabdingbar.

3.4 Die Bedeutung der Überrendite und des Größeneffekts

Insgesamt kann man die Nebenwerte folgendermaßen klassifizieren:

- Wachstumswerte in Nischenmärkten (z. B. Porsche, Fuchs Petrolub, Boss)
- Regional- und Lokalwerte (z. B. Deutsches Steingut)
- Familienunternehmen (z. B. Rosenthal)
- Technologiewerte (z. B. Quiagen)

Insgesamt betrachtet ist es vorteilhafter, Substanz- oder Wachstumswerte in Nischenmärkten zu wählen, die kontinuierliche Gewinnsteigerung über mehrere Jahre aufweisen und sich durch eine hohe Eigenkapitalrendite auszeichnen.

Der Größeneffekt ist empirisch eindeutig nachgewiesen und trägt in einem entsprechend ausgerichteten Portfolio zu Überrenditen bei. In einer Untersuchung von Ibbotson Associates von 1991[126] wurde festgestellt, dass der S&P500, der die fünfhundert wichtigsten US-amerikanischen Werte umfasst, in den Jahren von 1926 bis 1990 eine Durchschnittsrendite von 12,1 Prozent erzielte. Schon allein diese Wertentwicklung ist außergewöhnlich, wenn man bedenkt, dass in diesen Zeitraum mehrere dramatische Ereignisse wie die Weltwirtschaftskrise[127] von 1929, der Zweite Weltkrieg, der Korea- und der Vietnamkrieg sowie die Ölkrisen der siebziger Jahre fielen. Mit Aktien geringer Börsenkapitalisierung hätte man im gleichen Zeitraum eine Durchschnittsrendite von 17,1 Prozent erhalten.

> Dies macht immerhin einen Unterschied von 5 Prozentpunkten aus. Ein Investor, der im Jahre 1926 1.000 US-Dollar in den Aktien des S&P500 angelegt hätte, hätte 1990 aufgrund des Zinseszinseffektes über ein Vermögen von 244.130 US-Dollar verfügen können unter der Voraussetzung, dass alle ausgeschütteten Dividenden wieder reinvestiert worden wären. Hätte der Anleger indes 1.000 US-Dollar in kleine Aktiengesellschaften angelegt und sich somit den Größeneffekt zunutze gemacht, wäre sein Vermögen bei der regelmäßigen Wiederanlage aller Ausschüttungen auf 339.595 US-Dollar im Jahre 1990 angewachsen.

Derartige Musterrechnungen, die viele neue Börsianer erstaunen, sind natürlich mit einigen Vorbehalten zu versehen. Der S&P500-Index wies in dem beschriebenen Zeitraum eine Streuung von 20,8 auf, während sich Small Caps mit einer Streuung von 35,4 als wesentlich volatiler herausstellen. Diese Schwankungsbreite verdeutlicht, dass kleine Aktiengesellschaften risikobehafteter sind, da sie in kürzester Zeit sehr stark ansteigen, aber auch drastische Kurseinbußen mit sich bringen können. Hinzu kommt, dass es im Jahre

---
[126] Ibbotson Associates: Yearbook, Chicago 1991.
[127] Galbraith, J. K.: Der große Crash 1929, München 1989.

1926 fast unmöglich gewesen wäre, einen solchen Index nachzubilden.

Der S&P500, der sich immerhin aus 500 verschieden gewichteten Aktiengesellschaften zusammensetzt, lässt sich für Privatanleger kaum sinnvoll nachbilden, zumal erhebliche Gebühren dabei anfallen. Da jeder Index laufend umgestellt wird, d. h. einzelne Aktien verlassen den Index, während andere neu hinzukommen, wäre eine solche Indexnachbildung mit erheblichen Kosten und Gebühren verbunden. Im Jahre 1926 wäre dieses Unterfangen fast aussichtslos gewesen. Analog gilt dies auch für einen Small-Cap-Index, den es in den 1920er Jahren noch nicht gab.

Anleger und Investoren heutzutage haben es in dieser Hinsicht einfacher, denn seit den 1990er Jahren und in Deutschland seit der Jahrtausendwende nimmt die Zahl der emittierten Zertifikate zu. In den letzten Jahren sind eine Fülle von Indexzertifikaten auf den Markt gebracht worden, die alle denkbaren Indizes der Weltmärkte abbilden. Neben dem DAX, dem MDAX und dem TecDAX gibt es auch Zertifikate, die sich auf den japanischen Nikkei- und Topix-Index sowie auf Nordamerika, die Schwellenmärkte und Asien beziehen.

Eine indexorientierte Anlagestrategie ist daher leicht und ohne große Kosten umsetzbar. Die in den Anfängen noch populären Indexfonds haben an Bedeutung verloren, da bei jeder Umgestaltung eines Index auch die Fondsmanager Aktien abstoßen und andere neu erwerben müssen. Angesichts der dabei entstehenden Kosten sind Indexzertifikate wesentlich preisgünstiger. Einige Anleger können aus diesem Zusammenhang sogar Nutzen ziehen: Gilt eine Aktiengesellschaft als kommender Favorit für die Aufnahme in einen Index, so werden viele Indexfonds und Pensionsfonds den Wert ordern, um die Neustrukturierung des Index nachzuvollziehen. Der jeweilige Aktienkurs steigt meist schon einige Wochen vor der Umstellung des Aktienkurses. Werte, die hingegen aus einem Index fallen, müssen Kursverluste hinnehmen.

Obgleich professionelle Investoren bisweilen die indexorientierte Anlagestrategie als langweilig belächeln, ist sie dennoch der beste Weg, um die Performance der meisten Investmentfonds zu übertrumpfen. Viele Investmentgesellschaften kennen diese Tatsache, deshalb wird in den Geschäftsberichten meist ein Benchmark angesetzt, der nur unzulänglich dem verwalteten Portfolio entspricht. Ein Investmentfonds, der sich auf Small Caps spezialisiert hat, wird – wenn er die Gewinnentwicklung schönen will – als Vergleichsmaßstab den DAX wählen. Viel sinnvoller und angemessener wäre der MDAX, der SDAX oder TecDAX – je nach Fondszusammenset-

3.4 Die Bedeutung der Überrendite und des Größeneffekts

zung. Anleger sollten daher beim Benchmarking verstärkt darauf achten, dass der zugrunde gelegte Vergleichsmaßstab dem Schwerpunkt und der Asset-Struktur des Investmentfonds gerecht wird. Darüber hinaus sollte die angegebene Renditeentwicklung kritisch hinterfragt werden. Der scheinbar so objektive Begriff der Rendite sagt nur wenig aus, da er sich vielfältig definieren lässt. Rendite kann sich auf die Wertentwicklung ohne Berücksichtigung des Ausgabeaufschlags und der Managementgebühren beziehen. Da bei Aktienfonds der Ausgabeaufschlag immerhin in der Regel 5 Prozent oder gar 5,5 Prozent beträgt und eine jährliche Managementgebühr in Höhe von mindestens einem Prozent fällig wird, kann die berechnete Rendite sich beträchtlich unterscheiden. Weitere Gesichtspunkte für Anleger sind die Depotgebühren, auch wenn diese nur im Promillebereich liegen, die mögliche Inflation, die anfallenden Steuern und sonstige Gebühren. Die in den Prospekten angeführte Rendite sollte daher kritisch überprüft und deren Berechnungsgrundlage ermittelt werden. Es ist den Anlegern zu empfehlen, die Rendite nach den eigenen Voraussetzungen zu korrigieren.

Die indexorientierte Anlagestrategie, die sich als kostengünstige Alternative anbietet, ist jedoch bislang zu wenig erprobt. Für einen Anlagehorizont von 20, 30 oder gar 40 Jahren, wie er in der Altersvorsorge üblich ist, ist die Eignung von Zertifikaten umstritten, denn deren Sicherheit hängt aufgrund ihres Anleihencharakters letztlich von der Bonität und dem Rating der Emissionsbank ab. Eine Prognose über die Zahlungsfähigkeit einer Bank im Jahre 2040 wagt niemand zu geben.

Bei der Modellrechnung von Ibbotson Associates wird sehr schnell klar, dass es sich hierbei um eine rein fiktive Modellrechnung handelt: Ein Anleger im Jahre 1926 hätte weder den S&P500 noch einen imaginären Small-Cap-Index nachbilden können. Indexzertifikate gab es nicht und eine individuelle Indexbildung wäre aufgrund der unterschiedlichen Gewichtungen und der Fluktuation mit hohen Gebühren verbunden gewesen. Selbst wenn der Anleger auf Einzelaktien ausgewichen wäre und man das Problem des Stockpicking vernachlässigt, gäbe es ein weiteres Problem. In einer Modellbetrachtung hat man den DAX, den es erst seit dem 31.12.1987 gibt, bis zum Jahre 1970 zurückverfolgt. In der Regel ist eine solche Rückwärtskalkulation nahezu unmöglich. Denn viele der heute bekannten Aktien gab es damals noch nicht; und Aktien, die damals populär und gängig waren, sind meist bereits nach zehn Jahren vom Kurszettel verschwunden. Dies liegt nicht nur an Insolvenzen, die durchaus auftreten können, sondern auch an der Zahl der zunehmenden Akquisitionen, Fusionen und Beteiligungen.

Ein Anleger, der im Jahre 1926 auf Einzelwerte setzte, müsste selbst dann fortlaufend Käufe und Verkäufe vornehmen. Für viele Investoren und Anleger wäre diese Strategie nur dann umsetzbar gewesen, wenn sie in einem stabilen Land wie den USA, Kanada, Australien, der Schweiz oder Schweden gelebt hätten. Ein Großteil der Menschheit hätte nie Zugang zu solchen Möglichkeiten gehabt: weder in den Kolonien in Afrika und Asien noch in totalitären Staaten. Selbst in Deutschland hätte der Anleger zur Zeit der Weltwirtschaftskrise bei der nachfolgend hohen Arbeitslosigkeit von sechs Millionen wohl kaum den Mut aufgebracht, 1.000 US-Dollar in Small Caps zu investieren. Damals entsprach diese Summe einem mehrfachen Jahresgehalt eines Fabrikarbeiters. Während der NS-Zeit war Aktienbesitz anmeldepflichtig; die Anleger, die bereits damals Aktien in der Girosammeldepotverwaltung hatten und keine effektiven Stücke in einem Safe verwahrten, hatten nach 1945 Pech, denn die Reichsbank mit samt den Aktienbeständen gehörte zur Berliner Ostzone und unterstand den Sowjets. Selbst Anleger, die effektive Stücke im Westen besaßen, entgingen zwar der Währungsreform, da Aktien als Unternehmensanteile keiner Abwertung 1 : 10 unterlagen, aber sie mussten bis 1959 warten, als der Aktienboom infolge des Wirtschaftswunders begann.

Bedenkt man diese Umstände und Unwägbarkeiten, ist eine Anlagestrategie, die sich über einen Zeitraum von 1926 bis 1990 erstreckt, illusorisch. Zur Illustration und zur Denkanregung ist sie aber dennoch nützlich.

Der Größeneffekt ist in der empirischen Kapitalmarktforschung im Vergleich zu den anderen Überrenditeeffekten derjenige, der die stärkste Aussagekraft und Evidenz besitzt. Während beim KGV-Effekt und beim Kurs-Cashflow-Verhältnis durchaus statistische Ausreißer und Unregelmäßigkeiten auftreten, die auf andere Faktoren zurückzuführen sind, erweist sich der Größeneffekt als eindeutig. Wegen dieser Sachlage kam es in den neunziger Jahren zu einer kaum unüberschaubaren Fülle von Neuemissionen bei den Investmentfonds. Das Markenzeichen „Small Cap" wurde zum Gütesiegel für hohe, überdurchschnittliche Rendite, wenngleich auch die Volatilität überproportional anstieg. Viele Investmentfonds, die sich auf Nebenwerte konzentrieren, weisen beträchtliche Kursschwankungen auf. Umstritten ist auch, ob der Größeneffekt generell gilt, denn es könnte Börsenphasen oder Jahrzehnte geben, in denen die Standardwerte eine bessere Performance hinlegen.

3.4.2 Was sind die Ursachen des Größeneffekts?

Was ist nun die Ursache für den Größeneffekt? Eine relativ plausible Antwort wäre, dass kleine Aktiengesellschaften mit einem höheren Insolvenz- und Gewinnrisiko verbunden sind. Während Blue Chips relativ selten zahlungsunfähig werden, können kleine Unternehmen anfällig für Liquiditätsengpässe sein, zumal viele Klein- und mittelständische Unternehmen nur über eine geringe Eigenkapitalausstattung verfügen. In Deutschland liegt die Eigenkapitalbasis erheblich unter der anderer OECD-Staaten. Die hohe Kreditabhängigkeit erfordert, dass das Unternehmen hohe Gewinne erwirtschaftet, um über die Eigenfinanzierung Verbindlichkeiten abzubauen.

Aus der modernen Kapitalmarkttheorie wurde die Hypothese abgeleitet, dass der Größeneffekt auf dem höheren Beta-Faktor beruht, der die Korrelation mit dem Gesamtmarkt angibt. Aktien mit einem hohen Beta-Faktor sind jene, die besonders parallel der Entwicklung des Gesamtmarktes folgen – man spricht daher auch von Zyklikern. Entgegen der Grundannahmen der modernen Kapitalmarkttheorie – und insbesondere dem CAPM – gibt es keinen empirisch nachweisbaren Zusammenhang zwischen dem Beta-Faktor und dem Größeneffekt. Der Größeneffekt als Überrenditeeffekt ist daher eine Anomalie, die die Grundannahmen des Capital Asset Pricing Model in Frage stellt. In einer empirischen Untersuchung von Fama und French[128] wurde festgestellt, dass vielmehr Aktien mit dem höchsten Beta-Faktor im Durchschnitt die niedrigsten Renditen aufweisen.

Das Fazit aus dieser Untersuchung lautet: Die Rendite ist kaum vom Beta-Faktor abhängig, es besteht jedoch eine sehr enge und offenkundige Abhängigkeit zwischen der Rendite und der Größe einer Gesellschaft. Je kleiner eine Aktiengesellschaft ist, desto höher fällt letztlich ihre Rendite aus – vorausgesetzt alle anderen Parameter wie die Gewinnentwicklung, die Ertragslage und der Umsatz stimmen. Die Studie macht auch deutlich, dass Standardwerte mit einem hohen Beta-Faktor riskanter sind und die niedrigste Rendite von allen untersuchten Aktien haben.

Um die Bedeutung des Größeneffekts zu untermauern, wurden internationale Studien durchgeführt.

> In Deutschland lag die durchschnittliche Monatsrendite für Small Caps im Zeitraum von 1969 bis 1991 bei 1,09 Prozent, während Standardwerte nur einen monatlichen Zuwachs von 0,60 Prozent vorweisen konnten. In Japan betrug die monatliche Rendite von

---

[128] Fama, E. F.; French, K. R.: The Cross-Section of Expected Stock Returns. Journal of Finance, 47 (1992), S. 427–465.

1965 bis 1987 für kleine Aktiengesellschaften 2,57 Prozent und für Blue Chips 1,37 Prozent. In den USA ergab sich von 1941 bis 1990 eine monatliche Wertentwicklung von 1,78 Prozent für kleine Aktiengesellschaften und eine Monatsrendite von 0,95 Prozent für Standardwerte.

Erstaunlicherweise fand man noch ein anderes Faktum: Kleine Aktiengesellschaften sind langfristig viel weniger riskant als Standardwerte. Sie haben durchweg ein geringeres Beta-Risiko. Bei einem Portfolio mit Small Caps ist der Diversifikationseffekt größer, da kleine Aktiengesellschaften unterschiedliche Geschäftsmodelle und Ertragslagen haben. Standardwerte sind gleichförmiger und konformer; die Folge ist, dass sich die Volatilität angleicht. Die Vielzahl kleiner Aktiengesellschaften verringert die Schwankungsbreite, während Standwerte wegen ihrer Gleichförmigkeit eher stärker von den Launen des Markts abhängig sind. Dem größeren Insolvenzrisiko und der bedenklichen Marktenge der kleinen Aktiengesellschaften steht die Uniformität und die Marktkonformität der Blue Chips gegenüber. Jedoch unterscheiden sich die erzielbaren Renditen bei kleinen Aktiengesellschaften erheblich, während sich die Renditen bei den Blue Chips annähern.

Zusammenfassend kann man sagen, dass Small Caps höhere Renditen mit sich bringen und dass sie aufgrund ihrer Verschiedenheit bei einem Portfolio für eine höhere Diversifikation sorgen, die das Beta-Risiko absenkt. Die vermeintlich höhere Schwankungsbreite von kleinen Aktiengesellschaften wird durch die Vielfalt der Small Caps ausgeglichen. Darüber hinaus zeigen neuere Befunde, dass die Standardwerte eher dem Diktat des Marktes unterworfen sind und eine höhere Marktkonformität aufweisen. Die Individualität und Unverwechselbarkeit der Small Caps schützt letztlich vor Marktübertreibungen und Fehleinschätzungen.

Der Anleger sollte den Small Caps in seinem Portfolio eine angemessene Gewichtung geben. Dennoch gilt es, ein sorgfältiges Stockpicking vorzunehmen. Konservative Anleger sollten sicherstellen, dass die in Frage kommenden Unternehmen einen kontinuierlichen Gewinnzuwachs aufweisen. Für die Altersvorsorge sind nur Small Caps zu empfehlen, deren Gewinne seit über zehn Jahren permanent ansteigen. Bei spekulativerer Einstellung kann dieser Zeitraum auf fünf Jahre verkürzt werden. Andere Gütekriterien können ein breiter Streubesitz von mindestens 50 Prozent sein, ein hoher Cashflow und eine Eigenkapitalrendite, die über 10 bis 15 Prozent liegen sollte. Deutsche Aktiengesellschaften erzielten in der Vergangenheit nur eine Eigenkapitalrendite von bescheidenen 5 Prozent, während britische Unternehmen generell mehr als die Zehn-Prozent-Marke anpeilten.

Die historisch gewachsene Verflechtung der „Deutschland AG" und ihre Auffassung vom „rheinischen" Kapitalismus hat die nachdrückliche Orientierung am Shareholder Value beeinträchtigt. Angesichts des verschärften Wettbewerbs infolge der Globalisierung und der Osterweiterung wird eine Eigenkapitalrendite von unter 10 Prozent langfristig nicht mehr akzeptabel sein. Hinzu kommt, dass aufgrund der Defizite in der gesetzlichen Rentenversicherung langfristig Pensionsfonds nach US-amerikanischem Muster den Kapitalmarkt prägen werden, da die betriebliche Altersvorsorge dem kapitalgedeckten System folgen wird. Small Caps werden für diese Fonds nur dann attraktiv sein, wenn sie eine Untergrenze der Börsenkapitalisierung von mindestens 50 Millionen € erreicht haben.

3.4.3 Anlagestrategien mit Small Caps

Small Caps bereichern das Portfolio eines jeden Anlegers, sofern er eine sorgfältige und kritische Auswahl vornimmt. Regional- und Lokalwerte, die kaum Umsätze zeitigen, sollte man meiden – ebenso vermeintlich lukrative Technologiewerte, die seit Jahren nur Verluste machen und deren Geschäftsmodell nicht nachvollziehbar ist. In Deutschland haben Biotechnologiewerte bislang so gut wie keine nennenswerte Gewinne erzielen können. Biotechnologiewerte sind daher nur dann ein Kauf, wenn sie ein Medikament in der Pipeline haben, das kurz vor der Zulassung steht und einen hohen Umsatz verspricht.

Ebenso wenig empfehlenswert sind so genannte Spin-offs. Bei diesen Aktiengesellschaften handelt es sich um Unternehmen, die von einer Muttergesellschaft ausgegliedert und als selbstständige Einheit an die Börse gebracht wurden. Es gibt im Prinzip echte und unechte Spin-offs.

Bei echten Spin-offs erfolgt die Ausgliederung, um sich auf die Kernkompetenzen des Unternehmens zu konzentrieren. An der Börse werden Konglomerate und die ungelenken Tausendsassas meist mit einem Abschlag abgestraft. Unternehmen, die sich anmaßen, Kühlschränke, PCs, Handys, Autos und Flugzeuge herstellen zu können, werden insgeheim als „dilettantisch" eingestuft. Die Produktqualität mag akzeptabel sein, sie wird aber meist nur durchschnittlich bleiben. Favorisiert werden Spezialisten in Nischenmärkten, Koryphäen, die zur Elite der Branche, zum Marktführer zählen. Diese Unternehmensphilosophie, die seit den neunziger Jahren propagiert wird, hat etliche Unternehmen veranlasst, Sparten, die nicht mit dem Kerngeschäft zu vereinbaren sind, abzustoßen.

Unechte Spin-offs hingegen gibt es dann, wenn ein Unternehmen die Bilanzen bereinigen will. Häufig dient der Verkauf nur dazu, die Bilanzen zu verbessern. Negativbeispiele der letzten Jahren sind der Siemens-Ableger Infineon und der Telekom-Spin-off T-Online. Viele dieser Spin-offs haben auf dem freien Markt kaum Durchsetzungsvermögen und nur eine mäßige Innovationsfähigkeit. In vielen Fällen stammt ein Großteil der Aufträge aus dem Mutterunternehmen und bei Engpässen denkt man mehr in den Budgetierungskategorien von Großkonzernen mit ihrer Quersubventionierung. Erstarrte Hierarchien, Bürokratisierung und mangelnde Kundenorientierung sind weitere Symptome. Spin-offs sind daher generell zu meiden, da sie mit Klein- und mittelständischen Unternehmen, die den rauen Wind des Marktes seit vielen Jahren gewohnt sind, nicht konkurrieren können. Sie hängen gleichsam am Tropf der ehemaligen Muttergesellschaft.

Anleger sollten ihre Investments für die Altersvorsorge auf Small Caps konzentrieren, die auch in der Vergangenheit durch ein hohes Gewinn- und Umsatzwachstum ihre Wettbewerbsfähigkeit unter Beweis gestellt haben.

3.5 Der Januar-Größen-Effekt (Turn-of-the-Year-Effect)

Bei einer näheren Analyse des Größeneffekts stellen Keim[129] und Roll[130] fest, dass dieser Überrendite-Effekt sich nicht gleichmäßig über das Jahr verteilt, sondern vor allem im Januar stattfindet. Der Renditeunterschied belief sich auf 0,714 Prozent pro Tag, wenn man jeweils die zehn Aktien mit der größten und jene mit der kleinsten Börsenkapitalisierung an der New York Stock Exchange und der AMEX betrachtete. Im Februar schwächt sich der Effekt bereits ab, ist dennoch überdurchschnittlich hoch: Der Renditevorsprung belief sich auf 0,233 Prozent pro Tag.

Dieser Effekt kommt dadurch zustande, dass kleine Aktiengesellschaften besonders überdurchschnittlich ansteigen. In der Fachliteratur spricht man auch generell vom Januar-Effekt. In ungünstigen Börsenjahren mit einem konjunkturellen Einbruch oder einer ausgeprägten Rezession sind die Monate Februar bis Dezember häufiger

---

[129] Keim, D. B.: Size-Related Anomalies and Stock Return Seasonality: Further Empirical Evidence. Journal of Financial Economics, 12 (1983), S. 13–32.
[130] Roll, R.: The Turn of the Year Effect and the Return Premia of Small Firms. In: Journal of Portfolio Management, 9 (1983), S. 18–28.

3.5 Der Januar-Größen-Effekt (Turn-of-the-Year-Effect)

weniger günstig für die Wertentwicklung der Aktien; auch der Größeneffekt kann diese Abwartsbewegung nicht bremsen. Der Januar-Effekt wirkt sich meist positiv aus. Anleger sollten auf jeden Fall darauf achten, dass sie mit Small Caps im Januar investiert sind.

In einer Untersuchung von Haugen und Lakonishok,[131] die sich auf die Jahre von 1938 bis 1988 erstreckt, wurde belegt, dass der marktbreite Index S&P500 Small Caps nur in 4 von 50 Jahren überflügeln konnte, wenn man sich auf den Januar-Größen-Effekt konzentriert. In einer international ausgerichteten Studie (Gultekin, M. und Gultekin, B. 1983)[132] konnte die Gültigkeit des Januar-Effektes für den Weltmarkt bestätigt werden. In Ländern wie der Schweiz, Singapur und Norwegen ist der Januar-Effekt besonders markant – der Renditevorsprung beträgt ein Vielfaches der Jahresdurchschnittswerte.

In der Fachliteratur wird meist zwischen dem Januar-Größen-Effekt und dem Turn-of-the-year-effect unterschieden, denn die stärkste Renditesteigerung tritt in den ersten fünf Handelstagen ein (1. Tag: 10 Prozent, 2. Tag: 5 Prozent, 3. Tag: 4 Prozent, 4. Tag: 4 Prozent, 5. Tag: 3 Prozent). Im Verlauf des Januars schwächt sich diese Dynamik zunehmend ab. Diese spezielle Dynamik in den ersten fünf Tagen wird daher als Turn-of-the-year-effect[133] beschrieben.

Über die Ursachen dieser Überrendite gibt es verschiedene Auffassungen. Einer der Gründe ist, dass wegen der Weihnachtsfeiertage in vielen Ländern die Börsen geschlossen sind und Anleger und Investoren schon vorher wegen des Festes ihre Positionen schließen und Aktien veräußern, um beruhigt in den Urlaub fahren zu können. Vielfach wird vor Jahresschluss auch eine höhere Cashposition gehalten, da man wegen der Feiertage nicht mit einem größeren Anstieg der Börsenkurse rechnet. Manche Anleger verkaufen auch ihre Aktien und Investmentanteile, um die von den Banken meist um die Jahreswende zu einem Stichtag erhobenen Depotgebühren zu sparen. Obwohl die Depotgebühren auch bei Privatbanken und Sparkassen nur im Promillebereich liegen und institutionelle Investoren hohe Rabatte erhalten, führt die Maxime der Kostensenkung zu solchen Strategien. Mit dem Jahresbeginn werden dann wieder Positionen aufgebaut, was zu einem starken Anstieg der Kurse führt.

---

[131] Lakonishok, J.; Shleifer, A.; Vishny, R. W.: The Structure and Performance of the Money Management Industry. Microeconomics, 23 (1992), S. 339–390.
[132] Gultekin, M.; Gultekin, B.: Stock Market Seasonality: International Evidence. In: Journal of Financial Economics 12 (1983), S. 469–481.
[133] Roll, R.: The Turn of the Year Effect and the Return Premia of Small Firms. Journal of Portfolio Management, 9 (1983), S. 18–28.

In der Finanzmarktforschung ist umstritten, ob diese Kursanomalie, die den Grundannahmen der modernen Kapitalmarkttheorie widerspricht, langfristig Bestand hat. Da immer mehr Anleger und Investoren sich diesen Effekt zunutze machen wollen, kann durch die Antizipation dieser Entwicklung sich der Effekt über Jahre hinweg abschwächen oder völlig verschwinden. Bislang deutet nichts darauf hin.

Für Kleinanleger, die hohe Depotgebühren bei Banken bezahlen, ist es nicht empfehlenswert, Wertpapiere im Dezember zu veräußern, um sie im Januar wieder zu erwerben. Die mit dem An- und Verkauf verbundenen Bankprovisionen schlagen meist stärker zu Buche als die eingesparte Depotgebühr. Darüber hinaus kann es sein, dass man in den ersten Januartagen einen Bullenmarkt vorfindet, der ungünstige Einstiegskurse nach sich zieht und so die Renditeentwicklung beeinträchtigt.

3.6 Der Buchwert und der Marktwert: Der feine Unterschied

Der Buchwert je Aktie bezieht sich das Eigenkapital jeder ausstehenden Aktie. Es handelt sich um eine vergangenheitsbezogene Bilanzkennzahl mit eingeschränkte Prognosekraft.[134] Liegt der Buchwert über dem Kurswert, deutet dies entweder auf einen starken Kursverfall hin, der fundamental gerechtfertigt sein kann oder auch nicht. Ob mit dieser Unterbewertung wirklich ein Kaufsignal gegeben ist, hängt von weiteren Rahmenbedingungen ab.

Der Buchwert eines Unternehmens ergibt sich aus der Bilanzierung und den zugrunde liegenden Rechnungslegungsvorschriften, die von Land zu Land variieren. Dennoch zeichnet sich mit IFRS und dem US-GAAP eine Vereinheitlichung und Angleichung ab. Der Marktwert, der sein Äquivalent im Börsenkurs hat, spiegelt die Einschätzung der Anleger und die zukünftigen Aussichten wider.

Zur genaueren Bewertung kann auch ein spezieller Bilanzkurs berechnet werden. Der Bilanzkurs ist der Quotient aus Eigenkapital und Grundkapital in Prozent ausgedrückt. Wenn der Börsenkurs den Bilanzkurs erheblich übersteigt, deutet dies auf stille Reserven und ein mögliches Kurspotenzial hin. In einer Bilanz, die den International Financial Reporting Standards (IFRS) folgt, ist das Eigenkapital generell höher bewertet. Ein Vergleich von Aktiengesellschaf-

---

[134] White, Gerald I.; Sondhi, Ashwinpaul C.; Fried, Dov: The Analysis and Use of Financial Statements, 2. Aufl. New York 1998, S. 179.

3.6 Der Buchwert und der Marktwert: Der feine Unterschied

ten, die nach unterschiedlichen Rechnungslegungsstandards bilanzieren, erfordert daher eine sorgfältige Analyse. Ein unmittelbarer Vergleich ist ohne Korrektur der Ergebnisse nicht sinnvoll.

Eine andere, gelegentlich verwendete Kennzahl, die auf den Bilanzkurs aufbaut, ist die Market-to-book-Ratio (MBR). Bei ihr wird der Marktwert des Eigenkapitals, das der Börsenkapitalisierung eines Unternehmens entspricht, durch das Grundkapital dividiert. Das MBR ist mit anderen Kennzahlen wie dem EVA und dem CFROI verwandt. Aufgrund der Kapitalmarktorientierung dieser Kennzahl wirken sich die Schwankungen der Börsenkapitalisierung unmittelbar auf den Wert des Quotienten aus. Während die DCF-Methode (Discounted-Cashflow-Methode) die zeitliche Diskontierung des Wertes mit einbezieht, ist dies bei der Market-to-book-Ratio nicht der Fall. Sie ist daher eher ein statisches Konzept, das das Eigenkapital des Unternehmens in den Mittelpunkt rückt.

Je lukrativer und gewinnträchtiger ein Unternehmen erscheint, desto höher ist seine Bewertung an der Börse. Diese generelle Annahme stimmt nur eingeschränkt, da es etliche Unternehmen gibt, die aufgrund einer Nischenposition, mangelnder Börsenkapitalisierung oder geringer Umsätze von den Analysten und Banken ignoriert werden. Verschiedene Investmentstile und Strategien, wie sie beispielsweise von dem berühmten US-Anleger Warren Buffet bevorzugt werden, setzen auf solche unterbewerteten Papiere, die als Substanzaktien bezeichnet werden.

Normalerweise müsste man annehmen, dass Aktien die hoch eingestuft werden und deshalb einen höheren Markt- als Buchwert haben, sich als das interessantere Investment herausstellen. In einer 1992 publizierten Untersuchung konnten Fama und French[135] nachweisen, dass ein niedriges Kurs-Buchwert-Verhältnis (KBV) höhere Renditen verspricht. Der Zusammenhang war eindeutig: Je niedriger das KBV war, desto höher war die Rendite. Bei einem hohen Kurs-Buchwert-Verhältnis, wenn der Marktwert einer Aktie ein Vielfaches des Buchwertes betrug, erzielte der Anleger nur eine durchschnittliche Monatsrendite von 0,64 Prozent, während sie bei Unternehmen mit einem niedrigen KBV auf über 1,63 Prozent anstieg. Erstaunlicherweise war mit Aktien, deren Marktwert von den Anlegern niedrig eingestuft war, auch das Risiko geringer als bei Papieren, die für ein Mehrfaches des Buchwertes gehandelt wurden. Allerdings stellt sich heraus, dass dieser Effekt nicht in jedem Jahr konstant wirksam wurde – in einem Bärenmarkt konnten weder der KGV-Effekt noch der KBV-Effekt Überrenditen garantieren.

---

[135] Fama, E. F.; French, K. R.: The Cross-Section of Expected Stock Returns. In: Journal of Finance, 47 (1992), S. 427–465.

Die bahnbrechende Untersuchung von Fama und French wurde Mitte der neunziger Jahre von Kothari, Shanken und Sloan[136] anhand des S&P500 überprüft. In dieser Studie konnte leider kein Zusammenhang zwischen dem KBV und der Renditeentwicklung ermittelt werden. Dies wirft die Frage auf, weshalb in der ersten Studie, der tausend beliebig ausgewählte Unternehmen zugrunde lagen, eine Korrelation festgestellt wurde, während dies für die 500 Unternehmen des S&P500-Index nicht gilt.

In zusätzlichen international ausgerichteten Studien konnte jedoch der KBV-Effekt belegt werden. In einer 1993 veröffentlichten Studie von Capaul, Rowley und Sharpe[137] wurde festgestellt, dass der jährliche KBV-Effekt in Deutschland einen Renditevorsprung von 1,54 Prozent, in England einen Vorsprung von 2,74 Prozent und in Japan 6,04 Prozent ausmacht. In einer auf Deutschland bezogenen Studie konnte Wallmeier[138] für den Zeitraum von 1967 bis 1991 nachweisen, dass die Jahresrendite bei günstigem KBV bei 20,37 Prozent lag, während sie bei einem hohen Marktwert in Relation zum Buchwert nur noch 7,80 Prozent betrug.

Selbstverständlich müssen die Ergebnisse der empirischen Finanzmarktforschung in zukünftigen Studien noch weiter untermauert werden. Es ist nicht eindeutig, ob diese ausgeprägte Korrelation auch für andere Börsenperioden oder die Zukunft gilt. Den jetzigen Befunden zufolge ist es für Anleger empfehlenswert, Aktien mit einem KBV zu bevorzugen, das unter dem Wert von 1,0 liegt, d. h. der Buchwert des Unternehmens liegt über dem Marktwert. Solche Unternehmen gelten als unterbewertet, insbesondere wenn sie unter ihrem Buchwert notieren.

Bei einer Liquidation würden die Aktionäre einen größeren Wert zurückerhalten als den gegenwärtigen Aktienkurs – zumindest ist dies eine fiktive Vorstellung, die sich zudem aus der Annahme speist, dass der Immobilienbesitz vieler Unternehmen aufgrund der zurückhaltenden Bilanzierung erhebliche stille Reserven beinhaltet.

Die in den 1980er Jahren üblichen feindlichen Übernahmen wurden von dieser Fantasie getrieben, denn bei der Zerschlagung des übernommenen Unternehmens können die Grundstücke, Produktionsanlagen und andere Werte getrennt veräußert werden. Die Suche nach solchen unterbewerteten Substanzaktien ist daher ein auch in

---

[136] Kothari, S. P.; Shanken, J.; Sloan, R. G.: Another Look at the Cross Section of Expected Stock Returns. In: Journal of Finance, 50 (1995), S. 185–224.

[137] Capaul, C.; Rowley, I.; Sharpe, W. F.: International Value and Growth Stock Returns. In: Financial Analysts Journal, 49 (1993), S. 27–36.

[138] Wallmeier, M.: Prognose von Aktienrenditen und -risiken mit Hilfe von Mehrfaktorenmodellen, Bad Soden 1997.

den 1990er Jahren weit verbreiteter Investmentstil. Langfristige Untersuchungen zeigen, dass Substanzwerte langfristig oft eine höhere Rendite aufweisen als die viel begehrten Wachstumsaktien. Die Ergebnisse der empirischen Finanzmarktforschung sind aber nicht eindeutig, denn in verschiedenen Börsenphasen hatten die Wachstumswerte mit ihrem hohen Marktwert sich an die Spitze der Börsenentwicklung setzen können.

Anleger, die aus dem KBV-Effekt Nutzen ziehen wollen, sollten die Substanzwerte sorgfältig auswählen. Aktien, die einen Marktwert haben, der unterhalb des Buchwerts liegt, haben meist einen stärkeren Kursverfall hinter sich oder werden generell von den Analysten, Banken und Brokern aus verschiedenen Gründen negativ eingestuft. Es kann sich bei diesen Aktien um „schlummernde Perlen" handeln, die von den Analysten wegen ihrer geringen Größe oder ihrer Nischenposition übersehen wurden.

Es kann auch sein, dass negative Unternehmensnachrichten, eine schlechte Ertragslage oder eine ungünstige Unternehmenspolitik eine solche Einstufung rechtfertigen. Daher sollten Anleger genau ermitteln, weshalb das Unternehmen unterbewertet wird:

- Ist die Ertragslage ungünstig?
- Hat das Unternehmen hohe Verbindlichkeiten?
- Gab es Umsatzrückgänge?

Nur Unternehmen, deren Unterbewertung plausibel erklärt werden kann, sollten in die engere Auswahl kommen. Bei Substanzaktien ist darüber hinaus eine akribische Prüfung aller Kennzahlen und Gewinnentwicklungen vonnöten, um ungünstige Werte von aussichtreichen Kandidaten zu trennen.

3.7 Der Leverage-Effekt und die Fremdkapitalquote: interpretationswürdige Indikatoren

Bei der Bewertung von Unternehmen spielt die Relation von Eigenkapital und Fremdkapital eine wichtige Rolle. Eigenkapital ist, da eine Unternehmensinsolvenz das Eigenkapital vollständig vernichten kann, besonders wertvoll und daher teuer. Zugleich aber federt ein hohes Eigenkapitalpolster das Unternehmensrisiko ab. Unternehmen, die über eine hohe Eigenkapitalquote verfügen, stehen auch wirtschaftlich problematische Zeiten länger durch.

Das Eigenkapital eines Unternehmens lässt sich ermitteln, indem man das Vermögen und die Schulden des Unternehmens saldiert. Eine genaue Bestimmung des Eigenkapitals wird dadurch erschwert, dass es einige weitere Faktoren gibt, die die Höhe des Eigenkapitals beeinflussen können. Unter diesen Einschränkungen kann man Eigenkapital als das Kapital bezeichnen, das keiner Rückzahlungspflicht unterliegt und die Verluste im Unternehmen ausgleicht.

Für die Wertpapieranalyse bedeutet dies allgemein: Je höher die Eigenkapitalquote ist, desto ausgeprägter ist auch die Stabilität und die Sicherheit des Unternehmens. Mit verbesserter Ertragslage steigt die Eigenkapitalquote, denn durch thesaurierte Gewinne, die angesammelt werden, kann das Eigenkapital allmählich erhöht werden. Verluste dagegen führen zu einer Verringerung des Eigenkapitals. Eine breite Eigenkapitalbasis vermindert die Abhängigkeit von den Banken und vom Kapitalmarkt und macht das Unternehmen autonomer und resistenter gegenüber konjunkturellen Einflüssen. Jedoch hat eine hohe Eigenkapitalquote auch gewisse Nachteile für die Aktionäre. Je höher das Eigenkapital ist, desto ungünstiger fallen die Rentabilitätskennzahlen aus: Die Eigenkapital- und die Gesamtkapitalrentabilität sinken. Durch Aufnahme von Fremdkapital wird der Hebeleffekt, der Leverage-Effekt, der durch die Fremdfinanzierung zustande kommt, gestärkt. In der Finanzmarktforschung herrscht Uneinigkeit, ob eine Eigen- oder Fremdfinanzierung den Aktienkurs günstiger beeinflusst. Unternehmen mit einer hohen Eigenkapitalbasis und einer herausragenden Bonität (AA bis Triple A) zeichnen sich durch eine langfristige Stabilität und hohes Gewinnwachstum aus. Unternehmen mit einer überdurchschnittlich hohen Fremdfinanzierung sind zwar insolvenzträchtiger, haben aber kurzfristig höhere Kurssteigerungen, die vermutlich vor allem auf einer Turnaround-Situation beruhen können.

Die Eigenkapitalquote kann im Rahmen der Bilanzpolitik verändert werden. Dies ist beispielsweise auch möglich, wenn man gezielt verschiedene Ausweiswahlrechte bei der Bilanzierung nutzt; besonders bemerkbar macht sich dies bei erhaltenen Anzahlungen auf Bestellungen. Da in Deutschland der Begriff des Eigenkapitals nicht eindeutig festgelegt ist, kann die Eigenkapitalquote auch dadurch vom Unternehmen modifiziert werden, dass man Genussrechte oder stille Beteiligungen anders ausweist und in der Bilanzierung berücksichtigt.

Daneben spielen auch rechtsformtypische Unterschiede eine ausschlaggebende Rolle. Bei Personengesellschaften, bei denen kein Mindestkapital vorgeschrieben ist, können die einzelnen Gesellschafter erhebliche Privatentnahmen vornehmen und damit sogar ein negatives Kapitalkonto erreichen. Bei Personengesellschaften ist daher die Eigenkapitalquote generell niedriger als bei Kapitalgesellschaften, die im Branchendurchschnitt eine Quote von 20 Prozent

3.7 Der Leverage-Effekt und die Fremdkapitalquote

aufweisen. Im internationalen Vergleich liegt Deutschland bei der Eigenkapitalausstattung am unteren Ende der OECD-Staaten.

Ein zusätzliches Kriterium zur Bewertung der Bonität und der Ertragskraft eines Unternehmens ist die Eigenkapitalrentabilität. Sie beschreibt, ob das Unternehmen effizient gearbeitet hat. Für Aktiengesellschaften ist dies eine sehr aussagekräftige und für die Analyse wichtige Zahl. Anleger und Investoren, die Aktien als Teil der Altersvorsorge auswählen, sollten darauf achten, dass die Eigenkapitalrendite mindestens 10 Prozent beträgt – besser und sicherer sind Werte über 20 Prozent.

Zu beachten ist, dass bei der Berechnung des Quotienten statt des Jahresüberschusses auch andere Kenngrößen wie die Kombination aus Betriebsergebnis und Finanzergebnis sowie der Vorsteuergewinn gewählt werden können. Die Eigenkapitalrendite gibt die „fiktive" Verzinsung des Eigenkapitals an, deshalb sollte sie möglichst hoch liegen. Bei einer zu niedrigen „Verzinsung" könnte der Unternehmer das Unternehmen gleich schließen und das Kapital nahezu risikolos am deutschen Rentenmarkt anlegen. Betrachtet man das hohe Insolvenzrisiko, das vor allem neu gegründete Unternehmen in sich bergen, spiegelt die Eigenkapitalrendite den hohen Risikoaufschlag wider, mit dem das Unternehmensrisiko kompensiert wird.

Aktionäre sollten daher nur Titel akzeptieren, die eine möglichst hohe Eigenkapitelrendite besitzen. Dies gilt in besonderem Maße für Technologiewerte, die einem hohen Insolvenzrisiko unterliegen. Kritisch begutachten sollte man auch die Berechnung der Eigenkapitalrendite, die von der Höhe des Eigenkapitals abhängt. Wenn ein Unternehmen ein im Vergleich zum Vorjahr gleiches Ergebnis erzielt, die Eigenkapitalquote jedoch abnimmt, dann steigt paradoxerweise die Eigenkapitalrendite, denn die Höhe der Eigenkapitalrentabilität ist unmittelbar abhängig von der Eigenkapitalbasis. Je geringer das Eigenkapital ist, desto stärker steigt die Eigenkapitalrendite. Aus diesem Grunde können Unternehmen durch die Ausweitung des Fremdkapitalanteils höhere Gesamtrenditen erzielen, was auf den Leverage-Effekt zurückzuführen ist.

Ein Aktie ist nur dann ein vorteilhaftes Investment, wenn das Unternehmen gleichzeitig den Eigenkapitalanteil ausweiten kann (beispielsweise durch thesaurierte Gewinne) und die Eigenkapitalrendite. Ein Rückgang des Eigenkapitals ist – auch bei einer rechnerisch höheren Eigenkapitalrendite – ein negatives Zeichen, das zur Vorsicht mahnt. Ein Rückgang der Eigenkapitalquote kann nur dann eingeschränkt positiv gewertet werden, wenn Sondersituationen wie Unternehmensakquisitionen oder erhebliche Neuinvestitionen eine solche Ausweitung der Fremdfinanzierung rechtfertigen.

Insofern mindert eine überdurchschnittliche Eigenkapitalbasis das Insolvenzrisiko. Unter dieser Prämisse müsste gelten, dass ein niedriger Verschuldungsgrad ein geringes Risiko impliziert und daher eine niedrige Aktienrendite zur Folge hat.

Man unterscheidet beim Verschuldungsgrad zwischen verschiedenen Kennzahlen.

- Die Effektivverschuldung bezieht sich auf die faktische Verschuldung des Unternehmens, indem sie die vorhandenen liquiden Mittel und geldnahe Vermögensgegenstände betrachtet und bewertet, die zur Schuldentilgung des Unternehmens eingesetzt werden können.
- Der statische Verschuldungsgrad bildet den Quotienten aus Fremd- und Eigenkapital. Bei einer zurückgehenden Eigenkapitalquote nimmt der statische Verschuldungsgrad zu. Die Kennzahl ist per se nicht aussagekräftig; sie gewinnt jedoch an Bedeutung bei der Ermittlung des Leverage Effect. Dieser Hebeleffekt tritt ein, wenn teures Eigenkapital zunehmend durch relativ preiswertes Fremdkapital ersetzt wird, was gleichzeitig den Verschuldungsgrad und somit das Kapitalstrukturrisiko des Unternehmens erhöht.
- Eine komplexere Kennzahl ist der dynamische Verschuldungsgrad, der sich aus dem Quotienten der Effektivverschuldung und dem operativen Cashflow berechnet. Der dynamische Verschuldungsgrad erläutert, wie viel Cashflow man benötigt, um das Unternehmen komplett von den Schulden zu befreien. Die Kennzahl gibt die Zahl der benötigten Geschäftsjahre an. Bei der Aktienanalyse sind Zeiträume von bis zu fünf Jahren gute Kennzahlen. Benötigt das Unternehmen bis zu zehn Jahren, so ist dies bereits ein ungünstiger Zeithorizont. Solche Aktien können nur dann für die Altersvorsorge in Frage kommen, wenn andere positive Faktoren für das Investment sprechen. In den meisten Fällen wird ein Unternehmen mit einem ungünstigen dynamischen Verschuldungsgrad in absehbarer Zeit eine Kapitalerhöhung benötigen. Wenn eine Kapitalerhöhung nicht unmittelbar der Expansion des Unternehmens dient, belastet sie zumindest kurzfristig – bei ungünstiger Konstellation auch langfristig – den Aktienkurs. Eine weitere Fremdkapitalaufnahme scheidet bei einem schlechten Verschuldungsgrad aus, was die Zinsaufwendungen das Unternehmen zusätzlich belasten und so die Gefährdung des Kapitaldienstes nicht mehr ausgeschlossen werden kann.

Der dynamische Verschuldungsgrad muss bei der Interpretation durch einige Sachverhalte ergänzt werden, damit der Anleger ein

3.7 Der Leverage-Effekt und die Fremdkapitalquote

realistisches Bild von der Unternehmenssituation erhält. Da die Kennzahl auf dem Cashflow basiert, ist sie für bilanzpolitische Manöver weniger anfällig. Zu bedenken ist, dass der Cashflow nicht vollständig zur Schuldentilgung zur Verfügung steht; vielmehr benötigt das Unternehmen einen Teil des verfügbaren operativen Cashflows für Investitionen. Beim Discounted-Cashflow-Modell, das bei Analysten weit verbreitet ist, werden daher zur Einstufung des Unternehmens nur die freien Cashflows mit einbezogen. Aufgrund der Vergangenheitsorientierung der Daten ist die Aussage über die zukünftige Dynamik zu relativieren. Näheren Aufschluss gibt daher die Kapitalflussrechnung und die Erfolgsquellenanalyse. Expansionen und Akquisitionen müssen häufig aufgrund des hohen Finanzbedarfs über Fremdkapital finanziert werden. Die damit einhergehende Negativentwicklung des dynamischen Verschuldungsgrads muss im Hinblick auf die Wachstums- und Investitionsquote überprüft werden. Eine höhere Verschuldung kann teilweise gerechtfertigt sein, wenn höhere Investitionen zu einem ausgeprägten Wachstum und zur Erschließung neuer Märkte führen.

Empirische Untersuchungen bestätigen diese aus der Theorie abgeleitete Prämisse. In einer Studie von Bhandari[139] wurde festgestellt, dass Aktiengesellschaften mit einem hohen Verschuldungsgrad einem um 5,83 Prozent höhere Rendite vorweisen als eine Aktiengesellschaften, die eine höhere Eigenkapitalquote besitzen. Da diese Hebelwirkung von dem Anteil des Fremdkapitals abhängt, spricht man von einem Leverage-Effekt. Die wissenschaftliche Untersuchung ergab, dass dieser Zuwachs vorwiegend im Januar stattfindet, so dass man genauer von einem Leverage-Januar-Effekt sprechen könnte.

Fama und French haben dem Leverage-Effekt eine eigene wissenschaftliche Studie gewidmet und aufgezeigt, dass die Berechnung des Verschuldungsgrads von entscheidender Bedeutung ist. Sie unterscheiden zwei mögliche Varianten: Bei der ersten Variante wird der Verschuldungsgrad als Quotient von Gesamtkapital (Buchwert) und Eigenkapital (Marktwert) verstanden, während in der zweiten Berechnungsvariante das Gesamtkapital als Buchwert angesetzt und durch das Eigenkapital (Buchwert) dividiert wird. Der Unterschied ergibt sich daraus, ob man das Eigenkapital als Marktwert oder als Buchwert erfasst.

Der Leverage-Effekt, der aus der ökonomischen Theorie hervorgeht, gilt nur dann, wenn das Eigenkapital als Marktwert zugrunde gelegt wird. Die bilanzielle Ermittlung des Eigenkapitals scheidet aus,

---

[139] Bhandari, L. C.: Debt/Equity Ratio and Expected Common Stock Returns: Empirical Evidence. Journal of Finance, 43 (1988), S. 507–528.

da sie das Eigenkapital zu niedrig ansetzt und damit einen höheren Leverage aufgrund der höheren Fremdkapitalquote suggeriert. Bei einer Bewertung zu Marktpreisen erfolgt eine realistische und marktkonforme Einschätzung des Eigenkapitals.

Für Deutschland wurde die Gültigkeit des Leverage-Effektes von Wallmeier nachgewiesen. Er berechnete den Verschuldungsgrad anhand eines anderen Quotienten, bei dem der Buchwert des Fremdkapitals durch den Marktwert des Eigenkapitals dividiert wird. Mit dieser Größe, die der Bilanzkennzahl des Anspannungskoeffizienten ähnelt, kann der Leverage-Effekt genauso exakt eruiert werden. Deutsche Aktiengesellschaften mit einem hohen Verschuldungsgrad wiesen eine jährliche Rendite von ungefähr 15 Prozent auf, während es Unternehmen mit wenig Verbindlichkeiten nur auf eine Jahresrendite von 7 Prozent brachten.

Eine ausformulierte Investmentstrategie, die den Leverage-Effekt mit einbezieht, setzt daher auf Aktien, bei denen der Marktwert des Eigenkapitals unter dem Buchwert des Fremdkapitals liegt. Dennoch sollten Anleger Vorsicht walten lassen: Unternehmen, die solche Bedingungen erfüllen, haben meist erhebliche wirtschaftliche Schwierigkeiten. Der hohe Verschuldungsgrad ist eher ein negatives Kennzeichen, auch wenn das Kurspotenzial aufgrund des Leverage-Effektes viel versprechend sein mag. Konservative und vorsichtige Investoren sollten erst nach einer sorgfältigen Fundamentalanalyse, die vor allem die Gewinnentwicklung berücksichtigt, eine Entscheidung treffen.

3.8 Die Bonität eines Unternehmens und der Rating-Effekt

Der Rating-Effekt geht auf ähnliche Überlegungen wie der Leverage-Effekt zurück, denn er betrachtet die Bonität eines Unternehmens. Weltbekannte Rating-Agenturen wie Moody's und S&P messen die Bonität von Unternehmen anhand verschiedener Kriterienkataloge. Die Spannbreite der Ratings reicht – je nach Agentur – von Triple A (also Aaa oder AAA), wobei dieses Rating die höchste Qualität und damit ein geringes Ausfallrisiko verbürgt, bis zur Kategorie C oder D (bei S&P). Werte mit dem Rating C oder D gelten als hochspekulativ und es besteht die unmittelbare Gefahr eines Zahlungsausfalls oder einer Insolvenz.

In Deutschland sind Ratings im Kommen, da die Bonität aufgrund der internationalen Richtlinien bei der Kreditvergabe eine zentrale Rolle spielt. Dennoch werden in Deutschland Unternehmen bislang

3.8 Die Bonität eines Unternehmens und der Rating-Effekt

mehrheitlich von den Banken intern bewertet. In den USA hingegen, wo auch Corporate Bonds (Unternehmensanleihen) ein größeres Gewicht haben, sind Ratings allgegenwärtig. Die Ratingagenturen ermitteln die Bonität anhand gewichteter Kriteriensysteme, die sich aus den Fundamentaldaten von Finanz- und Ertragskraft, Wettbewerbsfähigkeit und Marktpositionierung sowie einzelnen Branchenrisiken zusammensetzen.

Maßgeblichen Anteil an der Bewertung und Beurteilung der Bonität hat beispielsweise die Finanzierungsstruktur des Unternehmens, die sich in den langfristigen Deckungsgraden widerspiegelt. Die Deckungsgrade beziehen sich auf die Deckung von Vermögensgegenständen durch eine angemessene Finanzierung, die sich an der Fristigkeit und an der Kapitalbindung orientiert.

Deckungsgrade kennzeichnen die Relation von Vermögen zu Kapital. Diese Kennzahlen beruhen auf dem Konzept der Fristenkongruenz bei der Finanzierung: Anlagevermögen, das dem Unternehmen auch langfristig dient, sollte möglichst durch das Eigenkapital finanziert und abgedeckt sein. Diese goldene Finanzierungsregel ermöglicht es, langfristig gebundenes Vermögen durch langfristig vorhandenes Kapital zu finanzieren. Diese Vorsichtsmaßnahme dient dazu, die Gläubiger und die Aktionäre zu schützen. Im Falle einer Unternehmenskrise wird zuerst das Umlaufvermögen liquidiert, das je nach Verwendungszweck kurz-, mittel- oder langfristig über Fremdkapital finanziert wurde. Die Deckungsgrade sind daher in erster Linie kreditäre Indikatoren. Seit der Einführung von Basel II haben sie daher bei den Banken an Bedeutung gewonnen.

Die Schuldverschreibungen von Unternehmen, die kein Rating besitzen, müssen meist eine höhere Verzinsung als vergleichbare Anleihen anbieten, um auf dem Markt Käufer zu finden. Die renommierte Ratingagentur Standard & Poor's vergibt Ratings für mehr als 4.000 Unternehmen. Obwohl Ratings in erster Linie für die Interessenten von verzinslichen Wertpapieren angefertigt werden und auf den Anleihenmarkt ausgerichtet sind, gilt ihre Bewertung analog für den Aktienmarkt.

Die meisten deutschen Anleihen genießen die höchste Qualitätsstufe beim Rating und werden nahezu durchweg mit Triple A bewertet. Bei deutschen Staatsanleihen ist dies fast immer der Fall. Anders sieht es bei ausländischen Bonds aus: Vor allem Staatsanleihen aus Lateinamerika werden mit der schlechtesten Unterkategorie des B-Ratings bewertet.

Seit dem Staatsbankrott Argentiniens gelten auch Anleihen aus Venezuela, Brasilien und Uruguay als stark gefährdet. Anfang der neunziger Jahre waren vor allem festverzinsliche Wertpapiere aus

Russland, Algerien und Südafrika in die Krise geraten. Während algerische und südafrikanische Anleihen teilweise fast 20 Prozent Rendite versprachen, schnellten russische Anleihen Ende der Neunziger sogar auf über 60 Prozent Rendite. Je schlechter die Bonität und je höher das Risiko, desto stärker steigt auch die Anleihenrendite.

Der berühmte Spekulant André Kostolany, dessen Bonmots und Aphorismen[140] aus dem Börsenalltag wohl jedem Investor bekannt sind, verdiente sein Vermögen auch durch die ausgeklügelte Spekulation mit Not leidenden Anleihen. Als nach 1945 die Welt ernsthaft befürchtete, dass Deutschland seine Schulden nicht mehr zurückzahlen könne oder wolle, notierten deutsche Anleihen, die vor 1945 emittiert wurden, in London und Paris zu Niedrigstkursen. Niemand dachte ernsthaft daran, dass die Anleihen jemals zurückgezahlt würden. Erst als Konrad Adenauer in den fünfziger Jahren sich verpflichtete, alle Anleihen mit sämtlichen Zinsen zurückzuführen, stiegen diese sprunghaft an. Für Spekulanten, die nach dem Krieg auf diese Wertpapiere gesetzt hatten, ergaben sich traumhafte Renditen.

Dem Rating kommt daher bei der Auswahl und Analyse von Anleihen eine herausragende Bedeutung zu. Dieses Instrument lässt sich auch auf die Aktienanalyse übertragen. In einer Untersuchung der Investment Research der Julius Bär Bank wurde erkannt, dass Aktien mit einer schlechteren Bonität eine weitaus schlechtere Rendite erzielen als Unternehmen mit einem Qualitätsrating der Kategorie A. Bei einem Rating von BB oder B+, also einer Herabstufung innerhalb der Hauptkategorie B, betrug die durchschnittliche Jahresrendite weniger als 2 Prozent, während sie in der AAA-Kategorie bei fast 18 Prozent lag. Für Anleger ist es daher ratsam, vor allem Aktien mit einer hohen Bonität zu wählen. Hoch verschuldete Unternehmen dagegen zeigen deutlich niedrigere Renditen und bergen ein hohes Risiko in sich, das sich auch in der Volatilität der Aktie, der enormen Schwankungsbreite, äußert.

Vorsichtige und konservative Anleger, die ihre Investments für die Altersvorsorge verwenden, sollten sich auf die Aktien mit der höchsten Bonität konzentrieren und keine Abstriche beim Rating machen. Aktien, deren Rating herabstuft wurde, sind zu meiden. Vorteilhafter ist es, wenn Werte ausgewählt werden, deren Rating kontinuierlich angehoben wurde und die eine stetige Gewinnentwicklung aufweisen.

Wer nun die Überrendite-Effekte genauer betrachtet, stellt fest, dass sich die Befunde der empirischen Finanzforschung teilweise wider-

---

[140] Kostolany, André: Kostolanys Bilanz für die Zukunft, Düsseldorf 1995.

3.8 Die Bonität eines Unternehmens und der Rating-Effekt

sprechen. Während der Rating-Effekt dazu führt, dass nur Unternehmen mit einer soliden Ertrags- und Finanzlage in die nähere Betrachtung kommen, legt der Leverage-Effekt eher eine Aktienauswahl nahe, die sich an einem hohem Fremdkapitalanteil orientiert. Ähnliches gilt für den KBV-Effekt, der Aktien mit einem Marktwert, der unterhalb des Buchwertes liegt, favorisiert. Beide Auswahlkriterien sind mit der Bonitätsregel nur bedingt vereinbar. Da die Ermittlung der Bonität an ein komplexes Zusammenspiel von Kriterien gebunden ist, muss man weiter differenzieren. Eine hohe Fremdkapitalquote beeinträchtigt nicht in jedem Fall die Bonität eines Unternehmens, solange es eine hohe Umsatzrendite, eines starkes Umsatzwachstum und eine solide Ertragslage aufweist, die sich in kontinuierlichen Gewinnsteigerungen manifestiert.

Von erheblichem Gewicht ist auch die Liquiditätslage eines Unternehmens. Liquiditätsengpässe können sehr schnell in eine Insolvenz münden, da bei Kapitalgesellschaften bereits eine drohende Überschuldung als Insolvenzgrund angesehen wird. Liquiditätsgrade betrachten die Relation von unterschiedlich definierten liquiden Mitteln, zu denen je nach Grad auch kurzfristige Forderungen und Vorräte gezählt werden, und den kurzfristigen Verbindlichkeiten eines Unternehmens.

Die Liquiditätsgrade ähneln den Deckungsgraden, da sie die horizontale Bilanzstruktur umschreiben. Sie werden bisweilen auch als kurzfristige Deckungsgrade bezeichnet. Durch die Gegenüberstellung wird deutlich, inwieweit ein Unternehmen zahlungsfähig ist. In der Fachliteratur gibt es für die Liquiditätskennzahlen Idealwerte, die ein Unternehmen anstreben sollte: Die Liquidität ersten Grade sollte einen Wert von 30 Prozent erreichen, während für die Liquidität zweiten Grades ein Idealwert von 100 Prozent (One-to-one-Rate) gilt. Für die Liquidität dritten Grades wird ein Wert von 200 Prozent (Two-to-one-Rate) gefordert.

Aufgrund des statischen Charakters und der Stichtagsbezogenheit der Liquiditätskennzahlen können sie den dynamischen Aspekt der Zahlungsfähigkeit eines Unternehmens nur unzulänglich erfassen. Sie unterliegen dem Zufall und bilanzpolitischen Intentionen. Wenn am Jahresende keine Zukäufe mehr erfolgen, wird die Liquidität nicht unmittelbar beeinträchtigt. Darüber hinaus hat das Unternehmen mehrere Möglichkeiten, die Liquiditätslage zu schönen, etwa indem Roh-, Hilfs-, Betriebsstoffe und fertige und unfertige Erzeugnisse über so genannte Pensionsgeschäfte abgewickelt werden. Bei den Vorräten spielt die Höhe der Anzahlungen auf Bestellungen eine Rolle. Da die Jahresabschlüsse bei der Veröffentlichung bereits mehrere Monate alt sind, sind die Liquiditätszahlen, die erheblichen kurzfristigen Schwankungen unterliegen, wenig aussagekräftig.

Eine fundierte Aktienanalyse benötigt daher für die Liquiditätsermittlung Kennzahlen, die auf monatlicher Basis errechnet wurden und aktuell sind.

Investoren sollten im Zweifelsfall Aktien mit einer hohen Bonität bevorzugen und weitere Kennzahlen und andere Überrenditeeffekten zur Beurteilung heranziehen.

3.9 Die Rating-Strategie

Die meisten Investoren legen großen Wert auf eine hohe Bonität, d. h. Zahlungsfähigkeit, des Unternehmens. Ein Anleger, der im Jahre 1970 die wichtigsten Aktien aus Deutschland in sein Depot aufgenommen und 30 Jahre gewartet hätte, wäre im Jahre 2000 höchst erstaunt gewesen. Die Vielzahl der damals ausgewählten Unternehmen wären zwischenzeitlich vom Kurszettel komplett verschwunden. Aktien, die im Jahre 1970 in aller Munde waren, sind heute völlig unbekannt und längst in Vergessenheit geraten. Es gibt zwei Ursachen für dieses Phänomen: Zum einen haben seit den achtziger Jahren Unternehmensfusionen und -übernahmen sprunghaft zugenommen. Die Verschmelzung von Daimler-Benz und Chrysler ist dabei nur ein Beispiel von vielen. Dieses Übernahmefieber, das die letzten Jahrzehnte prägte, führte auch zu einer beträchtlichen Ausweitung der Mergers & Acquisitions in den großen Privatbanken. Ob Fusionen und Übernahmen letztlich für den Anleger positiv sind, lässt sich nicht generell beantworten.

Sind die Altaktionäre in der glücklichen Lage, dass sie vom akquirierenden Unternehmen ausbezahlt werden, dann steigt in den meisten Fällen der Kurs ihrer Papiere. Eine solche Squeeze-out-Strategie kann auch negativ ausgehen, wenn der neue Aktionär mehr als 95 Prozent der Aktien besitzt und damit die alten Anteilseigner zwangsweise ausbezahlen kann. Hierbei können den Aktionären auch Verluste entstehen dadurch, dass der neue Mehrheitsaktionäre sein Übernahmeangebot unterschreitet.

Für die neuen Aktionäre nach einer Fusion oder Übernahme ist die Situation indes nicht viel vorteilhafter. Unter Unternehmensberatern ist es ein offenes Geheimnis, dass viele Fusionen mit höheren Kosten und Anpassungsschwierigkeiten verbunden sind. Die viel beschworenen Synergieeffekte verpuffen sehr schnell aufgrund der Reibungsverluste, die durch zwei konkurrierende Unternehmenskulturen entstehen können und die Effizienz der Ablauforganisation erheblich in Mitleidenschaft ziehen. Auch die Personaleinsparungen und die damit verbundene Kostensenkung bewirkt meist nur einen

3.9 Die Rating-Strategie

kurzfristigen Anstieg des Aktienkurses. Mittel- und langfristig machen sich die Konfliktpotenziale bemerkbar. Prototypisch steht hierfür Daimler-Chrysler. Trotz aller Verlautbarungen erweist sich die Integration des amerikanischen Automobilbauers Chrysler als schwierig. Eine unterschiedliche Unternehmenskultur, andere Führungskonzepte und Ablauforganisationen, verschiedene Marketingkonzepte und Unternehmensphilosophien stellen sich im Nachhinein als eine enorme Belastung dar. Daher sind Fusionen immer kritisch zu sehen. Bei Übernahmen stellt sich die Frage, ob das Unternehmen bestehen bleibt oder aufgelöst wird.

Die in den 1980er Jahren populäre Zerschlagung von Unternehmen und die Mobilisierung von stillen Reserven beim Verkauf hat in den neunziger Jahren an Gewicht verloren. Trotz aller Vorteile hat eine solche Übernahme nur dann Vorteile, wenn bei der Auflösung die stillen Reserven, die sich beispielsweise bei der Veräußerung von Immobilien oder Beteiligungen ergeben, die exorbitanten Finanzierungskosten, die durch die Emission von Junkbonds entstehen, ausgleichen. Diese Junkbonds oder Unternehmensanleihen (Corporate Bonds) mit niedriger Bonität schlagen mit weit überdurchschnittlichen Zinsen zu Buche.

Für Anleger und Investoren ist daher die Einschätzung der Bonität eines Unternehmens ein entscheidender Aspekt, der auch die Anlagestrategie beeinflusst. Hinzu kommt ein weiterer wichtiger Gesichtspunkt, der sich nicht nur auf die Banken, sondern nachhaltig auch auf die Klein- und mittelständischen Unternehmer sowie die Privatkunden auswirken wird: Basel II.

In Basel wurde beschlossen, die Eigenkapitalbasis von Banken zu verbessern. Während bislang Kredite nur mit einem gewissen einheitlichen Prozentsatz abgesichert werden mussten, sind die Banken nun international verpflichtet, das jeweilige Kreditrisiko genau einzustufen und entsprechende Sicherheiten in der Bilanz zu berücksichtigen. Für Großunternehmen und Konzerne hat dies keine deutlichen Auswirkungen, da sie nicht nur häufig über bankübliche Sicherheiten verfügen, sondern sich auch des internationalen Kapitalmarkts bedienen können. Traditionell dominierten in Deutschland bei der Unternehmensfinanzierung bislang die Bankkredite.

Selbst Konzerne bevorzugten die Finanzierung über Banken, während im angelsächsischen Raum die Kapitalmarktorientierung viel stärker ausgeprägt ist und die Banken vermehrt auf das Privatkundengeschäft angewiesen sind. Seit den neunziger Jahren verändert sich auch in Deutschland diese Denkweise. Konzerne und Großunternehmen haben die Lukrativität der internationalen Finanzmärkte längst entdeckt, so dass auch das Emissionsvolumen der Unternehmensanleihen stetig wuchs. Durch die bessere Verflechtung der Märkte und die Einführung des Euros sind große Unternehmen nicht mehr auf die Banken angewiesen. Sie werden dank der Internationalisierung und Globalisierung der Finanzmärkte zu eigenständigen Akteuren, die keiner Intermediation durch Banken mehr bedürfen. Die Fachdisziplin Corporate Finance und das Corporate Treasury nehmen angesichts der rapiden Veränderungen in der Finanzwirtschaft eine Schlüsselstellung ein.

Klein- und mittelständische Unternehmen dagegen erfahren durch Basel II eine erhebliche Verschlechterung; die Kreditvergabe wird nun restriktiver erfolgen und muss durch mehr Sicherheiten abgedeckt werden. Mittelständische Unternehmen haben zudem einen vergleichsweise schlechteren Zugang zum Kapitalmarkt, da die geringeren Emissionsvolumina zu höheren Transaktionskosten führen. Darüber hinaus haben viele Klein- und mittelständische Unternehmen aufgrund der unzulänglichen Bonität nur eingeschränkte Chancen am Kapitalmarkt. Bei der Begebung einer Anleihe werden diese Bonds stets einen Risikoaufschlag aufweisen, der sich in einer höheren Nominalverzinsung niederschlägt und zu entsprechenden Belastungen führt.

Angesichts dieser Entwicklungen gewinnt das Rating auch in Deutschland an Bedeutung, zumal die verstärkte Kapitalmarktorientierung der Unternehmen eine Einstufung der Bonität zwingend notwendig macht. Deutsche Unternehmen, sofern sie nicht ein Listing an einer US-amerikanische Börse haben oder auf internationale Finanzmärkte zurückgreifen, haben bislang noch kaum ein Rating.

In den letzten Jahren nimmt diese Tendenz zu, und in Deutschland gibt es immer mehr Experten für Ratingfragen, da mit der Einführung von Basel II ein Rating für viele Unternehmen unerlässlich ist.

Die beiden bekanntesten, internationalen Ratingagenturen sind Moody's und Standard & Poor's. Obwohl sich solche Ratings auf die Bonität von Unternehmen beziehen und vor allem für die Besitzer oder Käufer von Anleihen relevant sind, wirkt sich die Bonität auf den Aktienkurs und das langfristige Kurspotenzial des Titels aus. Möchte ein Anleger sicherstellen, dass seine Aktie auch noch im Jahr 2030 auf dem Kurszettel notiert ist, empfiehlt es sich, nur Aktiengesellschaften auswählen, die eine hohe Bonität vorweisen können. Dennoch ist auch diese Vorsichtsmaßnahme keine endgültige Garantie dafür, dass ein Unternehmen nicht insolvent wird. Häufig können Verschiebungen auf Märkten, Änderung der Bedürfnisse oder Liquiditätsprobleme eine Pleite auslösen. Ein hohes Rating ist zumindest ein erster Schutz vor einer Insolvenz; wenn

3.9 Die Rating-Strategie

noch andere Faktoren – wie die Börsenkapitalisierung und krisenfeste Produkte oder Dienstleistungen und ein stetiges Gewinnwachstum – hinzukommen, sinkt die Gefahr einer Insolvenz.

Die Klassifizierungssysteme von Moody's und Standard & Poor's sind vergleichbar. Im Folgenden soll die Ratingsystematik der Agentur Moody's vorgestellt werden.

Rating	Erläuterung
AAA	Unternehmen mit höchster Bonität. Das Unternehmen kann allen Verpflichtungen nachkommen. Es ist äußerst unwahrscheinlich, dass Zahlungen nicht erfolgen.
AA	Unternehmen mit hoher Bonität. Die Bedienung der Verbindlichkeiten ist sehr gut, aber etwas geringer als die Kategorie AAA.
A	Unternehmen mit guter Bonität. Die Zahlungsfähigkeit ist sehr gut, kann aber bei negativen Veränderungen der Unternehmensdaten oder der wirtschaftlichen Rahmenbedingungen beeinträchtigt sein.
BBB	Unternehmen mit zufrieden stellender Bonität. Die Zahlungsfähigkeit ist angemessen, kann aber bei negativen Entwicklungen beeinträchtigt werden.
BB	Unternehmen mit geringer Bonität. Die Aktien und Anleihen des Unternehmens haben bereits spekulativen Charakter. Die Zahlungsfähigkeit ist nicht so stark ausgeprägt.
B	Das Unternehmen hat einen hoch spekulativen Charakter. Die Bedienung aller Verbindlichkeiten kann problematisch sein.
CCC	Veränderungen können dazu führen, dass das Unternehmen nicht mehr allen Verpflichtungen nachkommen kann.
CC	Schwaches Unternehmen. Es muss damit gerechnet werden, dass das Unternehmen die Zahlungen einstellt.
C	Sehr schwaches Unternehmen. Die Einstellung der Zahlungen steht unmittelbar bevor.
D	Zahlungen des Unternehmens sind eingestellt. Extrem spekulativ.

Abbildung 6: Ratingsystematik

Anlagestrategie

Für langfristige Anleger empfiehlt es sich, nur Aktien auszuwählen, deren Unternehmen eine erstklassige Bonität besitzen. Hierzu gehören die Ratings der A-Kategorie. Bei langen Zeiträumen von zwei oder drei Jahrzehnten werden nämlich nur jene Unternehmen bestehen können, die zur Spitzenklasse gehören. Dies gilt insbesondere für die Standardwerte oder Blue Chips, die den Leitindizes einer Börse angehören. In Deutschland sind dies – mit Einschränkungen – die DAX-30-Werte und in den USA die Werte des Dow Jones Industrial.

Eine Alternative ist die Kombination von Triple-A-Werten (AAA-Rating) und B-Werten. Durch diese Diversifikation können Überrenditen erzielt werden, da Aktien mit einem schlechteren Rating häufig ein stärkeres Kurspotenzial haben. Für langfristige Anleger eignet sich diese Strategie nicht, insbesondere wenn man eine Buy-and-hold-Strategie verfolgt. Über lange Zeiträume von zehn oder mehr Jahren wächst die Insolvenzgefahr von Aktiengesellschaften mit einem B-Rating. Eine solche Beimischung eignet sich nur für kurzfristige Anlagestrategien von ein oder zwei Jahren. Aufgrund der hohen Volatilität von einzelnen Papieren gilt der Erfahrungswert, dass Aktien frühestens erst nach fünf Jahren im Plus sind und eine angemessene annualisierte Rendite erzielen, die Anleihenrenditen übertrifft.

Ergebnisse der Kapitalmarktforschung:

Bei einem Rating von BB oder B+, also einer Herabstufung innerhalb der Hauptkategorie B, betrug die durchschnittliche Jahresrendite weniger als 2 Prozent. Eine derartige Rendite liegt weit unter der Rendite, die durch eine indexorientierte Anlagestrategie (also eine passive Investmentstrategie) erreicht werden kann. Der DAX bzw. der Dow Jones erreicht im jährlichen Durchschnitt wesentlich höhere Renditen.

Der Anleger erzielt durch die Investition in Aktien mit einem AAA-Rating deutliche Überrenditen. Für Anleger ist es daher ratsam, vor allem Aktien mit einer hohen Bonität zu wählen. Hoch verschuldete Unternehmen mit einem B-, C- oder D-Rating zeigen deutlich niedrigere Renditen und bergen ein hohes, kaum vertretbares Risiko. Aktiengesellschaften mit schlechterer Bonität können eine höhere Rendite abwerfen. Dieses Phänomen wird auf den Leverage-Effekt zurückgeführt, d.h. ein höherer Fremdkapitalanteil im Unternehmen bedingt eine Hebelwirkung, die sich in der Gesamtrentabilität niederschlägt. Dieser Effekt tritt nur kurzfristig auf, daher sollten langfristig ausgerichtete Anleger einer hohen Bonität den Vorzug geben.

3.10 Der Umsatz: Die Ausgangsgröße

Das Kurs-Umsatz-Verhältnis (price/sales-ratio) einer Aktie wird bestimmt, indem man den aktuellen Aktienkurs durch den Umsatz pro Aktie dividiert. Der Umsatz bzw. das Umsatzwachstum sind wichtige Indikatoren für die Ertragslage eines Unternehmens und dessen Zukunfts- und Innovationsfähigkeit. Vor allem das Brutto-

3.10 Der Umsatz: Die Ausgangsgröße

ergebnis vom Umsatz spielt für die angemessene Bewertung eines Unternehmens eine große Rolle.

Für die Erhebung muss das Unternehmen in der Kostenträgerrechnung das Umsatzkostenverfahren durchführen. Das umsatzbezogene Bruttoergebnis resultiert aus der Saldierung der Umsatzerlöse und der ihnen gegenübergestellten Herstellungskosten und wird in der Gewinn- und Verlustrechnung ausgewiesen. Eine positive Marge spiegelt eine bessere Ertragslage des Unternehmens wider. Fällt die erzielte Marge und steigen die Umsatzerlöse, dann zeigt dies Probleme bei der Kostendeckung auf. Sind Veränderungen beim Saldo auf steigende Margen zurückzuführen, obwohl gleichzeitig die Umsatzerlöse sinken, dann kann man daraus schließen, dass das Unternehmen eine ausgeprägte Expansionspolitik verfolgt und versucht, sich neue Geschäftsfelder zu erschließen.

Einen eindeutigen Hinweis findet der Investor in der für große Kapitalgesellschaften und Konzerne obligatorischen Segmentberichterstattung. Aus der Segmentberichterstattung kann der Aktionär entnehmen, in welchen Bereichen das Unternehmen innovativ ist und neue Geschäftsfelder aufbaut. Eine ausgeprägte Expansionspolitik kann den Aktienkurs kurzfristig beeinträchtigen und zu Kurseinbußen führen. Die hohe finanzielle Belastung des Unternehmens und andere Unwägbarkeiten bei der Erschließung von Geschäftsfeldern führen zu Unsicherheiten bei der Bewertung eines Unternehmens. Sind die Expansionsbestrebungen langfristig lukrativ und gewinnträchtig, dann erholt sich der Aktienkurs meist innerhalb angemessener Zeit.

Dennoch sollten Investoren bedenken, dass angesichts des Kostendrucks und des intensiveren Wettbewerbs Expansionen auch mit erheblichen Risiken verbunden sind. Eine forcierte Expansion und eine Vielzahl von divergierenden Geschäftsfeldern können die Handlungs- und Entwicklungsfähigkeit eines Unternehmens sowie die Konzentration auf die Kerngeschäftsbereiche nachhaltig in Mitleidenschaft ziehen.

Nicht immer ist eine Unternehmensexpansion für die positive Veränderung des Bruttoergebnisses beim Umsatz verantwortlich. Bisweilen kann auch eine so genannte Umgliederung vorliegen, bei der im Rahmen des Asset Managements sonstige betriebliche Erträge als gewinnbringende Geschäfte in der Bilanz gesondert erfasst werden. Eine solche Umbenennung und Umstellung weist auf keine Expansionspolitik hin. Für den Aktionär kann es aber interessant sein, wenn einzelne Geschäftsaktivitäten so lukrativ sind, dass sie zu einem eigenen Geschäftsfeld avancieren.

Die Umsatzrentabilität veranschaulicht anhand des Umsatzes, wie effizient und optimal das Unternehmen gewirtschaftet hat – man spricht daher auch von Gewinnspanne. Die Umsatzrendite ist in erheblichem Maße von der Branche abhängig. Während Einzelhandelsunternehmen nur eine geradezu minimale Umsatzrendite von einigen Prozent erzielen, bringen es dynamische Dienstleistungsunternehmen auf relativ hohe Werte. Da die Kennzahl aufgrund von bilanziellen Bewertungen und Sondersituationen erheblich variieren kann, wird anstelle des Jahresüberschusses auch das Betriebsergebnis, eine Kombination aus Betriebs- und Finanzergebnis oder das EBIT als Grundlage genommen. Generell berechnet sich die Umsatzrendite als Quotient aus Jahresüberschuss und Umsatz.

Bei der Analyse sollte man auch bedenken, dass die Umsatzrendite zur Rentabilitätsanalyse nur einen Aspekt beiträgt; der Gewinn eines Unternehmens hängt letztlich von vielen anderen Faktoren wie den Personalkosten, dem Materialeinsatz und der Organisationsstruktur ab, so dass sich Unternehmen mit der gleichen Umsatzrendite erheblich in ihrem Cashflow und ihrem Jahresüberschuss unterscheiden können.

Die mit den Personalkosten verbundene Arbeitsproduktivität beispielsweise gibt den Umsatz pro Beschäftigten an. Eine überdurchschnittliche Arbeitsproduktivität ist das Charakteristikum von materialintensiven Unternehmen, die eine geringe Fertigungstiefe aufweisen. Auch Dienstleistungsunternehmen zeichnen sich aufgrund des hohen Personaleinsatzes durch eine höhere Arbeitsproduktivität aus.

Die Personalintensität ermittelt den Anteil des Umsatzes, der auf den Personalaufwand entfällt. Eine hohe Personalintensität deutet auf eine zu hohe Beschäftigungszahl im Unternehmen hin. Andere Faktoren wie übermäßige Lohnerhöhungen, Abfindungen, Personalentwicklungskosten und eine Erhöhung der Fertigungstiefe spielen eine wichtige Rolle. Eine zurückgehende Personalintensität kann jedoch auch auf andere Ursachen wie Outsourcing oder Personalleasing zurückgeführt werden. Um die Veränderungen der Personalintensität genauer untersuchen zu können, sollte der Anleger zusätzlich auch das Lohnniveau und die Arbeitsproduktivität berücksichtigen.

Die Materialintensität beschreibt die Relation zwischen Materialaufwand und Umsatzerlösen. Eine hohe Materialintensität geht einher mit einer geringen Anlagenintensität und deutet deshalb auf eine geringe Fertigungstiefe hin. Obwohl gerade technologisch fortgeschrittene Unternehmen eine hohe Fertigungstiefe benötigen, ist aus der Sicht der Aktienanalyse eine geringe Fertigungstiefe bisweilen von Vorteil. Dieser Umstand führt dazu, dass ein Unternehmen, das über weniger Anlagevermögen verfügt, regelmäßig hohe Aufwen-

3.10 Der Umsatz: Die Ausgangsgröße

dungen in Form von Abschreibungen verursacht. Außerdem ist der Personalaufwand wegen der geringeren Fertigungstiefe niedriger, denn hoch qualifizierte Experten sind weniger erforderlich. Eine Veränderung der Materialintensität ergibt sich bei identischen Rahmenbedingungen im Unternehmen, wenn die Preise am Absatz- oder Beschaffungsmarkt erheblichen Schwankungen unterliegen. Viele Unternehmen versuchen daher mit Hilfe des Supply Chain Managements und des Global Sourcing solche Faktoren zu kontrollieren. Nicht immer korreliert eine geringere Fertigungstiefe mit einer steigender Materialintensität.

Eine sorgfältige Umsatzanalyse bezieht auch die Umschlagshäufigkeit der Forderungen mit ein. Sie wird als ein Quotient aus den Umsatzerlösen und den Forderungen aus Lieferungen und Leistungen gebildet. Je mehr die Zahl der Forderungen im Unternehmen zunimmt, desto stärker erhöht sich die verfügbare Liquidität. Eine höhere Umschlagshäufigkeit der Forderungen ist in der Aktienanalyse generell ein positiver Indikator.

Der Anleger sollte berücksichtigen, dass Forderungen bei der Bilanzierung in drei verschiedene Kategorien eingeteilt werden. Bei uneinbringlichen Forderungen erfolgt eine Einzelwertberichtigung, während bei allen vorhandenen Forderungen eine Pauschalwertberichtigung vorgenommen wird, die einen gewissen Prozentsatz ausmacht. Wenn die Umsatzerlöse eine konstante Entwicklung aufweisen, die Umschlagshäufigkeit jedoch steigt, dann gibt es dafür zwei Erklärungsmöglichkeiten:

- Zum einen ist es denkbar, dass das Unternehmen die Zahlungsziele durch ein effizienteres Mahnwesen, eine sorgfältigere Bonitätsprüfung und bessere Konditionen (wie Skonti) erheblich verbessern konnte. Aufgrund dieser Maßnahmen erhöht sich die Liquidität des Unternehmens. Eine solche Entwicklung stellt innerhalb der Aktienanalyse einen Pluspunkt dar.
- Weniger positiv dagegen ist es, wenn die günstigere Kennzahl von Forderungsausfällen oder erheblichen Wertberichtigungen auf Forderungen begleitet ist.

Bei dem Kurs-Umsatz-Verhältnis spielen noch andere Faktoren eine Rolle, die bei jeder Analyse berücksichtigt werden sollten. Eine Aktie, deren Kurs erheblich fällt – sei es aufgrund einer Rezession, infolge von Zinserhöhungen der Zentralbank oder wegen ungünstiger Analystenprognosen –, wird ein günstiges Kurs-Umsatz-Verhältnis erreichen; denn der Nenner des Quotienten verringert sich durch die Kurseinbußen. Bei der Aktienauswahl ist es folglich entscheidend, nicht nur das KUV zu beachten, sondern auch das Umsatzwachstum. Anders als andere Einflussgrößen kann der Umsatz durch bilanzielle Bewertungen nicht verändert werden; er spiegelt daher sehr viel deutlicher die reale Situation im Unternehmen wider.

Ein starkes, nachhaltiges und kontinuierliches Umsatzwachstum steht für die Solidität eines Unternehmens. Man sollte aber bedenken, dass zu starke Umsatzsteigerungen ein Unternehmen zur fortschreitenden Expansion und zur Erhöhung der Produktionskapazität zwingen. Eine solche Ausweitung führt regelmäßig zu Finanzierungsproblemen, die ein Unternehmen überfordern können. Viele Klein- und mittelständische Unternehmen sind oft an einer zu stürmischen Expansion gescheitert, die die Organisations- und Führungsstrukturen beeinträchtigen oder umwälzen kann. Der Lebenszyklus eines Unternehmens hängt davon ab, inwieweit die Geschäftsführung oder der Vorstand imstande sind, den mit hohem Umsatzwachstum verbundenen Expansionszwang zu meistern. Das Kurs-Umsatz-Verhältnis muss vor diesem Hintergrund interpretiert werden.

Befunde aus der Finanzmarktforschung zum KUV

Schon in den achtziger Jahren wurde in einer Studie von Jacobs und Levy[141] untersucht, ob es einen empirisch nachweisbaren Zusammenhang zwischen dem KUV und möglichen Überrenditen gibt. Der als führende Investmentstratege durch zahlreiche Experten bekannte O'Shaughnessy[142] führte Mitte der neunziger Jahre eine Untersuchung zum Kurs-Umsatz-Verhältnis durch, die sich auf den Zeitraum von 1951 bis 1994 erstreckt. Er betrachtete die Wertentwicklung von 10.000 US-Dollar, die im Jahre 1951 angelegt wurden. Als zu vergleichende Portfolios wählte er als Indexstrategie den S&P500 und als Überrendite-Portfolio die Aktien, die ein Kurs-Umsatz-Verhältnis von weniger als 1 haben, d. h. bei denen der Umsatz pro Aktie über dem aktuellen Börsenkurs liegt.

Das Vermögen, das 1951 fiktiv in den S&P500 investiert wurde (also in die 500 amerikanischen Aktien entsprechend ihrer Gewichtung im Index) erreichte 1994 einen Wert, der unter 800.000 US-Dollar lag. Das gleiche Anfangsvermögen, das in die Aktien mit dem niedrigsten Kurs-Gewinn-Verhältnis (unter 1,0) floss, schuf im selben Zeitraum ein Vermögen von über 5,6 Millionen US-Dollar. O'Shaughnessy, der als Spezialist für Investmentstrategien an einer Kombination verschiedener Vorgehensweisen interessiert ist, kombiniert die Anlage in

---

[141] Jacobs, B.; Levy, K. N.: Disentangling Equity Return Regularities: New Insights and Investment Opportunities. In: Financial Analysts Journal, 44 (1988), S. 18–43.

[142] O'Shaughnessy, James P.: Die besten Anlagestrategien aller Zeiten, Landsberg/Lech 1998.

Aktien mit niedrigem KUV mit einer weiteren Strategie. Selektiert man diese Aktien, die der KUV-Strategie folgen, weiter nach jenen Werten, die im Vorjahr die höchste Wertsteigerung erzielt haben (Winner-Strategie), dann fällt das Ergebnis noch besser aus. Bei der Kombination von KUV-Strategie und Winner-Strategie wird aus einem Anfangsvermögen von 10.000 US-Dollar im Jahre 1951 ein Vermögen von 7,8 Millionen US-Dollar im Jahre 1994.

In der Finanzmarktforschung wird kontrovers diskutiert, ob solche historischen Wertentwicklungen auf die Zukunft projiziert werden können. Im Portfoliomanagement bei den Banken und Brokern finden die Investmentstrategien O'Shaughnessys zumindest Resonanz.

In Japan wurde eine ähnliche Untersuchung von Aggerwal, Rao und Hiraki[143] durchgeführt, die Aktien mit einem niedrigen Kurs-Gewinn-Verhältnis mit jenen vergleicht, die ein hohes KUV haben. Das Ergebnis ist eindeutig: Aktien mit einem niedrigen KUV erzielen eine durchschnittliche Monatsrendite von 1,86 Prozent, während Werte mit einem hohen KUV mit 1,13 Prozent Monatsrendite wesentlich schlechter abschneiden.

Anleger sollten bei der Aktienauswahl das Kurs-Umsatz-Verhältnis genau beachten und in die Analyse mit einbeziehen. Ein niedriges KUV sollte nicht aus einem starken Kursverfall resultieren. Vielmehr muss die günstige Relation durch ein starkes und kontinuierliches Umsatzwachstum zustande kommen. Der Umsatz spiegelt als originäre Zahl in hohem Maße die Positionierung des Unternehmens wider, jedoch ist es auch wichtig, die Kostenstruktur und die Flexibilität eines Unternehmens bei der Erschließung neuer Marktsegmente nicht außer Acht zu lassen.

3.11 Dividende und Überrendite

Die Dividendenrendite lässt sich als die Kapitalverzinsung definieren, die durch Dividendenausschüttungen erfolgt. Da ein Kursanstieg sich unmittelbar auf die Höhe auswirkt, entsteht vor allem bei Wachstumswerten der Eindruck, dass die Dividendenausschüttung zu niedrig ausfällt. Für Technologiewerte und Aktien aus einem Wachstumssegment ist deshalb die Dividendenrendite kein ausschlaggebendes Kriterium.

Aktien mit einer hohen Dividendenrendite gelten als lukrativ; denn sie bieten neben der eigentlichen Kurssteigerung noch die Aus-

---

[143] Aggerwal, R.; Rao, R.; Hiraki, T.: Equity Return Regularities Based on the Price/Sales Ratio: An Empirical Study on the Tokyo Stock Exchange, North Holland 1990.

schüttung als zusätzliche Absicherung gegen Kursrückgänge. In früheren Zeiten wurden Aktien in erster Linie wegen der zuverlässigen Dividendenausschüttungen erworben. In den letzten Jahrzehnten ist dieser Gedanke in den Hintergrund getreten. Aktien werden primär wegen erwarteter Kurssteigerungen gekauft. Dennoch spielt die Dividende als Absicherung in Krisenzeiten, insbesondere bei einer Seitwärtstendenz der Börse oder bei fallenden Kursen, eine gewisse Rolle. In Deutschland lag die durchschnittliche Dividendenrendite bei 1 bis 2 Prozent pro Jahr. Einzelne Aktiengesellschaften – vorwiegend Blue Chips und unter den Branchen faktisch die Chemiewerte – schütten hohe Dividenden aus. Auch unter den Mid Caps und den Small Caps findet man vereinzelte Aktien, die durch hohe Ausschüttungen herausragen.

Der Anleger sollte sein Augenmerk nicht nur auf die Höhe der Dividendenrendite richten, sondern auch auf die gesamte Ertrags- und Finanzlage des in Frage kommenden Unternehmens. Aktien mit hoher Dividendenrendite haben häufig einen längeren Kursverfall hinter sich, der die Dividendenrendite automatisch in die Höhe treibt. Möchte man die Dividende näher analysieren, ist es notwendig zu beobachten, wie sich der Kurs in den letzten Jahren entwickelt hat. Bei einem starken Kurseinbruch mag die Dividendenrendite zwar beträchtlich erscheinen, doch sind in einem solchen Fall weitere Kursrückgänge nicht auszuschließen. Andere Kennzahlen und fundamentale Daten sollten zur Konkretisierung der Situation herangezogen werden. Ein Qualitätsmerkmal von Aktien, die aufgrund der Analyse als Favoriten gelten können, ist die Kontinuität der Dividendenzahlung. Besonders für die Altersvorsorge sollte man nur Aktien wählen, die eine langfristige Dividendenkontinuität vorweisen und ihre Dividende regelmäßig erhöht haben. Viele traditionsreiche Unternehmen zahlen selbst bei einem Gewinnrückgang die übliche Dividende. Für konservative Anleger ist ein Ausfall der Dividende oder eine Absenkung der Ausschüttung ein Grund, solche Aktien zu meiden.

Diese Regel gilt nicht für Technologiewerte, die Gewinne meist sofort reinvestieren. Für solche Aktiengesellschaften ist der Selbstfinanzierungsgrad, der das Verhältnis der Gewinnrücklagen zum Eigenkapital beschreibt, aussagekräftiger. Er verdeutlicht, ob das Unternehmen durch Gewinnthesaurierung imstande war, die Kapitalbasis auszuweiten, was auf eine hohe Ertragsstärke und eine ausgeprägte Selbstfinanzierungskraft hindeutet. Für Aktionäre ist dies stets ein Vorteil, da viele Anleger aus steuerlichen Gründen und aufgrund der Schwierigkeit, die Ausschüttungen bei einer schwierigen Börsenlage erneut gewinnbringend anzulegen, weniger an hohen Dividenden interessiert sind. Zwar gewähren viele Investmentgesellschaften Wiederanlagerabatte, aber wenn der Anleger einen anderen Fonds bevorzugt oder in Aktien investieren möchte, stellt sich stets die Frage nach dem richtigen Timing. Aus diesen Gründen ist die Ausschüttung von Dividenden nicht immer vorteilhaft und wird von manchen Unternehmen nur zurückhaltend praktiziert. Technologiewerte bevorzugen generell die Thesaurierung von Gewinnen oder reinvestieren sie unmittelbar.

In den USA haben die meisten Aktien ohnehin eine vergleichsweise relativ niedrige Dividendenrendite. In Deutschland sind die Dividendenausschüttungen höher, was auch auf die günstigere Besteuerung zurückzuführen ist. Die Höhe der Ausschüttung ist in der Praxis von den gesetzlichen Rahmenbedingungen und der Satzung der Aktiengesellschaft abhängig.

Falls das Unternehmen Dividende zahlt, ist dieser Umstand ein wichtiger Anhaltspunkt für die Bewertung einer Aktie. In einer ersten wissenschaftlichen Studie[144] aus dem Jahre 1979 wurde untersucht, ob Aktien mit einer hohen Dividendenrendite eine besonders hohe Wertsteigerung haben. Dieser Zusammenhang konnte bestätigt werden. Inzwischen gibt es sogar eine Reihe von Fonds, die vor allem auf Aktien mit einer hohen regelmäßigen Dividendenausschüttung setzen.

Ein Portefeuille, das überwiegend aus Aktien mit einer hohen Dividendenrendite besteht, übertrifft ein Vergleichsportfolio mit den niedrigsten Dividendenausschüttungen um ein Vielfaches. Dies kommt deutschen Aktien, die traditionell eine höhere Dividendenkontinuität verzeichnen als amerikanische Werte, besonders zugute.

Die so genannte Top-10-Strategie wählt jährlich aus 30 Dow-Jones-Aktien jene aus, die die höchste Dividendenrendite besitzen. In einer Erweiterung werden diese zehn Werte noch einmal gefiltert, indem man nur die Aktien in das Depot nimmt, die die niedrigsten Kurse aufweisen. Hinter dieser Taktik verbirgt sich die Grundannahme, dass Titel mit einem niedrigen Kurs langfristig stärker steigen. Diese Strategie wird als das „Low-5-Depot" bezeichnet.

In den Jahren von 1976 bis 1995[145] ließ sich mit diesen Strategien folgende jährliche Wertentwicklung erzielen:

- Dow-Jones-Indexstrategie (als Benchmark): 16 Prozent
- Top-10-Strategie: 20,5 Prozent
- Low-5-Depot: 24 Prozent

Erstaunlicherweise tritt der Januar-Effekt wie beim Größeneffekt, beim KBV- und KGV-Effekt auch bei der Dividendenrendite auf. In

---

[144] Litzenberger, R.; Ramaswamy, K.: The Effects of Personal Taxes and Dividends on Capital Asset Prices: Theory and Empirical Evidence. In: Journal of Political Economics, 7 (1979), S. 163–195.
[145] Sattler, Ralf: Aktienkursprognose, München 1999, S. 87.

einer empirischen Untersuchung von Haugen und Lakonishok wurde nachgewiesen, dass der Januar-Effekt bei allen Aktien auftritt – unabhängig davon, ob eine Dividende ausgeschüttet wird oder nicht. Bei den dividendenstarken Titeln ist dieser Januar-Effekt[146] mit Bezug auf andere Dividendenwerte noch stärker ausgeprägt.

Eine wissenschaftliche Erklärung für den Dividendenrendite-Effekt[147] ist, dass Aktiengesellschaften, die übermäßig Gewinne an die Aktionäre ausschütten, häufiger auf eine Kapitalerhöhung angewiesen sind als Unternehmen, die alle Gewinne thesaurieren oder investieren. Eine Kapitalerhöhung erfordert eine hohe Bonität von dem Unternehmen, um sie an der Börse durchsetzen. Daher wirtschaften Unternehmen mit hohen Ausschüttungen umsichtiger und gewinnorientierter.

Anleger, die sich die Dividendenrendite-Strategie zu Eigen machen wollen, sollten vor allem große Unternehmen – Blue Chips – bevorzugen, die eine hohe Ausschüttung mit sich bringen. Für Small Caps und Mid Caps ist diese Strategie ungeeignet.

In einer wissenschaftlichen Studie konnte der Investmentstratege O'Shaughnessy[148] Folgendes belegen: Ein Portfolio, das generell auf die Aktien mit der höchsten Dividendenrendite setzte, kam nur auf eine unterdurchschnittliche Rendite, die noch weit unterhalb der Wertsteigerung des Index lag. Nur wenn man Aktien mit einer großen Börsenkapitalisierung – beispielsweise die Standardwerte des Dow Jones Industrial, den DAX oder den EuroStoxx50 – wählte, war man langfristig viel besser als der Durchschnitt des Marktes. Solche Aktien sollten zusätzlich vor allem im Januar im Depot sein, um den Januar-Effekt zusätzlich zu nutzen. Möglicherweise kann man diese Strategie noch durch das Low-5-Depot optimieren, indem man die Aktien mit den niedrigsten Kursen präferiert.

3.12 Warum Verlierer Gewinner sein können

Die Strategie des Low-5-Depots deutet auf einen möglichen Winner-Loser-Effekt hin. DeBondt und Thaler[149] haben Mitte der achtziger Jahre diesen Überrendite-Effekt empirisch bestätigt. Sie vergleichen

---

[146] Haugen, R. A.; Jorion, P.: The January Effect: Still There After All These Years. Financial Analysts Journal 52 (1996), S. 27–31.

[147] Hodrick, R. J.: Dividend Yields and Expected Stock Returns: Alternative Procedures for Inference and Measurement. Review of Finacial Studies, 4 (1992), S. 357–386.

[148] O'Shaughnessy, James P.: Die besten Anlagestrategien aller Zeiten, Landsberg/Lech 1998.

[149] De Bondt, W.; Thaler, R.: Does the Stock Mareket Overreact? Journal of Finance, 40 (1985), S. 793–805.

3.12 Warum Verlierer Gewinner sein können

Aktien, die in den letzten fünf Jahren wesentlich schlechter abgeschnitten haben, mit Werten, die sich durch eine starke Performance ausgezeichnet haben. Das Ergebnis der Studie war verblüffend: Schwache Werte konnten in den Folgejahren die einstigen Favoriten übertrumpfen – ihre Rendite lag zum Teil über 5,9 Prozent pro Jahr über den früheren Stars. Eine nähere Betrachtung[150] ergab, dass es weniger ein Performanceverlust der herausragenden Werte war, sondern dass die als Loser gebrandmarkten Aktien eine viel stärkere Dynamik entfalteten. Bei einer schlechten Marktverfassung verloren die Loser noch mehr und stürzten stärker ab im Vergleich zu den als solide geltenden Aktien.

Bei einer Hausse oder einer ausgeprägten Aufwärtstendenz gewannen die ehemaligen Loser weit mehr hinzu und überflügelten die bisherigen Favoriten. In den ersten fünf Jahren erzielten die Spitzenkandidaten eine durchschnittliche Monatsrendite von 2,8 Prozent, während die Loser monatlich 0,43 Prozent einbüßten. In den nächsten fünf Jahren aber kehrte sich das Bild um: Die einstigen Verlierer holten auf und hatten eine monatliche Performance von 1,33 Prozent, wohingegen die früheren Favoriten nur noch mit einer monatlichen Rendite von 0,61 Prozent glänzten. Für diesen Zeitraum hatten die einstigen Loser auch ein geringeres Schwankungsrisiko.

Wie bereits bei den anderen Überrendite-Effekten macht sich der Winner-Loser-Effekt zudem besonders im Januar bemerkbar. Weitere Analysen ergaben auch einen September-Effekt. Der September gilt mit einer negativen Rendite von –0,74 Prozent (gemessen von 1961 bis 1991) als einer der schlechtesten Monate des Börsenjahrs. „Loser-Aktien" hatten aber mit im September eine höhere Performance als die früheren Favoriten. Der Renditeunterschied liegt in Deutschland für das gesamte Jahr bei 8,5 Prozent zugunsten der Loser. Der Loser-Effekt ist besonders augenscheinlich im Januar, im Februar und im September eines Börsenjahres – er tritt besonders markant zutage bei einer schlechten Börsentendenz.

Es zeigte sich, dass dieser Winner-Loser-Effekt sich bei bestimmten Zeiträumen besonders verstärkt. In Drei- bis Sieben-Jahres-Zeiträumen lässt sich der Effekt auch ausmachen, aber er tritt besonders im Fünf-Jahres-Zeitraum zutage.

Die Winner-Loser-Regel gilt nicht uneingeschränkt. Laut einer Studie von O'Shaughnessy[151] setzt sich die Abwärtstendenz der Verlie-

---

[150] Jegadesh, N.; Titman, S.: Return to Buying Winners and Selling Losers: Implications for Stock Market Efficiency. Journal of Finance, 48 (1993), S. 65–91.

[151] O'Shaughnessy, James P.: Die besten Anlagestrategien aller Zeiten, Landsberg/Lech 1998.

rer des letzten Jahres fort. Anleger sollten daher Aktien, deren Kurs im letzten Jahre starke Einbußen erlitten hat, grundsätzlich meiden. Langfristig stellen sie sich als die schlechtesten Aktien heraus.

In Umkehrung der Winner-Loser-Regel schlägt O'Shaughnessy eine andere Strategie vor: Die 50 Aktien, die im letzten Jahr mit Abstand die beste Wertentwicklung hatten, erreichen im Durchschnitt im nächsten Jahr eine Rendite von 14,45 Prozent, wohingegen der S&P500 jährlich nur eine Wertsteigerung von 11,38 Prozent aufweist. Diese Strategie bezeichnet O'Shaughnessy als das Preismomentum.

Anleger sollten entweder die Winner-Loser-Strategie oder die Preismomentum-Strategie von O'Shaughnessy wählen. Bei der Winner-Loser-Strategie geht man von zwei Fünf-Jahres-Zeiträumen aus. In den ersten fünf Jahren wählt man die besten Aktien des Marktes. Nach Ablauf von fünf Jahren schichtet man das Depot um und wählt die Aktien mit der schlechtesten Wertentwicklung, soweit dies nach Beachtung der fundamentalen Daten möglich ist. Kritiker dieser Strategie wenden ein, dass man dabei vor allem auf Turnaround-Werte, die kurz vor der Insolvenz stehen, setzt. Eine solche Strategie ist für konservative Anleger nicht empfehlenswert.

Die Preismomentum-Strategie von O'Shaughnessy kürt die Topfavoriten eines Börsenjahres, die sich durch ihre exzellente Wertsteigerung aus der Masse hervorheben. Bedenken sollte man, dass ein starker, weit überdurchschnittlicher Kursanstieg auch einen beträchtlichen Kurseinbruch nach sich ziehen kann, wenn eventuell Gewinnwarnungen ausgegeben oder die Prognosen der Analysten verfehlt werden.

Manche Aktien mussten bereits Kursabschläge von 10 Prozent hinnehmen, nachdem das Gewinnergebnis nur um wenige Prozent von den Analystenprognosen abwich.

3.13 Gratisaktien auf der Überholspur

In den USA ist es üblich, Aktien, die einen hohen Kurs erreicht haben, zu splitten, d. h. ein Aktionär erhält für seine alte Aktie zwei neue. Diese auf den ersten Blick sonderbar anmutende Praxis soll es ermöglichen, „optisch" niedrige Kurse zu erreichen. Erfahrungen haben gezeigt, dass Aktien, die zu Höchstständen notieren, für viele Kleinanleger uninteressant sind. Der hohe Kurs wird als zu teuer für Kleinaktionäre empfunden, so dass der Titel gemieden wird, obwohl dies aus ökonomischer Sicht eine völlig irrationale Schlussfolgerung ist. Daher haben US-amerikanische Aktien meist Kurse, die unter 100 oder 50 US-Dollar liegen, da der Einfluss von Kleinanlegern dank der vielen Pensionsfonds und der weiten Verbreitung des Aktienbesitzes in den USA viel größer ist als in Deutschland. Dennoch gibt es auch hierzulande die Tendenz, hohe Aktienkurse zu vermeiden. Die Emissionskurse der meisten nach 1995 an die Börse gebrachten Gesellschaften lagen unter 50 €.

Aus fundamentalanalytischer Sicht ist es unerheblich, ob eine Aktie eher teuer oder billig ist, wenn sich diese Aussage lediglich auf den aktuellen Kurs bezieht und damit nicht der innere Wert eines Titels gemeint ist. Während beispielsweise die Porsche-Aktie in der Größenordnung mehrerer hundert Euro notiert, ist die Telekom-Aktie eher im Bereich zwischen 10 und 20 € angesiedelt. Dennoch wäre es ein Trugschluss daraus zu schließen, dass die Telekom-Aktie billig und der Titel des Stuttgarter Automobilherstellers teuer ist. Ein Kleinanleger, der 200 Telekom-Aktien ordert, fühlt sich subjektiv besser, als wenn er sich mit zehn Porsche-Aktien zufrieden geben muss. Obwohl ein solch optisch niedriger Kurs ökonomisch betrachtet keinerlei Einfluss auf die Ertrags- und Finanzlage hat, beeinflusst er doch die Wertentwicklung. Es handelt sich um einen psychologischen Effekt, den man mit einer Selbsttäuschung gleichsetzen kann.

Ein vergleichbares Phänomen ist die Ausgabe von Gratisaktien, die in Deutschland eher selten vorkommt. Gratisaktien sind keineswegs unentgeltliche Zugaben, sondern es handelt sich nur um eine andere Form des Splittings, bei dem statt der Relation 1:2 eine andere gewählt wird, die durch die Ausgabe von „Gratisaktien", die man in den USA weniger euphemistisch als „Stock dividends" (Dividende in Form von Aktien) bezeichnet, bewerkstelligt wird. Der Aktionär hat vor und nach der Verteilung von Gratisaktien das gleiche Kapital. Auch dieses Vorgehen dient nur dazu, den Aktienkurs optisch zu schönen.

In einer empirischen Untersuchung fand Ikenberry[152] 1997 bei der Untersuchung von 1.275 Aktiensplits in den Jahren von 1975 bis 1990 heraus, dass Aktien in den ersten fünf Tagen nach der Ankündigung des Splits um 3,38 Prozent stiegen. Im ersten Jahr nach dem Split belief sich die Überrendite gegenüber anderen Papieren auf 7,93 Prozent und in den ersten drei Jahren danach steigerte sich die Überrendite auf 12,15 Prozent.

In einer bereits 1977 veröffentlichten Studie,[153] die sich auf den Zeitraum zwischen 1945 und 1965 konzentriert, kommen Bar-Josef und Brown zu völlig anderen Ergebnissen. Aktien, bei denen ein Split

---
[152] Baumann, M.: Lukrative Kosmetik. In: Wirtschaftswoche, 16 (1997), S. 185 ff.
[153] Bar-Josef, S.; Brown, L. D.: A Re-examination of Stock Splits Using Moving Betas. In: Journal of Finance, 32 (1977).

durchgeführt wurde, weisen in den 30 Monaten zuvor eine Überrendite von ca. 25 Prozent auf – in den 54 Monaten vor dem Split beläuft sich die zusätzliche Wertsteigerung sogar auf 30 Prozent. In der Zeit nach dem Split ist die Wertentwicklung dieser Aktien jedoch unterdurchschnittlich. Da man nicht vorhersagen kann, welche Aktien in der Zukunft gesplittet werden, sind diese Informationen für den Anleger nicht nutzbar. Insgesamt sind die Befunde in der empirischen Finanzmarktforschung zu uneinheitlich, um aussagekräftig zu sein. In Deutschland wurden bislang keine empirischen Studien zu Stock-Split-Effekten durchgeführt.

Für den Anleger bedeutet dies: Anders als die anderen Überrendite-Effekte (KGV, KUV, Cashflow, Dividendenrendite) ist der Stock-Split-Effekt nicht eindeutig – die empirischen Ergebnisse sind widersprüchlich, so dass hier in der Forschung noch einiges zu leisten ist. Möglicherweise tritt der Stock-Split-Effekt auch nur in bestimmten Börsensituationen oder -perioden auf. Für eine konkrete Anlagestrategie eignet sich daher der Stock-Split-Effekt nicht. Anleger sollten Aktien nach diesem Prinzip nur erwerben, wenn alle anderen fundamentalen Daten und andere Überrendite-Effekte für den Kauf sprechen. Eventuell kann auch die technische Analyse eine weitere Orientierungshilfe sein. Der Stock-Split-Effekt bekräftigt dann nur diese fundierte Entscheidung für ein bestimmtes Investment.

3.14 Warum ein Aktienrückkauf sich lohnt

Aktienrückkäufe waren lange Zeit vor allem in den USA anzutreffen, wo es Unternehmen gestattet ist, so viele eigene Aktien, wie sie möchten, an der Börse zurückzukaufen. In Deutschland wurde der Aktienrückkauf erst im Jahre 1998 gesetzlich zugelassen. Daher bestehen in Deutschland weniger Erfahrungswerte mit den Auswirkungen des Aktienrückkaufs. Der Aktienrückkauf hat verschiedene Vorteile, die sich die Unternehmen zunutze machen. Durch den Rückkauf verringert sich die Zahl der an der Börse gehandelten Aktien, was zu einem verknappten Angebot und zu höheren Kursen führt, sofern die Nachfrage das Angebot übersteigt.

Finanzierungstechnisch kommt der Aktienrückkauf einer erhöhten Dividendenausschüttung gleich: Beim Aktienrückkauf veräußern manche Anteilseigner einige ihrer Papiere über die Börse an das Unternehmen. Durch ihren Verkauf von Aktien fließt den Anlegern Kapital zu. Jene Aktionäre, die keine Aktien verkaufen, profitieren indirekt von der Kurssteigerung, die sich aus der geringeren Anzahl zirkulierender Papiere bei Nachfragebelebung ergibt. Außerdem

3.14 Warum ein Aktienrückkauf sich lohnt

deutet der Rückkauf auf eine Unterbewertung der Aktien hin, denn das Unternehmen könnte darauf spekulieren, dass ein Aktienrückkauf günstiger sei als eine erhöhte Dividendenausschüttung. Darüber hinaus könnte ein nachhaltiger Aktienrückkauf auch auf eine bevorstehende feindliche Übernahme hindeuten, denn durch den Rückkauf sichert man sich zusätzlich gegen ein Takeover ab.

Sollte das Unternehmen trotz dieser Schutzmaßnahmen übernommen werden, haben die Aktionäre meist Vorteile, da das übernommene Unternehmen einen starken Kursanstieg verzeichnet. Wenn das feindliche Unternehmen die Kontrollschwelle von 30 Prozent überschreitet, ist ein Übernahmeangebot notwendig, das sich als Preisuntergrenze am durchschnittlichen Kurs der letzten drei Monate orientiert. Für einen Beherrschungs- und Gewinnabführungsvertrag ist eine Dreiviertelmehrheit erforderlich. Freie Aktionäre bekommen eine Abfindung oder eine Garantiedividende. Wenn der Haupteigentümer mehr als 95 Prozent der Aktien hält, kann er die Minderheitsaktionäre dazu veranlassen, die Aktien an ihn zu verkaufen. Dieses so genannte Squeeze-out kann weitere Wertsteigerungen auslösen.

Bei der Übernahme der Buderus AG durch Bosch erzielten Altaktionäre einen Kursaufschlag von 16,7 Prozent. Die Übernahme der Firma Kiekert durch Schroder Ventures bescherte geduldigen Altaktionären ein Kursplus von 84,1 Prozent. Als Stinnes von der Deutschen Bahn übernommen wurde, betrug der Kurszuschlag immerhin 23,3 Prozent. Dieser Squeeze-out-Effekt tritt nicht generell auf, da die Verhandlungsbedingungen ausschlaggebend sind. Als die Allianz die Dresdner Bank erwarb, mussten Altaktionäre beim Squeeze-out eine Abschlag von 3,1 Prozent gegenüber dem Übernahmeangebot hinnehmen.

In einer Untersuchung von Ikenbarry und Vermaelen[154] wurde 1993 nachgewiesen, dass die Überrendite pro Jahr bei ca. 3 Prozent liegt, d. h. der Kurs von Unternehmen, die einen Aktienrückkauf durchführen, liegt in den ersten vier Jahren nach der Transaktion im Durchschnitt 3 Prozent über der Durchschnittsrendite des Marktes. Dieser Anstieg der Wertentwicklung macht sich bereits zwei, drei Jahre vor der Ankündigung bemerkbar, so dass diese Aktien in dem Zeitraum eine Überrendite von 10 Prozent erzielen. Im Jahr der Ankündigung jedoch ist die Wertentwicklung meist 6 Prozent schlechter als der Marktdurchschnitt.

Noch gibt es keine Investmentfonds, die sich auf den Rückkauf-Effekt konzentrieren und diese Strategie umsetzen. Angesichts der

---

[154] Ikenberry, D.; Lakonishok, J.; Vermaelen, T.: Market Underreaction to Open Market Share Repurchases. Working Pape, University of Illinois 1993.

eindeutigen empirischen Befunde der Kapitalmarktforschung sollten Anleger diesem erst in den 1990er Jahren gründlicher untersuchten Überrendite-Effekt besondere Aufmerksamkeit widmen. Für Deutschland liegen aufgrund der Einschränkungen des Aktienrückkaufs vor dem Jahr 1998 noch keine Studien vor. Dennoch kann der Rückkauf-Effekt als Entscheidungshilfe dienen, wenn alle andere Faktoren für eine Aktie sprechen.

3.15 Gewinne und das Momentum

Unter Momentum versteht man die Gewinndynamik. Aktien, die eine besonders stetige und stark ansteigende Gewinnentwicklung verbuchen können, zeigen deutlich erkennbare Überrenditen. Für die differenzierte Betrachtung des Gewinns verwenden viele Analysten abgestufte Gewinndefinitionen.

Das englische Akronym EBIT steht für „Earnings before Interest and Taxes". Gemeint ist damit der Jahresüberschuss vor Zinsaufwand und Steuern vom Einkommen und Ertrag. In Deutschland wird der EBIT oft mit dem Betriebsergebnis verglichen, denn Aufwendungen, die nicht unmittelbar dem operativen Geschäft zuzuordnen sind (wie Zinsen und Steuern) werden ausgeklammert; dafür enthält das EBIT unter Umständen außerordentliche Erträge oder andere Erträge, die durch bilanzielle Bewertungen entstanden sein können.

Der Jahresüberschuss vor Zinsen verdeutlicht, ob der restliche Betrag ausreicht, um die fälligen Zinsen aus Verbindlichkeiten durch das Ergebnis abzudecken sind. Problematisch an der Kennzahl ist die Ausklammerung des Steueraufwands, der besonders für die Finanzierungskosten und die latenten Steuern, die als Bilanzierungshilfe eingesetzt werden, von hoher Relevanz ist.

In der Aktienanalyse hat das EBIT zunehmend an Bedeutung gewonnen. Für den Vergleich von Aktiengesellschaften ist diese Kenngröße sehr gut geeignet, denn sie ermöglicht es, die operative Ertragskraft von Unternehmen sorgfältig zu vergleichen und verzerrende Rahmenbedingungen – wie die steuerliche Belastung oder die mit einer ungünstigen Kapitalstruktur verbundenen Zinsaufwendungen – auszuklammern. Einschränkungen der Verwendung des EBIT ergeben sich daraus, dass außerordentliche Erträge und Aufwendungen ebenso unberücksichtigt bleiben wie Bewertungsspielräume und einmalige Erträge. Für die exakte Berichtigung dieser Determinanten wurde deshalb das „adjusted" EBIT eingeführt, das diese Mängel beseitigt.

3.15 Gewinne und das Momentum

In der Aktienanalyse wird das EBIT nicht nur als absolute Kennzahl eingesetzt, sondern auch in Relation zu den Umsatzerlösen des Unternehmens oder im Hinblick auf die Börsenkapitalisierung; dann spricht man von EBIT-Multiples. Andere Ansätze wie das EBITDA und das EBITDASOP erweitern das ursprüngliche Grundkonzept des EBIT. Für eine realitätsnahe Bewertung des EBIT im Rahmen der Aktienanalyse ist es unabdingbar, die Kapitalstruktur des Unternehmens mit einzubeziehen.

Je ungünstiger die Kapitalstruktur ist, desto höher steigt auch das Verschuldungsrisiko, das mit einem hohen Zinsaufwand verbunden ist. Das EBIT muss durch eine Risikoprämie korrigiert werden, die sich an dem Kapitalstrukturrisiko orientiert.

Die vom Grundkonzept des EBIT abgeleitete Kenngröße EBITDA steht für die englische Bezeichnung „Earnings before Interest, Taxes, Depreciation and Amortisation". Sie umfasst mehr Ausschlussfaktoren als das herkömmliche EBIT und bezieht sich auf den Jahresüberschuss oder eine davon abgeleitete, um verschiedene Einflussfaktoren bereinigte Gewinngröße vor Zinsaufwand, den Steuern von Einkommen und Ertrag und Abschreibungen. Dabei werden die planmäßigen Abschreibungen auf das Sachanlagevermögen und das immaterielle Vermögen sowie den Geschäfts- oder Firmenwert herausgerechnet, um Verzerrungen zu vermeiden, die insbesondere bei immateriellen Vermögensgegenständen auftreten können.

Die Kennzahl simuliert die imaginäre Situation, bei der keine Reinvestitionen im Unternehmen mehr vorgenommen werden. Stattdessen wird davon ausgegangen, dass alle eigentlich notwendigen Abschreibungen für Ausschüttungen verwendet werden. Durch diese Fiktion wird es möglich, die Ertragskraft eines Unternehmens exakter einzugrenzen, auch wenn die zugrunde liegenden Annahmen irreal sind. Diese Kennzahl erlaubt es, Unternehmen gezielter zu vergleichen, indem man von mehr oder minder zufälligen Rahmenbedingungen abstrahiert.

Die Unterschiede in der Vermögensstruktur werden auf diese Weise verwischt. Vom Cashflow unterscheidet sich das EBITDA durch die Ausklammerung von Zinsen und Steuern, die einen Einfluss auf die Liquidität eines Unternehmens haben. Das EBITDA eignet sich in der Aktienanalyse vor allem zur Betrachtung und Bewertung von Unternehmen, deren Substanz von der Wertminderung nur am Rande tangiert wird, was auf viele Dienstleistungsunternehmen zutrifft. Analysten nehmen als Faustregel an, dass die Ausklammerung der Abschreibungen durch die Wertsteigerungen des Anlagevermögens ausgeglichen wird. Will man den EBITDA möglichst präzise erfassen, empfiehlt es sich, außerordentliche Erträge und Aufwendungen herauszurechnen. Unter der Abkürzung „Earnings before Interest, Taxes, Depreciation, Amortisation and Stock Option Programmes" (EBITDASOP) versteht man den Jahresüberschuss (oder die entsprechende bereinigte Gewinngröße) vor Zinsaufwand, Steuern vom Einkommen und Ertrag, Abschreibungen und Aufwendungen aus einem Stock-Options-Programm. Dass das Stock-Options-Programm bei der Berechnung ausgegrenzt wird, liegt darin begründet, dass diese Art der Vergütung in den Unternehmen sehr verschieden gehandhabt wird und damit die Vergleichbarkeit von Kennzahlen beeinträchtigt würde. Deshalb werden Optionen mit ihrem beizulegenden Wert so behandelt, als wären sie ein Teil der Vergütung, der aufwandswirksam berücksichtigt wird. Dies lässt sich dadurch rechtfertigen, dass keine liquiden Mittel verloren gehen und auch das Vermögen keine Einbußen erleidet.

Zur exakten Bewertung des Gewinns wurde komplexe Kennzahlen entwickelt, die eine bessere Analyse gestatten als die herkömmliche Angabe des Gewinns pro Aktie. Der Economic Value Added (EVA) ist eine wichtige und in den letzten Jahren zunehmend verbreitete Konzeption zur periodenbezogenen Ermittlung der Unternehmenswertsteigerung. Ähnlich wie bei dem in den achtziger Jahren eingeführten Shareholder Value wird der Unternehmenswert als Äquivalent des Barwerts zukünftiger Erträge verstanden. Der Wertbeitrag ist dann positiv, wenn die Rendite die benötigten Kapitalkosten im Unternehmen übersteigt. Der EVA gibt den so genannten Spread an, der sich auf die erzielte Überrendite bezieht. Diese Überrendite wird nicht als relative Kennzahl, sondern als absolute Kennzahl mit dem Betrag genannt.

Für die exakte Berechnung des Economic Value Added benötigt man ein Accounting Model, das über 200 Bereinigungen vorsieht, die alle Störfaktoren eliminieren, die die Erfolgsermittlung verzerren oder erheblich beeinträchtigen können. Eine solche fundierte Analyse setzt voraus, dass zuerst ein Economic Model des Unternehmens erstellt wird, das diese Einflussgrößen ermittelt und deren Wirkungsverhältnis veranschaulicht. Im Sinn der Konzentration auf die Kernkompetenzen werden Bereiche, die nicht zu den Kerngeschäften des Unternehmens zählen, entfernt und Finanzierungsarten, die zu einer Verzerrung des Erfolgs führen können wie das Leasing, unberücksichtigt gelassen. Stille Reserven, die vor allem bei deutschen Aktiengesellschaften eine Schlüsselrolle spielen, werden gezielt ausfindig gemacht und ebenso wie der Steueraufwand bei der Erfolgsermittlung berücksichtigt. In der Praxis beschränkt man zu einer einfacheren Berechnung der EVA die Zahl der Gesamtfaktoren.

3.15 Gewinne und das Momentum

Der CFROI leitet sich von dem Capital Asset Pricing Model ab und zieht zusätzliche Kriterien wie die Unternehmensgröße und das Kapitalstrukturrisiko heran. Die beiden Kennzahlen CFROI und EVA beruhen auf einem vergleichbaren Konzept. Sie gestatten eine genauere Einstufung des Unternehmens als der weit verbreitete Shareholder Value.

Um die Gewinnentwicklung eines Unternehmens sorgfältig beurteilen zu können, ist es unabdingbar, eine Erfolgsquellenanalyse vorzunehmen, bei der es darum geht, das Betriebsergebnis und Finanzergebnis anteilsmäßig zu bestimmen. In der Bilanz wird vor allem das Ergebnis der gewöhnlichen Geschäftstätigkeit in den Vordergrund gerückt. Das Ergebnis der gewöhnlichen Geschäftstätigkeit ist eine Position der Gewinn- und Verlustrechnung. Es umfasst alle Aufwands- und Ertragspositionen mit Ausnahme der außerordentlichen Erträge und Aufwendungen, den Steuern vom Einkommen und vom Ertrag und den sonstigen Steuern. Das Ergebnis der gewöhnlichen Geschäftstätigkeit schließt das Finanzergebnis und die sonstigen betrieblichen Erträge mit ein.

Die Erfolgsquellenanalyse zeigt die Schwerpunkte der im Unternehmen erzielten Ergebnisse auf. Wenn das Betriebsergebnis den größten Anteil am Erfolg ausmacht, dann ist dies besonders vorteilhaft. Kritisch beurteilen sollte der Anleger und Investor die sonstigen betrieblichen Erträge und Aufwendungen. Bei manchen Aktiengesellschaften machen diese beiden Positionen einen hohen Anteil aus. Sie müssen nicht im Anhang erläutert werden, so dass der Anleger im Unklaren bleibt, wie sich diese Positionen zusammensetzen. Ein hohes ordentliches Betriebsergebnis muss in seiner Stärke relativiert werden, wenn die sonstigen betrieblichen Erträge und Aufwendungen ein besonders Gewicht besitzen.

Welche Bedeutung dem Finanzergebnis zukommt, hängt letztlich auch von der Branche ab. Unternehmen mit einer Vielzahl von Beteiligungen kommen zu einem wesentlich höheren Finanzergebnis. Besonders symptomatisch ist dies bei Holding-Gesellschaften. Auch die Branchen Maschinenbau und Bauwesen können hohe Finanzergebnisse erzielen, wenn durch Anzahlungen beträchtliche Zinserträge vereinnahmt werden. Vorsicht ist bei der langfristigen Beurteilung geboten, denn die Ertragslage von Beteiligungen kann sich ändern und dementsprechend das Finanzergebnis beeinflussen. Dies gilt insbesondere für Erträge, die auf Anzahlungen und einer geschickten Finanzplanung beruhen, da sie bei der Auftragsabwicklung und beim Projektmanagement spontan Verzögerungen oder unvorhergesehene Schwierigkeiten einstellen können.

Besonders sorgfältig und kritisch sollten Anleger den Anteil des außerordentlichen Ergebnisses beurteilen, denn es kann das Gesamtergebnis deutlich verzerren. Da das außerordentliche Ergebnis nur einen einmaligen Effekt auf den Erfolg eines Unternehmens hat, ist es für die langfristige Einschätzung des Unternehmens von nur unerheblicher Bedeutung. In der Praxis konnte gezeigt werden, dass Unternehmen dazu tendieren, Erträge, die eigentlich dem außerordentlichen Ergebnis zuzuordnen sind, im sonstigen betrieblichen Bereich zu verbuchen; Aufwendungen dagegen, mit denen man das Betriebsergebnis nicht belasten möchte, werden als Aufwendungen beim außerordentlichen Ergebnis in Rechnung gestellt.

Eine sorgfältige Erfolgsquellenanalyse gibt daher Aufschluss über die exakte Zusammensetzung des Gesamtergebnisses und macht auch deutlich, wie die Prognose in den Folgejahren aussehen könnte. Für die Beurteilung des Gewinnmomentums ist eine solche Aufschlüsselung der Gewinnentwicklung von großer Bedeutung.

Zusätzlich ermöglicht eine akribische Rentabilitätsanalyse eine genaueren Einblick in die aktuelle Situation des Unternehmens. Die Gesamtkapitalrentabilität (oder Gesamtrendite) zeigt dem Anleger, wie optimal ein Unternehmen mit den vorhandenen Mitteln gewirtschaftet hat. Die Gesamtrentabilität ist eine Kennzahl dafür, wie effizient das Unternehmen mit dem investierten Kapital gewirtschaftet hat bzw. wie hoch die Verzinsung auf das eingesetzte Gesamtkapital ist.[155] Im Gegensatz zu anderen Rentabilitätskenngrößen bezieht die Gesamtrendite die Fremdkapitalzinsen mit ein, so dass auch Unternehmen mit einer unterschiedlichen Kapitalstruktur sinnvoll verglichen werden können.

Die Gesamtkapitalrentabilität ist vor allem eine Orientierungsgröße für die Unternehmensleitung, da sie die Optimierung widerspiegelt, die das Management durch geeignete Maßnahmen erreicht hat. Für die Anleger dagegen ist die Gesamtkapitalrentabilität eine Kennzahl mit nur eingeschränkter Aussagekraft. Durch zusätzliche Verschuldung und damit eine Erhöhung der Fremdkapitalquote kann das Unternehmen die Gesamtkapitalrendite steigern. Durch die Ausweitung der Kreditaufnahmen erhöhen sich die Kapitalkosten und das Kapitalstrukturrisiko. Daher ist der Return on Investment (ROI) für Aktionäre eine bessere und anschaulichere Kennzahl, denn der Zinsaufwand wird uneingeschränkt berücksichtigt und fließt in die Kennzahl mit ein. Die Gesamtkapitalrentabilität kann anhand einer Strukturbilanz korrigiert werden; außerdem besteht die Möglichkeit anstelle des Jahresüberschusses den Cashflow zu wählen, der bilanzpolitisch motivierten Modifikationen weniger zugänglich ist.

---

[155] White, Gerald I.; Sondhi, Ashwinpaul C.; Fried, Dov: The Analysis and Use of Financial Statements, 2. Aufl. New York 1998, S. 167.

Der Return on Investment (ROI) berechnet sich aus der Relation der jeweiligen Ergebnisgröße (beispielsweise des Jahresüberschusses) zum Gesamtkapital des Unternehmens. In seinem Wert ist der Return on Investment der Gesamtkapitalrendite vergleichbar. Anders als bei der Gesamtkapitalrendite werden indes die Zinsaufwendungen beim ROI nicht subtrahiert. Wenn man Unternehmen vergleicht, die sich in ihrer Kapitalstruktur erheblich unterscheiden, beeinträchtigt dies die Vergleichbarkeit nachhaltig. Der Return on Investment hat den Vorteil, dass die Höhe der Ausschüttungen deutlicher wird. Bei der Wertpapieranalyse ist deshalb der Return on Investment eine bedeutende und zentrale Kennzahl, die jeder Anleger und Investor bei der Betrachtung heranziehen sollte.

Die Befunde der Finanzmarktforschung zur Gewinndynamik

Die Aktien mit der höchsten und kontinuierlichsten Gewinnentwicklung überboten die durchschnittliche Indexperformance erheblich. Es gibt spezialisierte Investmentfonds, die nach diesen Prinzipien anlegen und so den Momentum-Effekt als Anlagestrategie verwirklichen.

Aktienkurse reagieren sehr sensibel auf Abweichungen der Analystenprognosen. Eine Gewinnwarnung kann den Aktienkurs erheblich einbrechen lassen, während ein stärkerer Gewinnzuwachs, als von den Analysten erwartet, zu einem starken Kursanstieg führen kann. Vielfach gelingt es einzelnen Analysten sogar solche Informationen als unbestätigte Gerüchte schon vor der Bilanzpressekonferenz zu bekommen.

Die empirische Finanzmarktforschung hat noch keine langfristigen Untersuchungen zum Momentum-Effekt vorzuweisen, insofern liegt hier noch ein Desiderat vor. Dennoch erscheint es plausibel, dass starke Gewinnsteigerungen auch den Aktienkurs langfristig positiv beeinflussen.

Für den Anleger ist die Umsetzung dieser Strategie mit etlichen Problemen befrachtet, die sich nur unzulänglich lösen lassen. Die in Fachpublikationen veröffentlichten Gewinne pro Aktie sind Prognosen von Analysten, deren Faktenbasis unterschiedlich sein kann. Einige Prognosen können erheblich voneinander abweichen und sich im Nachhinein als falsch herausstellen. Hinzu kommt, dass der Jahresüberschuss, der umgangssprachlich ungenau als Gewinn bezeichnet wird, von den Ermessensspielräumen der Bilanzierung und den allgemeinen Rechnungslegungsvorschriften abhängt. Der Gewinn eines deutschen Unternehmens, das nach dem Handelsgesetzbuch bilanziert, ist auf keinen Fall mit einem deutschen Unternehmen vergleichbar, das bei der Bilanzierung die internationalen Richtlinien des IFRS zugrunde legt, oder gar mit einem Konzern, der nach US-GAAP bilanziert. Deutsche Bilanzen gehen vom Vorsichtsprinzip aus und stellen den Gläubigerschutz in den Vordergrund; deshalb verfügen deutsche Unternehmen häufig über hohe stille Reserven – insbesondere bei der Bewertung von Immobilien –, die in der Bilanz unsichtbar bleiben. Amerikanische Rechtsnormen betonen indes mehr die Orientierung an realistischen Bewertungen, die als Grundlage für die Entscheidung von Investoren dienen sollen.

Für Anleger ist es schwierig, Unternehmen mit verschiedenen Rechnungslegungsstandards sinnvoll zu vergleichen. Erschwert wird dieses Unterfangen durch die Tatsache, dass Analystenprognosen nicht immer zutreffen und Abweichungen von den Gewinnprognosen zu heftigen Turbulenzen des Aktienkurses führen können. Für die Altersvorsorge sind nur jene Aktien empfehlenswert, die ein kontinuierliches Gewinnwachstum besitzen. Aktien, die gelegentlich in Einzeljahren Verluste oder auch nur einen Gewinnrückgang zu verzeichnen hatten, sollten von konservativen Investoren gemieden werden. Eine sorgfältige Analyse der Gewinnentwicklung der letzten zehn Jahre empfiehlt sich. Bei risikobewussten Anlegern kann dieser Zeitraum sich auch nur auf fünf Jahre erstrecken. Aktien, die über einen längeren Zeitraum ausschließlich Verlust machen, sind grundsätzlich ungeeignet, es sei denn, man setzt auf eine Turnaround-Strategie, die jedoch für die Altersvorsorge nicht in Frage kommt. Je länger und kontinuierlicher der Gewinnzuwachs ist, desto solider ist das Unternehmen. Einzelne Branchen – wie Biotechnologie- und Internetwerte – weisen über Jahre hinweg nur Verluste auf. Solche „Hoffnungswerte" sind wenig vertrauenserweckend, wie die Dot.com-Krise der Jahre 2000 und 2001 hinlänglich bewiesen hat. Ein Biotechnologieunternehmen, das nur ein einziges Medikament in der Pipeline hat und seit Jahren permanent Verluste schreibt, ist für jeden Anleger ein Vabanquespiel mit ungewissem Ausgang. Im Zweifelsfall bedeutet ein solch fragwürdiges Investment den Totalverlust. Viel sinnvoller ist es, wenn man schon Biotechnologie als Depotbeimischung haben möchte, einen diversifizierten Pharmakonzern ins Portfolio mit aufzunehmen. Der Anleger sollte generell beachten, dass die Gewinnentwicklung für die Aktienauswahl von entscheidender Bedeutung ist. Eine profunde Analyse der Ertrags- und Finanzlage sollte am Ausgangspunkt jeder Betrachtung stehen.

3.16 Die Analyse der Gewinne – das Gewinnmomentum

Die Analyse des Gewinnmomentums erfordert eine sorgfältige Betrachtung der Unternehmenssituation und der damit verbundenen komplexen Einflussfaktoren. Die relevanten Informationen aus der GuV müssen akribisch betrachtet, unter Umständen erweitert und zu aussagekräftigen Kennzahlen zusammengefasst werden, um ein realistisches Bild der Unternehmenssituation zu erhalten. Eine Aktiengesellschaft erscheint einem Investor erst dann lukrativ und gewinnträchtig, wenn es ihr gelingt, die Ertragskraft zu steigern, so dass der erwartete künftige Dividendenstrom sichergestellt ist. Die Gewinnanalyse zielt darauf ab, dass die vorhandenen Vermögensgegenstände künftig jene Gewinne generieren, die als Dividenden ausgezahlt werden bzw. das Wachstum der Gesellschaft erhöhen, und zwar diskontiert auf den heutigen Zeitpunkt.

Von großer Relevanz ist in diesem Zusammenhang auch die Wachstumsquote. Sie beschreibt die Höhe der Investitionen, die nötig sind, um die Abschreibungen auszugleichen. Ein Wert von über 100 Prozent signalisiert, dass nicht nur die Abschreibungen durch Ersatzinvestitionen kompensiert wurden, sondern dass zusätzlich Erweiterungs- und Neuinvestitionen vorgenommen worden sind. Eine hohe Wachstumsquote steht für ein dynamisch wachsendes Unternehmen. Ein Unternehmen dagegen, das längere Zeit eine Wachstumsquote von unter 100 Prozent vorweist, kann die Abschreibungen nicht mehr durch Investitionen abdecken. Es besteht mittel- und langfristig die Gefahr, dass es Verluste macht. Stetige Wachstumsraten sind eher ein Kennzeichen solider Standardwerte, da nur große Konzerne die entsprechenden Investitionsvolumen langfristig sichern können. Bei den Mid und Small Caps erfolgen dagegen Investitionen größtenteils in vereinzelten Schüben – die Kontinuität der Investitionen ist weniger ausgeprägt.

Zur sorgfältigeren Analyse sollten auch der Anlagenabnutzungsgrad und die Investitionsquote herangezogen werden. Der Anlagenabnutzungsgrad, der im Anlagenspiegel des Jahresabschlusses verzeichnet ist, gibt dem Aktionär und Anleger einen Einblick in das Alter und die Abnutzung des Anlagevermögens. Insbesondere für Technologietitel ist die Frage maßgeblich, ob die technische Ausstattung den internationalen und branchentypischen Anforderungen und Qualitätsniveaus gerecht wird. Der Anlagenabnutzungsgrad bezieht sich auf das Verhältnis der kumulierten Abschreibungen auf die Sachanlagen und die ursprünglichen Anschaffungs- bzw. Herstellungskosten der Sachanlagen eines Unternehmens.

Wenn der Anlagenabnutzungsgrad nur einen geringen Umfang hat, deutet dies darauf hin, dass das Unternehmen innovativ ist und dem neuesten Stand der Technik entspricht. Umgekehrt sagt ein hoher Anlagenabnutzungsgrad etwas über die Notwendigkeit hoher Neu- und Ersatzinvestitionen aus. Bei einer sorgfältigen Analyse des Anlagevermögens sollte man berücksichtigen, dass immaterielle Vermögensgegenstände besonderen bilanziellen Aspekten unterliegen und kein verlässliches Bild über die Abnutzung geben. Das liegt zum einen daran, dass beispielsweise zwischen einem originären und derivativen Firmen- und Geschäftswert unterschieden wird; darüber hinaus gibt es bei immateriellen Vermögensgegenständen erhebliche Einschränkungen beim bilanziellen Ansatz und bei der Bewertung. Finanzanlagen im Anlagevermögen unterliegen nicht der planmäßigen Abschreibung, da für Kapitalgesellschaften einer bestimmten Größenklasse das so genannte Wertaufholungsgebot gilt, das durch Zuschreibungen eingelöst wird. Aus den genannten Gründen bezieht sich der Anlagenabnutzungsgrad regelmäßig nur auf das Sachanlagevermögen.

Die Wahl der Abschreibungsmethode und der Nutzungsdauer beeinflusst naturgemäß die Höhe und das Ausmaß der Anlagenabnutzung. Degressive Abschreibungen und eine kurze Nutzungsdauer, wie sie insbesondere bei elektronischen Geräten der Fall ist, führen zu einer hohen Anlagenabnutzung. Die Abschreibungsquote sollte bei der Analyse zusätzlich herangezogen werden, um einen verlässlichen Eindruck der Abschreibungspolitik des Unternehmens zu erhalten.

Problematisch bei der Analyse ist auch der Unterschied zwischen abnutzbaren und nicht abnutzbaren Vermögensgegenstände wie beispielsweise Grundstücken. Beim Wertaufholungsgebot ergeben sich andere methodische Ansätze, wenn die einen Vermögensgegenstände mit dem ursprünglichen Wert der fortgeschriebenen Abschreibung angesetzt werden – die anderen dagegen mit den Anschaffungs- oder Herstellungskosten. Darüber hinaus können auch bereits abgeschriebene Gegenstände und Maschinen in der Produktion eingesetzt werden; eine solche Fehleinschätzung kann man dadurch korrigieren, dass man zusätzlich die Zu- und Abgänge beim Anlagevermögen mit einbezieht. Ein Hinweis auf ein schrumpfendes Unternehmen liegt dann vor, wenn sowohl die Abschreibungsquote als auch die Investitionsquote abnimmt. Von großer Relevanz ist dabei auch die Nettoinvestitionsdeckung.

Viele Aktienanalysen betrachten die langfristige Gewinnentwicklung eines Unternehmens; eine hohe Kontinuität des so genannten Gewinnmomentums verspricht auch für die Zukunft Kursgewinne.

Die Kontinuität der Unternehmenstätigkeit spielt eine entscheidende Rolle für mögliche Gewinnprognosen.

3.17 Zusammenfassung der Überrenditeeffekte

Überrendite-Effekt	Auswahl
KGV-Effekt	Niedriges KGV, KGV < 20
KCF	Hoher Cashflow
Größeneffekt	Small und Mid Caps
Januar-Größen-Effekt	Small und Mid Caps im Januar halten
Turn-of-the year-Effect	Small und Mid Caps in den ersten fünf Januartagen
KBV	Buchwert höher als der Marktwert
Leverage-Effekt	Aktien mit hoher Fremdkapitalquote
Leverage-Januar-Effekt	Aktien mit hoher Fremdkapitalquote im Januar halten
Rating-Effekt	Bonität des Unternehmens
KUV	Niedriges Kurs-Umsatz-Verhältnis
Winner-Strategie	Aktien mit höchstem Kursanstieg in den letzten fünf Jahren
Dividendenrendite-Effekt	Aktien mit hoher Dividendenrendite
Top-10-Strategie	Die 10 Aktien des Dow Jones mit der höchsten Dividendenrendite
Low-5-Depot	Die 10 Aktien des Dow Jones mit der höchsten Dividendenrendite und den niedrigsten Kursen
Winner-Loser-Effekt	Fünf Jahre die Aktien mit dem höchsten Kursanstieg, danach fünf Jahre vernachlässigte Werte
Preismomentum	Aktien mit dem höchsten Kursanstieg im letzten Jahr
Stock-Split-Effekt	Unternehmen, deren Kurs gesplittet wurde oder die Gratisaktien herausgeben
Aktien-Rückkauf-Effekt	Unternehmen, die ihre eigenen Aktien zurückkaufen
Squeeze-out-Effekt	Unternehmen, die Altaktionäre nach einer Übernahme auszahlen
Gewinnmomentum-Effekt	Aktien mit kontinuierlichem und deutlichem Gewinnzuwachs

Abbildung 7: Überrendite-Effekte

3.18 Kombinationsstrategien im Portfoliomanagement

Die beschriebenen Überrendite-Strategien lassen sich durch verschiedene Kombinationen weiter optimieren. In mehreren empirischen Untersuchungen wurde deutlich, dass diese Kursanomalien,[156] die von den zentralen Annahmen der modernen Kapitalmarkttheorie abweichen, parallel auftreten. In einer umfassenden Studie[157] von Hawawini und Keim aus dem Jahre 1993 verhielten sich der Größeneffekt, der KGV- und der KUV-Effekt parallel. Am stärksten ausgeprägt waren die positiven Renditevorsprünge in den Monaten Januar, der mit Abstand den stärksten Zuwachs verzeichnete, sowie im Februar und März. Zu den schwächsten Monaten zählen der Oktober und der November.

Der bereits erörterte Januar-Effekt tritt nicht nur bei dem Größen-, KGV- und KUV-Effekt auf, sondern auch beim Leverage-, Winner-Loser- und beim Dividendenrendite-Effekt. Entscheidend für den Investor ist die Frage, ob es zwischen diesen Effekten, die parallel auftreten, auch einen inneren Zusammenhang, eine Korrelation gibt. Detaillierte Untersuchungen haben gezeigt, dass beispielsweise der KBV-Effekt unabhängig von dem KGV-Effekt seine Wirkung entfaltet. Dies bedeutet: Die beiden Effekte weisen keine statistisch nachweisbare Korrelation auf – sie sind voneinander unabhängig. Ihr gleichzeitiges Auftreten könnte man als eine zufällige Koinzidenz bezeichnen. Für Anleger ergibt sich daraus der wichtige Schluss, dass es sinnvoll ist, sowohl den KGV- als auch den KBV-Effekt zu beachten. Bei einer konkreten Anlagestrategie ist sinnvoll, eine Aktie herauszusuchen, die ein niedriges Kurs-Gewinn-Verhältnis hat und deren Buchwert über dem aktuellen Marktwert liegt.

Der Zusammenhang zwischen dem KBV- und dem Winner-Loser-Effekt hingegen ist nicht eindeutig. Aktien mit einem ungünstigen Kurs-Buchwert-Verhältnis zeigen eine schwächere Rendite als der Marktdurchschnitt, auch wenn man den Winner-Loser-Effekt in die Anlagestrategie mit einbezieht. Nur bei einem günstigen KBV ergibt sich eine höhere Rendite, was darauf hindeutet, dass der Winner-Loser-Effekt keine klare Kursanomalie ist. Der Winner-Loser-Effekt ist stärker bei Standardwerten ausgeprägt, während Mid und Small Caps weniger von diesem Effekt profitieren.

---

[156] Hackel, K. S.; Livnat, J.; Rai, A.: The Free Cashflow/Small-Cap Anomaly. Financial Analysts Journal, 50 (1994), S. 33–41.
[157] Hawawini, G.; Keim, D. B. 1993.

Strategien für die systematische Aktienauswahl

Eine systematische Aktienauswahl, die sich an den Kriterien für Überrendite-Effekte orientiert, sollte ihr erstes Augenmerk auf das Kurs-Gewinn-Verhältnis richten. Ein niedriges KGV ist ein Qualitätsmerkmal, sofern der Quotient nicht durch einen starken Kursverfall, sondern ein hohes Gewinnwachstum zustande gekommen ist. In einem zweiten Schritt empfiehlt es sich, das Kurs-Buch-Verhältnis näher zu betrachten. Der Buchwert sollte über dem Marktwert liegen. Jedoch ist auch hier unabdingbar, die anderen Kennzahlen und die fundamentale Situation der Aktiengesellschaft akribisch zu prüfen.

In einer viel beachteten Untersuchung von Barbee, Murkherji und Raines[158] wurde geprüft, welche der drei Größen von KBV, Leverage und Kurs-Umsatz-Verhältnis den wichtigsten Einfluss auf die Rendite ausübt. Mit Hilfe eines komplexen statistischen Verfahrens wurde der t-Wert berechnet, der etwas über den Stellenwert einer Variable aussagt. Je höher der t-Wert ist, desto eindeutiger ist der Einfluss einer Determinante auf die Rendite. Beim KUV lag der t-Wert bei 2,21, während das KBV nur $-0,36$ und der Leverage-Effekt $-0,36$ erreichte. Nach dieser Studie kommt dem Kurs-Umsatz-Verhältnis bei der Aktienanalyse eine herausragende Bedeutung zu. Je niedriger das KUV liegt, desto aussichtsreicher erscheint der Titel. Es sollten aber stets auch andere Kennzahlen zur Beurteilung herangezogen werden.

Ein pragmatisches Vorgehen bei einer Aktienauswahl, die sich an Überrendite-Effekten orientiert, ist folgendes: Zuerst wird der Anleger das Kurs-Gewinn-Verhältnis der in Frage kommenden Werte analysieren. Besondere Aufmerksamkeit sollte der Anleger dem Durchschnitts-KGV der Indizes (DAX, MDAX, TecDAX, SDX) widmen und dann die einzelnen Branchen betrachten. Sinnvoll sind die KGVs nur innerhalb einer Branche zu vergleichen. Als Faustregel gilt, dass das Kurs-Gewinn-Verhältnis unter 20 liegen sollte. Attraktive Technologiewerte, und vor allem Internetwerte, erreichen bisweilen Quotienten von 50, 100 oder gar 200. Hierbei handelt es sich um hochspekulative Werte, die meist einen exorbitanten Kursanstieg hinter sich haben, so dass eine erhebliche Kurskorrektur drohen kann. Wesentlich vernünftiger ist es, auf Aktien mit einer angemessenen Bewertung zu achten.

Anschließend prüft man das Kurs-Buchwert-Verhältnis. Ein hoher Buchwert sichert den Anleger zusätzlich ab, sofern alle anderen Parameter stimmen und die Aktie fair bewertet ist. Zum Abschluss

---
[158] Barbee, W. C.; Murkherji, S.; Raines, G. A.: 1996, S. 59.

untersucht der Anleger das Kurs-Umsatz-Verhältnis. Je niedriger das KUV ist, desto mehr wird der Kurs einer Aktie durch die hohen Umsätze abgesichert. Aktien mit einem hohen KUV sind keine Kaufempfehlung, denn bei ihnen ist der hohe Aktienkurs nur durch geringe oder unverhältnismäßig bescheidene Umsätze fundiert.

Die anderen Überrendite-Effekte – wie der Leverage-Effekt, der Dividendenrendite-Effekt – werden als zusätzliche Kriterien für die Feinselektion herangezogen. Ein wichtiger Aspekt ist auch das Gewinnmomentum, d. h. die Dynamik des Gewinnwachstums (PEG). Für die Altersvorsorge sollten nur Aktien in Betracht kommen, deren Gewinne pro Aktie kontinuierlich über einen Zeitraum von zehn Jahren angestiegen sind. Spekulativere Anleger können den Zeitraum auf fünf Jahre verkürzen. Aktien mit starken Gewinneinbrüchen oder permanenten Verlusten sind keine Kaufempfehlung.

4 Behavioral Finance

4.1 Psychologie und Rationalität

Die Börsenpsychologie[159] wurde bislang in den Wirtschaftswissenschaften vernachlässigt; überhaupt wurden psychologische Themen vorrangig im Marketing erörtert. Das klassische Paradigma mit der Modernen Portfoliotheorie und den Modernen Kapitalmarkttheorien wurde in den neunziger Jahren zunehmend in Frage gestellt.[160] Die Vorstellung vom rational handelnden Homo oeconomicus, dessen Aktionen auf Wertsteigerung ausgerichtet sind, erscheinen vor dem Hintergrund neuer Forschungsprogramme fragwürdig.[161] Würden alle Anleger und Investoren sich an dem Rationalprinzip orientieren, dann hätten passive Investmentstrategien als Konsequenz des CAPM und der Effizienzmarkthypothese längst eine universale Verbreitung gefunden.

Stattdessen zeigte sich im Rahmen der Finanzmarktforschung und vor allem der Börsenpsychologie, dass das Verhalten der Anleger bestimmten Mustern und Handlungsstrategien unterliegt,[162] die den Anlageerfolg eines Individuums maßgeblich prägen. Aus vereinzelten Ansätzen entstand so in den 1990er Jahren eine völlig neue Forschungsrichtung: Behavioral Finance.[163] Mit dieser verhaltenswissenschaftlichen Fundierung der Finanzmarktforschung wurde eine Abkehr von den großen Theorien und Paradigmen vollzogen, die für die Moderne Kapitalmarkttheorie der 1970er und 1980er Jahre charakteristisch waren.

Die Forschungsaufgabe und das Forschungsspektrum der Behavioral Finance überschreitet den eng definierten Kreis der Börsenpsychologie. Behavioral Finance versteht sich als ein interdisziplinärer Ansatz zur verhaltenswissenschaftlichen Analyse von Kapitalmärk-

---

[159] Kiehling, H.: Börsenpsychologie und Behavioral Finance. Wahrnehmung und Verhalten am Aktienmarkt, München 2001.
[160] Franke, G.: Neuere Entwicklungen auf dem Gebiet der Finanzmarkttheorie. In: Wirtschaftswissenschaftliches Studium (1993), S. 389–398.
[161] Bitz, M.; Oehler, A.: Überlegungen zu einer verhaltenswissenschaftlich fundierten Kapitalmarktforschung – ein Erklärungsansatz zum Anlegerverhalten. In: Kredit und Kapital, 1993, S. 246 ff. und 375 ff.
[162] Oehler, A.: Die Erklärung des Verhaltens privater Anleger: Theoretischer Ansatz und empirische Analysen, Stuttgart 1995.
[163] Thaler, R. H. (Hrsg.): Advances in Behavioral Finance, New York 1993.

ten, Anlegerverhalten, der strukturellen Mechanismen, Mentalitäten und Interaktionen von Akteuren am Kapitalmarkt.

Das Rationalprinzip war eines der durchgängigsten Merkmale der Modernen Kapitalmarkttheorie, wie es prototypisch in der Effizienzmarkthypothese, der Random-Walk-Theorie, dem CAPM und der Arbitrage Pricing Theory seinen Ausdruck fand. Dieses Paradigma wird auch als Standard Finance bezeichnet und ist Teil der neoklassischen Wirtschaftstheorie. Demnach maximieren Akteure bei wirtschaftlichen Entscheidungen den erwarteten Nutzen.

Dieses so genannte Bernoulli-Prinzip wurde von dem Schweizer Mathematiker Daniel Bernoulli bereits 1738 formuliert. Das Nutzenmaximierungsprinzip ist integraler Bestandteil dieser Wirtschaftsauffassung. Einschränkungen gibt es beim Nichtsättigungsprinzip, da Akteure die Suche nach Bedürfnisbefriedigung einstellen, wenn ihre Bedürfnisse einigermaßen befriedigt und gesättigt sind. Man spricht in diesem Zusammenhang von einer begrenzten oder „bounded" Rationalität.[164]

Im Jahr 1947 ergänzten die Wirtschaftswissenschaftler von Neumann und Morgenstern die bislang vertretene Nutzentheorie. Sie durchbrachen die idealtypische Vorstellung, dass alle Marktteilnehmer dem Prinzip der Rationalität verpflichtet sind und erkannten an, dass der Markt auch von arationalem oder irrationalem Verhalten geprägt ist. Um die klassischen Prämissen des Rationalprinzips halbwegs beibehalten zu können, argumentierten sie, dass einzelne Abweichungen vom Rationalprinzip, das bei den Akteuren auf den Kapitalmärkten zutage tritt, zufällig verteilt sind und deshalb die allgemeinen Gesetzmäßigkeiten des Rationalprinzips nicht tangieren. Begründet wurde diese These mit dem Bernoulli-Theorem.

Das von Johann Bernoulli aufgestellte Theorem besagt, dass bei zunehmender Stichprobengröße zufällige Abweichungen und Zahlenausreißer aufgrund der Menge an Daten sich wieder ausgleichen. Die von von Neumann und Morgenstern aufgestellten Hypothesen zur Standard Finance bauen auf dieses Bernoulli-Theorem auf und argumentieren, Abweichungen der Renditen auf den Kapitalmärkten würden generell durch die Fülle der Daten und Informationen ausgeglichen. Das Gesetz der großen Zahl bewirkt, dass solche vermeintlichen Abweichungen vom Marktdurchschnitt langfristig kompensiert werden, so dass auch versierte und best informierte Anleger langfristig nur den Marktdurchschnitt erreichen. Dieses Theorem der Standard Finance setzt die zufällige Verteilung abweichender Renditen voraus.

---

[164] March, J. G.: Bounded Rationality, Ambiguity and the Engineering of Choice. In: Bell Journal of Economics, 1978, S. 587–608.

4.1 Psychologie und Rationalität

Die zweite These der Standard Finance ist eine Erweiterung der Rationalprinzips zu einer Risiko-Nutzen-Theorie, die zur Grundlage der wirtschaftswissenschaftlich fundierten Entscheidungstheorie wurde. Ihr zufolge nimmt jeder rational denkende Anleger nur dann ein höheres Risiko auf sich, wenn dadurch die Rendite steigt. Diese Entscheidungstheorie fand unter der Bezeichnung „Rational-Choice-Theorie" auch Eingang in die Sozialwissenschaften.

Ein problematischer Aspekt der von Morgenstern und von Neumann formulierten Nutzentheorie ist, dass die dazu gehörende Nutzenfunktion mathematisch dargestellt wird. Bei der Quantifizierung des Nutzens wird eine Rangfolge von Gütern und Dienstleistungen postuliert. Dies setzt voraus, dass dem einzelnen Akteur bewusst ist, wie er ein einzelnes Wirtschaftsgut korrekt und konsistent einstufen und bewerten muss. Diese Präferenzen lassen sich empirisch nicht bestätigen; denn solche Einstufungen und Ranglisten sind größtenteils subjektiv bedingt und entziehen sich einer objektiven Einschätzung. Statistisch betrachtet haben solche Rangfolgen nur ein Ordinalskalenniveau, so dass bestimmte komplexe mathematische Operationen von vornherein ausgeschlossen sind.

So ist beispielsweise die Berechnung eines Korrelationskoeffizienten an ein metrisches Skalenniveau gebunden. Morgenstern und von Neumann haben die Defizite und Problemaspekte dieses Konzepts durchaus erkannt und daher eine weitere Komponente eingeführt, um diese Schwierigkeiten zu umgehen. Der Erwartungsnutzen bezieht sich auf die Resultate einer Transaktion oder einer Anlageform am Kapitalmarkt. Der Nutzen einer Kapitalanlage entspricht damit der Wahrscheinlichkeit, mit der eine Rendite realisiert wird. Durch die Einführung des Konzepts des Erwartungsnutzens wird es zumindest möglich, diese Wahrscheinlichkeit der Rendite mit Hilfe der Stochastik zu berechnen.

Die Standard Finance legt ihren Überlegungen die Effizientmarkthypothese zugrunde. Die Kapitalmarkteffizienz und damit die tägliche Berücksichtigung aller Daten entspringt der Informationseffizienz auf den weltweiten Kapitalmärkten. Diese Informationseffizienz ist durch die Verfügbarkeit von IT-Infrastrukturen und den internationalen Datenaustausch über Netzwerke noch gesteigert und optimiert worden. Die zufälligen täglichen Kursbewegungen der Aktien und anderer Wertpapiere ergeben sich aus den Informationen. Aufgrund der Kapitalmarkteffizienz ist es unmöglich, Kurse vorherzusagen.

Aufgrund der Vielzahl der Marktteilnehmer und der schnellen Verfügbarkeit von Daten und Informationen werden selbst unbedeutendste Verlautbarungen eines Unternehmens unverzüglich eingepreist. Der Random Walk der Aktienkurse, das Umherirren und die täglichen Schwankungen, resultieren aus dieser Informationseffizienz. Die Random-Walk-Hypothese postuliert somit, dass der aktuelle Aktienkurs und der Kurs des Folgetages nicht miteinander korrelieren, d. h. dass keinerlei Abhängigkeit oder innerer Zusammenhang zwischen beiden, aufeinander folgenden Kursen besteht. Diese Sukzessivität ist rein zufällig. Wenn man eine Münze nimmt und wirft und anschließend für jeden Kopf eine Kurssteigerung und für jede Zahl ein Sinken des Kurses um jeweils eine Einheit in ein Diagramm einzeichnet, erhält man so einen vermeintlich realistischen Chart, der durch einen Zufallsprozess erzeugt wurde. Ein solcher Zufallschart unterscheidet sich in nichts von dem tatsächlichen Chart eines realen Aktienkurses. Umstritten ist jedoch, ob diese stochastischen Gesetzmäßigkeiten generell gelten. In der Chaostheorie versucht man herauszufinden, ob solche Zufallsmuster in einem großen Zusammenhang nicht doch weitere Strukturen erkennen lassen.

Aus dem Rationalprinzip, der Risiko-Nutzen-Theorie sowie der Effizienzmarkt- und der Random-Walk-Hypothese wurde die präskriptive ökonomische Entscheidungstheorie abgeleitet. Während die deskriptive Entscheidungstheorie den Ablauf und die Struktur eines Entscheidungsprozesses anhand empirischer Verfahren beschreibt, geht es der präskriptiven Entscheidungstheorie darum, dem Anleger eine Hilfestellung bei der Entscheidung zu geben. Bei der Entscheidungsfindung fließen verschiedene Parameter mit ein – so unterscheidet man exemplarisch zwischen Sicherheits-, Risiko- und Ungewissheitssituationen.

Bei einer Entscheidung unter Ungewissheit, wie sie für Anlagen am Kapitalmarkt charakteristisch ist, kennt der Anleger mögliche alternative Szenarien, etwa den Kursanstieg oder den Kursverfall einer Aktie; er weiß jedoch nicht, mit welcher Wahrscheinlichkeit ein derartiges Ereignis voraussichtlich eintritt. Von allen Varianten der Entscheidungstheorie sind jene, die Entscheidungen unter Ungewissheit herbeiführen, am komplexesten und am problematischsten, denn sie nähern sich am häufigsten der Realität an den Kapitalmärkten an.

Eine pragmatische Entscheidungshilfe ist die so genannte Mini-Max-Regel, bei der der Anleger die Entscheidung trifft, bei der ein Maximum an Rendite erzielt wird. Umgekehrt sollte der Investor, wenn eine Kapitalanlage risikobehaftet ist, jene Alternative wählen, die das vorhandene Risiko auf ein Minimum reduziert. Bei der Pessimismus-Optimismus-Regel kann der Anleger eine Entscheidung einstufen, indem er die Erfolgsaussichten selbst einschätzt. Darüber hinaus gibt es noch die Laplace-Regel. Der Investor wählt die An-

4.1 Psychologie und Rationalität

lage, bei der die Eintrittswahrscheinlichkeit der besten Renditeereignisse ein Maximum ergibt.

Von diesen Entscheidungen unter Ungewissheit unterscheiden sich die Entscheidungen, die ein Anleger in Risikosituationen trifft. Bei dieser Kategorie von Entscheidungsfindung sind die Eintrittswahrscheinlichkeiten zukünftiger Ereignisse, wie beispielsweise der erzielbaren Rendite, bekannt. Solche objektiven Eintrittswahrscheinlichkeiten sind berechenbar, während subjektive Einschätzungen schwieriger zu beurteilen sind. In den Wirtschaftswissenschaften wird daher die Entscheidung unter Risiko bevorzugt, da sie anhand der mathematischen Wahrscheinlichkeiten quantifizierbar ist.

Charakteristisch für die neoklassische Standard Finance sind die so genannten Bayes-Entscheidungen,[165] die auf objektiven und damit statistisch berechenbaren Wahrscheinlichkeiten beruhen. Da auf den Kapitalmärkten solche objektiven Wahrscheinlichkeiten nicht existieren, sind die Bayes-Entscheidungen nur von theoretischer Bedeutung, da sie für die Entscheidungsfindung eines Investors keine Vorteile mit sich bringen. Auch der Versuch, die Realitätsferne der Entscheidungen unter Risiko dadurch aufzuwerten, dass man beispielsweise die Schiefe einer Renditeverteilung und den Erwartungswert eines Verlusts mit einbezieht, scheitert daran, dass nahezu alle Portfolioentscheidungen unter Ungewissheit erfolgen.

Das Bernoulli-Prinzip dagegen greift auf subjektive Wahrscheinlichkeiten zurück und berücksichtigt somit auch Entscheidungsfindungen unter Ungewissheit. Bei diesem Verfahren werden Anlagealternativen anhand der Risiko-Nutzen-Funktion bewertet und analysiert. Der Anleger formuliert zuvor seine Präferenzen und diese fließen als Erwartungsnutzen in den Entscheidungsprozess mit ein.

Die in den fünfziger Jahren bereits entwickelte Risiko-Nutzen-Theorie stößt zunehmend auf Kritik, da sie kapitalmarktrelevante Entscheidungsprozesse nur unzulänglich und schematisch beleuchtet. Das Homo-oeconomicus-Modell und die postulierte egoistische Grundhaltung der Kapitalmarktakteure lässt sich empirisch nicht belegen und stellt zumindest keine generelle Verhaltensnorm dar. Stattdessen beobachtet man nicht nur Formen der Kooperation, sondern auch andere Motive der Kapitalanleger als den der egoistischen Renditemaximierung. Vielmehr können auch andere Erwägungen wie die Bequemlichkeit der Anlage, was bei kapitalbildenden Lebensversicherungen ein Hauptmotiv für den Abschluss war,

---

[165] Grether, D. M.: Testing Bayes' Rule and the Representativeness Heuristic: Some Experimental Evidence. In: Journal of Economic Behavior and Organization, 17 (1992), S. 31–57.

oder die Sicherheit und Verfügbarkeit in den Vordergrund treten. Die dogmatische Unterstellung, die Kapitalmarktakteure handelten nach dem Prinzip der Nutzenmaximierung, erscheint bei näherer Betrachtung eher unplausibel. Dieses Argument trifft keineswegs nur auf Privatanleger, sondern auch auf institutionelle Anleger zu.

Der Hauptkritikpunkt an der Standard Finance entzündet sich aber weniger an der Risiko-Nutzen-Theorie als an dem allgegenwärtigen Rationalprinzip, das in der Wirtschaftswissenschaft bislang weniger den Status eines Postulats als den eines Axioms oder gar eines Dogmas innehatte.

Die empirische Finanzmarktforschung zeigt an vielen Beispielen, dass in etlichen Entscheidungssituationen das Rationalprinzip nicht den Ausschlag gibt. Viele Anleger lassen sich bei ihrer Kapitalanlage fast überwiegend von verschiedenen Motiven und Tendenzen leiten, wie sie die Behavioral Finance[166] beschreibt. Das verhaltenswissenschaftliche Paradigma in der Kapitalmarktforschung stellt somit eine Zäsur dar, die die schematischen Postulate der neoklassischen Kapitalmarkttheorie teilweise verwirft.[167] Behavioral Finance tritt nicht mit dem Anspruch auf, die Meilensteine der Modernen Kapitalmarkttheorien und der neoklassischen Portfoliotheorie gänzlich zu widerlegen. Vielmehr betrachtet der verhaltenswissenschaftlichen Ansatz die Schwachpunkte und Unzulänglichkeiten der Standard Finance und korrigiert einzelne Aspekte. In den Mittelpunkt der Betrachtung rücken daher vor allem die Kursanomalien.

Insgesamt kann man die Entwicklung der Finance so charakterisieren, dass sie sich in zwei Hauptphasen gliedert. In der ersten Hauptphase entstanden die noch heute als bahnbrechend geltenden Modelle, die unter dem Begriff Moderne Kapitalmarkttheorie subsumiert werden. Zu ihr gehören die Moderne Portfoliotheorie von Markowitz, das CAPM, die APT, das Optionspreismodell sowie die Effienzmarkt- und die Random-Walk-Hypothese.

In den 1980er Jahren entstanden die ersten Ansätze eines verhaltenswissenschaftlichen Paradigmas, obwohl solche Ideen bereits früh in der Geschichte der Kapitalmarktforschung geäußert wurden. In den achtziger Jahren wurde eine Vielzahl von Studien initiiert, die sich um eine empirische Fundierung bemühen. Dabei erkannte man, dass zwar die Moderne Kapitalmarkttheorie die Grundlage für die Kapitalmarktanalyse bildet, dass es aber zahlreiche Abweichungen von den abgeleiteten Theoremen gab. In den neunziger Jahren formierte sich dann die verhaltenswissenschaftliche Betrach-

---

[166] Maas, P.; Weibler, J. (Hrsg.): Börse und Psychologie. Plädoyer für eine Perspektive, Köln 1990.
[167] Ötsch, W.: Gibt es eine Grundlagenkrise der neoklassischen Theorie? In: Jahrbücher für Nationalökonomie und Statistik, 6 (1991), S. 642 ff.

4.1 Psychologie und Rationalität

tung der Kapitalmärkte als eine eigenständige Matrix. Es wurden immer mehr Kursanomalien entdeckt. Darüber hinaus erarbeitete die Börsenpsychologie eine Reihe von psychologisch bedingten Phänomenen, die das herkömmliche Homo-oeconomicus-Modell der Neoklassik in Frage stellten. Zu diesem Zeitpunkt wurde Behavioral Finance nicht mehr nur als Korrektur der klassischen Hypothesen und Postulate der Standard Finance verstanden, sondern als ein Paradigmenwechsel angesehen.

Bereits in der Rational-Choice-Theorie erkannte man, dass diese Überlegungen für das pragmatisch ausgerichtete Portfoliomanagement unzulänglich sind. Von Neumann und Morgenstern haben daher das Rationalverhalten auf die Gesamtmarktebene beschränkt. Die Neoklassiker versuchten ihre Postulate zu retten, indem sie argumentierten, dass Kapitalmarktakteure, die unbewusst oder absichtlich sich irrational verhalten, früher oder später wegen der Verluste den Markt verließen.

Alltägliche Beobachtungen zeigen aber, dass Anlageentscheidungen von einer Fülle irrationaler Momente beeinflusst werden und nicht nur dem Rationalprinzip unterliegen. Eine genaue Beobachtung von Finanzzeitschriften und Finanzinformationen macht deutlich, dass es an den Kapitalmärkten wie auch sonst in der Wirtschaft bestimmte Moden gibt. Zur Zeit des Booms der New Economy galten beispielsweise Telekommunikationswerte und Biotechnologieaktien als lukrativ. In der Rezessionsphase danach wandten sich die Anleger vermeintlich sicheren offenen Immobilienfonds zu, die aber nur schwache Renditen erzielten. Anschließend boomten vor allem Aktien aus den osteuropäischen Ländern und aus China, als der Markt eigentlich schon seinen Zenit überschritten hatte und die chinesische Volkswirtschaft unübersehbare Überhitzungserscheinungen zeigte.

Obwohl Behavioral Finance dem Anleger neue Möglichkeiten eröffnet, durch geschicktes Anlageverhalten Überrenditen zu realisieren, sind diese Optionen dennoch nur sehr restriktiv. Ursache dafür ist die Tatsache, dass die meisten dieser Kursanomalien, auf denen die Überrenditen beruhen, sich nur durch komplexe Transaktionen nützen lassen. Dabei entstehen beträchtliche Transaktionskosten. In der Realität lassen sich daher nur wenige börsenpsychologische Phänomene für das Portfoliomanagement und die Anlagepolitik verwenden.

Die Existenz von regelmäßigen, empirisch nachweisbaren Kursanomalien deutet darauf, dass Irrationalitäten des Marktes nicht generell normalverteilt sind, wie bislang von der neoklassischen Kapitalmarkttheorie unterstellt wurde. Auch die Random-Walk-Hypothese wird von Behavioral Finance insofern relativiert, als Kursbewegungen durchaus nachvollziehbare, nicht zufällige Gründe haben können. Drastisches Beispiel wäre die Insolvenz eines Unternehmens oder der Fall einer Produkthaftung. Kurssprünge und enorme Kursschwankungen sind so häufig, dass die Annahme einer Normalverteilung nur unter Einschränkungen aufrechterhalten werden kann.

Bei genauerer Betrachtung stellt man fest, dass die Verteilung an den Rändern so genannte „Fat Tails" aufweist; und auch im Zentrum der Verteilung bilden sich Peaks und Gipfel heraus, die der Grundannahme der Normalverteilung widersprechen. Alle entsprechenden Verteilungen sind darüber hinaus schief, da langfristig die Aktienkurse infolge der volkswirtschaftlichen Dynamik steigen, auch wenn es historisch – etwa nach der Weltwirtschaftskrise von 1929 – längere Perioden des Kursverfalls gab.

Die herkömmlichen Entscheidungstheorien sind zu formalisiert, um der Komplexität von Anlageentscheidungen gerecht zu werden. Eine Vielzahl von bewussten und unbewussten Faktoren beeinflusst die Anlagepolitik und die Asset Allocation. Die Bayes-Regel und das Bernoulli-Prinzip sind so weit von der vielschichtigen Realität der internationalen Finanzmärkte entfernt, dass sie für den Anleger keinen unmittelbar praktischen Nutzen haben.

Ein grundsätzlicher Einwand, der von der Behavioral Finance gegen die neoklassische Kapitalmarkttheorie und deren Paradigma formuliert wird, greift auf wissenschaftstheoretische Argumente zurück. Einige Modelle sind nicht falsifizierbar, da sie aufgrund idealisierter Rahmenbedingungen und realitätsferner Postulate keinen unmittelbaren Bezug zur komplexen Realität der internationalen Börsen haben. Gerade aufgrund der Abstraktion bieten die Kapitalmarkttheorien nur eingeschränkte Möglichkeiten, die empirische Geltung der einzelnen Hypothesen sicher zu überprüfen. Auch für die Entscheidungstheorien ist dies von Bedeutung. Da das Bernoulli-Prinzip ein kardinales Skalenniveau voraussetzt, Entscheidungen an den Kapitalmärkten sich aber nicht exakt quantifizieren lassen und allenfalls ordinales Skalenniveau erreichen, wird diese grundlegende Voraussetzung bei der Anwendung bereits verletzt. Die von der Mathematik geforderten Prämissen sind damit bereits nicht erfüllt.

Ein anderer wissenschaftstheoretischer Einwand bezieht sich auf den Realismus einer Modellannahme. Nach dieser Auffassung können die Konklusionen, die aus einem Modell gezogen werden, nur so realistisch sein wie die jeweilige Prämisse des Modells.[168]

---

[168] Ötsch, Walter: Gibt es eine Grundlagenkrise der neoklassischen Theorie? Jahrbücher für Nationalökonomie und Statistik, 208 (1991) 6, S. 642–656.

Trotz dieser mangelnden Praxisorientierung der Modernen Kapitalmarkttheorie und der entscheidungstheoretischen Modelle sind diese Ansätze aufgrund des Paradigmenwechsels keineswegs obsolet und hinfällig geworden. Vielmehr haben die Annahmen und Thesen der neoklassischen Kapitalmarkttheorie für die Heuristik der Behavioral Finance einen Leitbildcharakter und befruchten die Diskussion um die Hauptfragestellungen der verhaltenswissenschaftlichen Richtung und der empirischen Kapitalmarktforschung.

4.2 Entscheidungsmodelle helfen

4.2.1 Das Problem der Anlageentscheidung in der Behavioral Finance

Die Entscheidungstheorie der Behavioral Finance greift zwar die in der Wirtschaftswissenschaft gängigen Modelle auf, die im Umkreis der Rational-Choice-Theorie und der Spieltheorie entstanden sind, modifiziert und ergänzt diese Konzeptionen jedoch.

Eine erste Veränderung der klassischen Entscheidungstheorie von von Neumann und Morgenstern nahm Savage vor, der in seinem Modell der subjektiven Erwartungsnutzens (Subjective Expected Utility – SEU) behauptete, dass die subjektive Wahrscheinlichkeit je nach Akteur unterschiedlich ausgeprägt ist. Dieses SEU-Modell wurde später mit dem Argument revidiert, dass die Einstufung der Wahrscheinlichkeit mit einer Unsicherheit behaftet ist und dass Anleger zur Ambiguitätsvermeidung tendieren.[169]

Ein weiterer Angriffspunkt der Behavioral Finance war das in der Modernen Kapitalmarkttheorie überall vorherrschende Rationalprinzip. Man unterscheidet zur weiteren Analyse zwischen Perzeptions- und Prozessrationalität. Die Perzeptionsrationalität, die sich auf die Wahrnehmung von Ereignissen an den Kapitalmärkten bezieht, ist nicht so idealtypisch und umfassend, wie die Moderne Kapitalmarkttheorie den Akteuren unterstellt. Vielmehr kommt es in der Realität zu erheblichen Wahrnehmungsverzerrungen, die auch durch massenpsychologische Phänomene wie der Börseneuphorie ausgelöst werden können. Die Prozessrationalität, die den Ablauf des Entscheidungsprozesses bei der Asset Allocation charakterisiert, unterliegt ebenso irrationalen Momenten, die durch die Finanzmärkte hervorgerufen werden. Vielmehr entstehen Anlageentschei-

---

[169] Sarin, Rakesh K.; Winkler, Robert L.: Ambiguity and Decision Modeling: A Preference-Based Approach. Journal of Risk and Uncertainty, 5 (1992), S. 389–407.

dungen und Börsenbewertungen durch die Interaktion mit den Märkten und den anderen Marktteilnehmern, die die allgemeine Meinung beeinflussen.

Da das Erwartungsmaximierungsmodell aufgrund einer Vielzahl von Modifikationen immer mehr subjektive Wahrscheinlichkeiten integrieren musste, entstand später eine behavioristisch ausgerichtete Entscheidungstheorie. In diesem komplexen und vielschichtigen Entscheidungsmodell werden Faktoren wie Überzeugungen, Einstellungen und Präferenzen des Handelnden mit einbezogen, um den kognitiven Prozess der Entscheidungsfindung abzubilden. Die Person, die entscheidet, kennt nur teilweise die Faktoren, die die Entscheidung beeinflussen; dieser bewusste Teil der Entscheidung wird als ipsativer Möglichkeitsraum bezeichnet. Wenn ein Anleger Wertpapiere kauft, so ist der ipsative Möglichkeitsraum viel kleiner als der objektive, denn die Komplexität der internationalen Kapitalmärkte verhindert, dass der Anleger das Geflecht der Einflussfaktoren vollständig durchschaut. Handlungen beruhen diesem Modell zufolge auf Szenarien, die der Handelnde entwickelt. In den siebziger Jahren bezog die psychologische Entscheidungstheorie das Risiko in die Betrachtung mit ein.

Die beiden berühmten Nestoren der empirischen Kapitalmarktforschung Kahneman und Tversky haben 1979 ihre Prospekt-Theorie entwickelt.[170] Diese Theorie verfeinert die bisherigen Entscheidungstheorien – insbesondere die SEU-Theorie –, indem sie einzelne Szenarien und Determinanten empirisch überprüft. Sie stellt den Wert anstelle des Nutzens in den Vordergrund und betont, dass die Präferenzen der Akteure nicht mit den objektiven Wahrscheinlichkeiten übereinstimmen.

Darüber hinaus sind die beiden Forscher der Auffassung, dass Anleger generell ein Risiko vermeiden. In der Alltagspraxis bedienen sich die Anleger so genannter kognitiver Heuristiken. Eine Heuristik[171] ist ein Verfahrensplan, der dazu dient, das Risiko unterschiedlicher Anlageentscheidungen zu beurteilen. Solche kognitiven Heuristiken entspringen dem alltagsweltlichen Vorverständnis der Anleger und sind geprägt von lebensgeschichtlichen Besonderheiten.

Die weitere empirische Forschung in Behavioral Finance brachte eine Reihe von Faktoren und Determinanten an den Tag, die den komplexen Entscheidungsprozess eines Anlegers beeinflussen. Das Lernverhalten ist ebenso maßgeblich wie das erlernte Problemlösungsverhalten und die Fähigkeit, kreative Lösungen zu finden.

---

[170] Kahneman, Daniel; Tversky, Amos: Prospect theory: An analysis of decision under risk. In: Econometrica, Vol. 47, No. 2, 1979, S. 263–291.

[171] Tversky, Amos; Kahneman, Daniel: Judgment under uncertainty: Heuristics and biases. In: Science, Vol. 185, 1974, S. 1124–1131.

Diese Behavioral Decision Theory ist inzwischen von der prozessorientierten Entscheidungstheorie abgelöst worden. In der Praxis können Anleger nur eine begrenzte Anzahl von Informationen verarbeiten, so dass viele zusätzliche Daten und Einflüsse unberücksichtigt bleiben. Das Entscheidungsverhalten unterliegt daher etlichen Restriktionen. Die Behavioral Finance hat sich später auch auf die Entscheidungsstrategien konzentriert, da viele Anlageentscheidungen eine Strategie voraussetzen oder sie zumindest erforderlich machen.

4.2.2 Entscheidungsanomalien und Anlagestrategien

Für die Börsenpsychologie sind in diesem Kontext vor allem die so genannten Entscheidungsanomalien relevant. In vielen Börsensituationen reagieren die Anleger unsicher oder treffen unter Stress und Ungewissheit unzulängliche Entscheidungen. Die Börsenpsychologie machte es sich zum Ziel, diese möglichen Entscheidungsanomalien zu erfassen und zu systematisieren. Es werden sechs verschiedene Kategorien von Entscheidungsanomalien unterschieden.

Eine Entscheidungsanomalie ist beispielsweise der Kontexteffekt, der bei vielen Anlageentscheidungen an der Börse eine Rolle spielt.

- Wenn Probanden in einer experimentellen Situation gebeten werden, einen Richtwert zu nennen – beispielsweise ein Kursziel für eine ausgewählte Aktie – und dieses in Relation zum aktuellen Kurswert setzen sollen, so beeinflusst dieser Richtwert die weiteren Entscheidungen. Man spricht in diesem Zusammenhang auch von Ankerbildung (Anchoring). Das festgelegte Kursziel wirkt gleichsam wie ein Anker oder Referenzpunkt, der alle weiteren Entscheidungen beeinflusst.
- Darüber hinaus versteht man unter Kontexteffekten, inwiefern Entscheidungsalternativen für die Akteure an den Kapitalmärkten verfügbar sind und als attraktiv gelten. Dieses Framing,[172] d. h. die Rahmenbedingungen, beeinflussen Entscheidungen nachhaltig. Wenn Anleger beispielsweise auch mit anderen Branchen oder Ländern vertraut sind, haben sie mehr Alternativen bei der Anlageentscheidung.
- Die Auffälligkeit mancher Börsenthemen – in der Börsenpsychologie wird dieses Phänomen als Salienz bezeichnet – wird beeinflusst von Modeströmungen und Modethemen, die in der Fachpresse erörtert und lanciert werden.

---

[172] Kühberger, A.: The Influence of Framing on Risky Decisions: A Meta-Analysis. In: Organizational Behavior and Human Decision Processes, 75 (1998), S. 23–55.

Eine ähnliche Entscheidungsanomalie sind die Reference Points. Der Bezugspunkt spielt bei der Beurteilung einer Börsensituation oder eines Wertpapiers eine primäre Rolle. Die meisten Anleger sind bestrebt, Verluste zu vermeiden (Loss Aversion),[173] während selbst unwahrscheinliche Gewinnaussichten die Kaufbereitschaft stimulieren.

Informationsverarbeitung	
Kontext	Ankerbildung
	Kontext im engeren Sinne
	Framing
	Salienz
Reference Point	Asymmetrie
Availability-Effekte	Representative Conflict
	Salienz-Effekt
	Regressionseffekt
	Primacy Effect
	Status-quo-Effekt
	Focal Effect
	Certainty Effect
Aberglaube	Credulity Effect
	Disjunktionseffekt
Strukturierung der kognitiven Aufgabe	Rule-driven Choice

Abbildung 8: Systematik der Entscheidungsanomalien

Eine weitere Kategorie von Entscheidungsanomalien sind die Availability-Effekte. Wenn Anleger sich eine vorläufige Meinung bei der Auswahl von Wertpapieren bilden, hängt ihre Entscheidungsfindung von den verfügbaren Informationen ab. Dass der Bereich Investor Relations in den letzten Jahren so deutlich zugelegt hat, ist darauf zurückzuführen. „Populäre" Aktien, über die häufig in den Medien berichtet wird, werden von den Anlegern bevorzugt. Dies gilt auch für einzelne Wertpapiergattungen wie beispielsweise die Zertifikate, die in den letzten Jahren einen regelrechten Boom erlebt haben.

- Der Representative Effect bedeutet, dass Anleger die Eintrittswahrscheinlichkeit eines Ereignisses überschätzen, wenn es Anzeichen für eine hohe Wahrscheinlichkeit gibt, dass dieses Ereignis auch tatsächlich eintritt. Andere Rahmenbedingungen und

[173] Arkes, H. R.; Herren, L. T.; Isen, A. M.: The Role of Potential Loss in the Influence of Affect on Risk-Taking Behavior. In: Organizational Behavior and Human Decision Processes, 42 (1988), S. 181–193.

Faktoren, die eher dagegen sprechen, werden bei der Entscheidungsfindung ausgeklammert, so dass es zu erheblichen Fehlentscheidungen kommen kann.
- Der Salienz-Effekt beruht darauf, dass Informationen, die weit verbreitet, leicht verfügbar oder publikumswirksam veröffentlicht werden, eher wahrgenommen und verarbeitet werden. Solche hervorstechenden Informationen fließen eher in Anlageentscheidungen ein als sachlich aufbereitete Informationen über eine Aktiengesellschaft.
- Besonders häufig tritt auch der Regressionseffekt auf. Zufallsbedingte Kursverläufe eines Wertpapiers werden als Gesetzmäßigkeit interpretiert. Ausreißer oder stark abweichende Kursschwankungen werden vom Anleger ignoriert in der Hoffnung, dass der Kursverlauf sich wieder dem Mittelwert angleichen möge. Die Interpretation der in der technischen Analyse und im Chartreading verwendeten gleitenden Durchschnitte beruht auf diesem Phänomen. Der Anleger geht langfristig davon aus, dass der Aktienkurs dem langfristigen Trend folgt und damit eine Tendenz zum Mittelwert aufweist.
- Der Primacy Effect (oder Regency Effect) beruht auf einer Fehlleistung des Gedächtnisses. So erinnert sich der Anleger vor allem an Ereignisse, die zuerst oder zuletzt stattgefunden haben. Geschehnisse, die in der Mitte einer Folge von Abläufen liegen, werden eher vergessen oder verdrängt. Wie bei der Personalrekrutierung bleibt auch der erste und der letzte Eindruck von einer Aktie oder einem Unternehmen stärker im Gedächtnis haften.
- Dies gilt auch für tatsächliche Ereignisse, die bei der Entscheidungsfindung stärker ins Gewicht fallen als rein imaginäre Szenarien oder mögliche Handlungsabläufe. Diese Entscheidungsanomalie nennt man Status-quo-Effekt.
- Ein anderes wichtiges Phänomen ist der Focal-Effekt, der darauf hinweist, dass Anleger bei offenen Fragen oder unstrukturierten Entscheidungssituationen dazu neigen, Bezugspunkte oder auf einen Punkt zentrierte Lösungsmöglichkeiten zu wählen, die kontextabhängig sind. Werden beispielsweise Analysteneinschätzungen eines Unternehmens und der Gewinnentwicklung revidiert, so bilden die neuen Prognosen ein neues Bezugssystem für die Entscheidungssituation.
- Diesen Katalog der Entscheidungsanomalien kann man um Availability-Effekte im weiteren Sinne erweitern. Am Beispiel der Lotterie lässt sich verdeutlichen, dass Anleger zwischen sicheren und unsicheren Gewinnen unterscheiden. In einer ambivalenten Situation bevorzugen Investoren sichere Gewinne gegenüber einem unsicheren, wenn auch lukrativen Lotteriegewinn. Die Gewissheit des Gewinns gibt den Ausschlag für die Entscheidung (Certainty Effect).

Vergleicht man die Börsenlage mit verschiedenen Lotterien, was eine eigentlich unzulässige Vereinfachung darstellt, dann neigen Anleger dazu, die gemeinsamen Merkmale der Lotterien – etwa die geringe Gewinnwahrscheinlichkeit – auszublenden und sich auf die vorteilhaften Aspekte zu konzentrieren (Cancellation Effect). Wenn man die Gewinnvorteile in den Vordergrund rückt und die möglichen Verluste vollkommen außer Betracht lässt, dann findet eine Aufteilung von sicheren und unsicheren Ereignissen statt. Diese Entscheidungsanomalie wird aufgrund dieser Dichotomie und der Abtrennung der unsicheren Möglichkeiten als Segregationseffekt bezeichnet.

Darüber hinaus beobachtete man einen Asymmetrieeffekt: Anleger ärgern sich mehr über Verluste, die an Kapitalmärkten entstehen, als sie sich über Zugewinne freuen. Verluste wiegen in der Gefühlsbilanz der Investoren stärker als Kursgewinne.

Auch ist die Einschätzung, ob ein vorgegebenes Kursziel jemals erreicht werden kann, abhängig von einem Bezugspunkt (Reference Point), der meist der aktuelle Kurs oder ein früherer Kurs ist, sowie von den übrigen Rahmenbedingungen (Framing),[174] die die Entscheidung des Anlegers beeinflussen und mitbestimmen. Ein weiterer wichtiger Effekt, der viele Anleger in die Irre führt, ist der Superstition Effect. Börsianer, die über einen längeren Zeitraum an der Börse Glück haben und hohe Gewinne erzielen, führen diese Erfolge früher oder später auf ihr vermeintliches Können zurück. Ihr Aberglaube (Superstition) suggeriert ihnen, dass es ihre scheinbar hohen Qualifikationen und Fertigkeiten sind, die zu hohen Erfolgen an der Börse führen. Vor allem Führungskräfte und hoch qualifizierte Freiberufler erliegen diesem Trugschluss. Denn wer beruflich zur Elite zählt und Spitzenqualifikationen vorweisen kann, erliegt sehr schnell der Illusion, er könne auch an der Börse grandiose Erfolge erzielen.

Beispielhaft für eine solche Illusion war der außergewöhnliche Boom der Internet- und Technologiewerte, der zur Jahrtausendwende seinen Höhepunkt erreichte und viele Anleger narrte. Selbst völlig unerfahrene Börsianer konnten mit Neuemissionen innerhalb kürzester Zeit beispiellose Gewinne erzielen. Diese Dienstmädchenhausse brach dann im Frühjahr 2000 umso abrupter zusammen. Das trügerische Vertrauen, das durch den Superstitionseffekt zustande kommt, führte letztlich zur Katastrophe. Umstritten ist auch, ob man an der Börse überhaupt durch Lernen und Erfahrung Fortschritte erzielen kann.

---

[174] Frisch, D.: Reasons for Framing Effects. Organizational Behavior and Human Decision Processes, 54 (1993), S. 399–429.

4.2 Entscheidungsmodelle helfen

Selbstverständlich ist es für Anleger wichtig, sich mit den verschiedenen Wertpapieren und Asset-Klassen vertraut zu machen. Ob jedoch eine profunde Kenntnis der Analyseinstrumente (technische Analyse, Chartreading, Fundamentalanalyse) wirklich zu besseren Ergebnissen verhilft, bleibt angesichts der Random-Walk-Hypothese und der Effizienzmarkthypothese äußerst fraglich. Auch die kumulierte Erfahrung an der Börse kann sich, wie die Börsenpsychologie anhand der Entscheidungsanomalien und der kognitiven Heuristiken aufzeigt, eine fragliche Basis sein. Würde intensives Lernen und eine exzellente Ausbildung große Erfolge an der Börse garantieren, so wäre es unerklärlich, warum die meisten Experten noch nicht einmal den Index übertreffen können.

Eng verwandt mit dem Superstition Effect ist der Credulity Level. Er besagt, dass Anleger in ihrer Leichtgläubigkeit (Credulity) bereit sind, aus zufälligen Ereignissen ein Muster von Zusammenhängen zu konstruieren. Aus der Statistik beispielsweise sind solche „Scheinkorrelationen" längst bekannt. So gibt es einen Zusammenhang zwischen der Schuhgröße eines Menschen und der Intelligenz, obwohl es sich hier um eine altersbedingte Scheinkorrelation handelt. Aufgrund der Fülle der heute an den internationalen Kapitalmärkten verfügbaren Daten kommt es bei systematischer Auswertung häufig dazu, dass scheinbare Kausalitäten oder wechselseitige Zusammenhänge (Interdependenzen) erfasst werden, die aber keinen realen Zusammenhang haben. Je gründlicher die Auswertung, desto mehr treten solche Scheinkorrelationen auf. Für den Anleger, der aufgrund alltagsweltlicher kognitiver Heuristiken Entscheidungen fällt, spielen zwar nur eine überschaubare Zahl von Faktoren eine Rolle, aber selbst diese ergeben für ihn einen vermeintlichen Zusammenhang.

Empirisch untersucht wurden für das Börsengeschehen auch der Zusammenhang zwischen der Entwicklung der Aktienkurse und der Sonnenfleckenaktivität sowie der Zusammenhang zwischen der Inflation und der Länge der Damenröcke. Obwohl die Zusammenhänge kurioserweise eindeutig sind, handelt es sich auch hier um Scheinkorrelationen, denn die Häufigkeit der Sonnenflecken hat natürlich keine Auswirkung auf die Höhe der Börsenkurse. Ein solche Kausalität wäre absurd. In ähnlicher Weise argumentieren auch Anleger, die für sich bestimmte „Glückstage" sehen oder sich in emotionaler Weise an eine bestimmte Aktie binden.

Da Anleger häufig die tatsächlichen Ereignisse ignorieren oder ausblenden, erkennen sie bisweilen nicht die objektive Lage. Ihre Entscheidungen beruhen nur auf ihren subjektiven Einschätzungen. Diese Loslösung von den faktischen Gegebenheiten bezeichnet man als Disjunktionseffekt. In diesen Zusammenhang gehört auch der

„Confirmation Bias". Anleger, die längere Zeit Erfolge an der Börse verbuchen können, entwickeln die Vorstellung, dass ihr Erfolg auf ihrer überragenden Kompetenz beruht und von der Börse bestätigt wird. Die Akteure glauben daran, dass ihr Wissen und ihre Fähigkeiten ihnen auf geradezu übernatürliche Weise weiterhelfen. Durch diese scheinbare Sicherheit geraten sie früher oder später in eine gefährliche Lage und riskieren langfristig erhebliche Kursverluste.

Von „Suspicion" (Verdacht) spricht man in der umgekehrten Situation: Anleger, die horrende Verluste hinnehmen mussten, agieren sehr vorsichtig und behutsam. Sie verpassen dabei oft den auf eine schwere Baisse folgenden Aufschwung und sind in dieser Phase nur am Rentenmarkt oder gar nicht investiert. Viele Anleger verpassen somit die wichtigsten Börsenentwicklungen und steigen erst dann wieder ein, wenn die Börse überhitzt ist und ein Wendepunkt erreicht wird.

4.2.3 Auswahl von Wertpapieren als kognitive Aufgabe

Während sich all diese Anomalien[175] auf die Informationsverarbeitung beziehen, gibt es auch Besonderheiten, die bei der Auswahl von Wertpapieren auftreten. Diese Prozesseffekte tangieren die Vorgehensweise beim Asset Allocation und beschreiben die einzelnen Phasen der Entscheidungsfindung. Da hierbei Nutzenüberlegungen im Vordergrund stehen, spricht man auch von „Rule-driven Choice".

Diese Effekte beziehen sich auf die Strukturierung einer kognitiven Aufgabe. Dabei erwachsen *Prozess-Effekte* aus der Herangehensweise der Probanden an die Auswahlprobleme der Entscheidungssituation. Sind die Grenzen der menschlichen Verarbeitungskapazität erreicht, so greifen die Probanden auf Faustregeln („Heuristiken") zurück, die sich zumindest auf den ersten Blick beträchtlich von den Nutzenmaximierungsmodellen der Ökonomie unterscheiden. Das Verhalten wird eher von Prinzipien, Analogien und typischen Beispielen geleitet als durch Nutzenüberlegungen („Rule-driven Choice"). Dabei gibt es große individuelle Unterschiede. Dies gilt beispielsweise für die Einstellung und die Entscheidungsregeln. Vor allem die temporalen Effekte beeinflussen die Entscheidungen des Anlegers.

Ein spezifischer Effekt ist das Time Discounting: Anleger neigen dazu, unmittelbar bevorstehende Ereignisse wie eine Hauptver-

---

[175] Oehler, Andreas: „Anomalien", „Irrationalitäten" oder „Biases" der Erwartungsnutzentheorie und ihre Relevanz für Finanzmärkte. In: Zeitschrift für Bankrecht und Bankwirtschaft, 4. Jg. Nr. 2, 30. Mai 1992, S. 97–124.

sammlung überzugewichten und Ereignisse in der fernen Zukunft, auch wenn sie beträchtliche Auswirkungen auf den Aktienkurs haben können, zu ignorieren oder zumindest zu vernachlässigen. Die Systematik der Entscheidungsanomalien trägt dazu bei, die Probleme und Einflussfaktoren, die der Entscheidungsfindung zugrunde liegen, genau zu erfassen und zu beschreiben. Dennoch ist sie vor allem eine Art Kasuistik, die nicht immer den empirischen Gegebenheiten an den internationalen Kapitalmärkten gerecht wird.

4.2.4 Nichtlineare Dynamik und Chaostheorie

Neben der Behavioral Finance hat sich auch die Chaostheorie und das Konzept nichtlinearen Dynamik in der empirischen Finanzmarktforschung etabliert. Die Abgrenzung vom verhaltenswissenschaftlichen Paradigma gestaltet sich schwierig, da die nichtlineare Dynamik sich gleichfalls mit der Entwicklung und dem Wandel von Kapitalmärkten befasst. Da die internationalen Kapitalmärkte keine deterministischen Systeme sind, unterliegen sich auch nicht festgefügten, deterministischen Gesetzmäßigkeiten. Vielmehr offenbart diese Form der Dynamik bei ihren Phasenübergängen eine Form des Chaos, das sich mit differenzierten Gleichungen erfassen lässt. Bislang ist es jedoch der Chaostheorie und der nichtlinearen Dynamik noch nicht gelungen, die Kapitalmärkte in ihren Gesetzmäßigkeiten vollständig zu beschreiben, da die Komplexität der Märkte diesem Unterfangen enge Grenzen setzt. In neueren Studien konnte man bereits einzelne Phasenübergänge genauer analysieren. Der Vorteil dieser Forschungsrichtung der nichtlinearen Dynamik besteht in der Fähigkeit, auch komplexe Phänomene, die erst auf einer höheren Ebene auftreten, genauer untersuchen zu können. Man kann hierbei zwischen der Akteurebene, der Gruppen- und Gesamtmarktebene unterscheiden. Theoretisch ist es auch denkbar, dass die weltweit miteinander verknüpften Kapitalmärkte ein globales Gesamtsystem bilden. Je nach Aggregationslevel treten unterschiedliche Anomalien auf. Während einfache Effekte wie das Anchoring auf der individuellen Ebene angesiedelt sind, können Phänomene wie der Overconfidence[176] (also ein zu großes Selbstvertrauen während einer Boomphase) oder Kontrollillusionen sich auch auf höheren Aggregationsebenen auswirken.

Die Börsenpsychologie hat solche Übersummationseffekte bislang ausgeklammert, da sie einen systemischen Ansatz erfordern, der weit über die psychologische Betrachtungsweise hinausgeht. Der in-

---

[176] Block, R. A.; Harper, D. R.: Overconfidence in Estimation: Testing the Anchoring and Adjustment Hypothesis. In: Organizational Behavior and Human Decision Processes 49 (1991), S. 188 ff.

terdisziplinäre Vorstoß der Behavioral Finance und des Konzepts der nichtlinearen Dynamik trägt dazu bei, solche systemischen Aspekte mit einzubeziehen. Die Systemdynamik wird zu einem entscheidenden Kriterium für die vollständige Beschreibung der Kapitalmärkte.

4.2.5 Urteilsheuristiken und Mental Accounting

Ein wichtiges Phänomen zur Beschreibung der Anlagestrategien und des Anlageverhaltens ist das Mental Accounting. Anleger, die Aktien erwerben, öffnen gleichsam ein geistiges Konto, das den jeweiligen Kaufpreis und ein mögliches Kursziel registriert. Auch wenn die Aktie zwischenzeitlich stark fallen sollte, nimmt der Anleger den ursprünglichen Kaufpreis als Ausgangspunkt (Reference Point) für die weitere Bewertung und Beurteilung des Kursverlaufs. Aufgrund dieser geistigen „Buchführung" sind manche Anleger bereit, auch dann das Papier noch zu halten, wenn die Aktie bereits einen klaren Abwärtstrend aufweist und ständig sinkt. Dieses Denken in Bezugspunkten des Mental Accounting verhindert eine flexible und sachgerechte Einschätzung der Börsenlage.

Die Verankerung (Anchoring) hat ähnliche Auswirkungen wie das Mental Accounting. Ankerwerte sind beispielsweise bei Aktienanlagen Zielkurse, die sich sofort auf die allgemeine Bewertung der Aktie und des Börsenumfelds auswirken. Da der Anleger sich stets an diesen Ankerwerten orientiert, wird dadurch die situationsgerechte Intervention oder die Umschichtung des Depots verhindert. Ein weiterer Ankerwert ist der Einstiegskurs, der für Anleger häufig die Funktion einer magischen Schwelle hat, an der die Aktie grundsätzlich beurteilt wird.

Fällt das Papier unter dieser Schwelle, sind viele Anleger trotz der Möglichkeit einer Stop-Loss-Order nicht bereit, die Aktien zu veräußern, sondern hoffen darauf, dass sich der Kurs in absehbarer Zeit erholen wird oder zumindest den Einstiegskurs wieder erreicht. Der Aktie wird hierbei quasi ein „Erinnerungsvermögen" unterstellt. Solche Fiktionen sind in der technischen Analyse und im Chartreading verbreitet, wo die gleitenden Durchschnitt oder bestimmte zahlenmäßig definierte Schwellen (wie eine Tausender- oder Hundertermarke) eine vermeintlich natürliche Schwelle oder Barriere für den weiteren Kursverlauf bildet. Das Anchoring ist daher nicht nur ein Phänomen, das bei den Anlegern auftritt, sondern auch der technischen Analyse inhärent ist.

Eine andere Form der Urteilsheuristik ist das Prinzip der Repräsentativität. Bei diesem Beurteilungsmuster werden ähnliche Phänomene zu einem Stereotyp zusammengefasst. Dieses Phänomen birgt die Gefahr in sich, dass Differenzierungen und Unterschiede bei der Beurteilung von Wertpapieren oder Börsen nivelliert oder zumindest geglättet werden. Besonders augenscheinlich tritt dieses Phänomen bei dem „Information Sources Effect" zutage. Werden einzelne Aktien, Branchen oder Märkte von verschiedenen Informationsquellen übereinstimmend positiv bewertet, nimmt die Zuversicht und der Optimismus des Anlegers zu. Eine Fülle von gleich lautenden Einstufungen führt bisweilen sogar zu einer regelrechten Euphorie der Anleger, die einen künstlichen Boom oder eine Scheinhausse erzeugt.

Dieser Konsens in der Informationslage ist häufig darauf zurückzuführen, dass Analysten abweichende Meinungen vermeiden und sich meist der uniformen Mehrheit anschließen. Zurückstufungen oder gar Verkaufsempfehlungen, die in der diplomatischen Sprache der Wertpapieranalysten meist als „halten" oder „Underperformer" verklausuliert werden, sind aufgrund der Risiken selten. Pessimistisch gestimmte Experten reduzieren nicht nur die Auflagen von Fachzeitschriften und die Einschaltquoten von Börsensendungen im Fernsehen, sondern gelten als unpassend. So sind die meisten Börsenexperten grundsätzlich optimistisch.

Eine Verkaufsempfehlung ist ohnehin bei Banken und Brokern unerwünscht, da ausdrückliche Verkaufsempfehlungen Sanktionen nach sich ziehen können. Aktiengesellschaften, die sich auf diese Weise abgestraft fühlen, wechseln die Bankverbindung. In der Praxis sind solche drastischen Ratschläge von Seiten der Analysten sowieso eine äußerst seltene Ausnahme. Die meisten Experten neigen zu Konformität, dies gilt insbesondere für Fondsmanager. Sollten sich die Investments als Flop erweisen, so beruft man sich gerne darauf, dass auch die anderen Manager und Analysten derselben Meinung waren. Dissens wird für jeden Fondsmanager, der ein Millionen- oder gar Milliardenvermögen verwaltet, zur Gefahr.

Dieser Konformitätsdruck führt auch dazu, dass die Börsenszene von Modethemen dominiert wird. Obwohl solche fashionable Investments mit erheblichen Gefahren verbunden sind, sind sie eine alltägliche Erscheinung in den Fachzeitschriften und in der Börsenberichterstattung. Als die Stahlpreise rapide stiegen und in China und den entwickelten Ländern die ersten Engpässe auftraten, berichten fast alle Magazine plötzlich unisono über die Kurschancen von Stahlaktien, die seit mehr als einem Jahrzehnt eher als langweilige und wenig aussichtsreiche Werte galten, wurde doch die gesamte Branche als ein im Niedergang begriffener Sektor verstanden. Die plötzliche Popularität der Stahlbranche wurde aber den Anlegern erst klar, als die Aktien bereits Höchststände erreicht hatten.

Ein breitere Depotmischung war nach diesem starken Kursanstieg nicht mehr ratsam.

Derartige Modeströmungen, die von den Medien noch lanciert und verstärkt werden, beeinträchtigen die vernünftige Bewertung einzelner Branchen und Aktien. Der Information Sources Effect erzeugt daher einen bedenklichen Konformitätsdruck unter den Anlegern. Dies ist umso verhängnisvoller, als die meisten Finanzmagazine die Themen der Wettbewerber kritiklos aufgreifen, so dass ein gewisser Schnellballeffekt eintritt. Wird ein Modethema in einer Fachzeitschrift aufgegriffen, so findet man dies ein paar Tag später meist auch in den Wochenzeitschriften und den Tageszeitungen. Der Multiplikatoreffekt setzt sich dann im Fernsehen, im Internet und im Rundfunk fort. Eine kritische Berichterstattung ist häufig nicht gegeben, da das Echo in den Medien eine sich selbst verstärkende Wirkung hat. Vielfach werden die einzelnen Berichte nur durch andere Fallbeispiele oder ergänzende Hinweise neu aufbereitet. Die Informationsredundanz ist außergewöhnlich hoch.

Das Urteilsvermögen der Anleger wird auch durch den Availability-Effekt getrübt; denn jeder Anleger kann nur eine begrenzte Anzahl von Informationsquellen sichten und gezielt auswerten. Ein falscher Konsensuseffekt entsteht, wenn die Restriktion der Quellen und deren Hang zur Konvergenz und zur Uniformität bei dem Anleger ein einseitige Bewertung der Börsenlage entstehen lässt. Hinzu kommt, dass aktuelle Informationen, wie sie dank des Fernsehens, spezieller Börsensendungen und des Internets immer schneller verfügbar werden, die Meinung der Investoren nachhaltiger beeinflussen.

Breaking News veranlassen Anleger zu einem immer opportunistischeren Anlageverhalten, das den Launen und Stimmungen des Marktes unterworfen ist. Die Aktualität der Börsennachrichten erzeugt einen so genannten Vividness-Effekt; denn die jüngsten Nachrichten, die Schlagzeilen hinterlassen beim Anleger den nachhaltigsten Eindruck. Der Vividness-Effekt[177] hat einen kurzfristigen Impact auf den Anleger, während der Anchoring-Effekt sich eher langfristig über das Mental Accounting auswirkt. Die erratischen Schwankungen der Börsenkurse, die als Sekundär- oder Tertiärtrends erfasst werden, beruhen auf den Stimmungswechseln, die die Anleger infolge solcher aktuellen Informationen vollziehen.

Die permanente Verfügbarkeit von Börsennachrichten und brandaktuellen Schlagzeilen bedingt eine zunehmende Nervosität der Kapitalmärkte. Der Availability-Effekt bestimmt so die Unsicherheit und

---

[177] Frey, D.; Stahlberg, D.: Erwartungsbildung und Erwartungsveränderungen bei Börsenakteuren. In: Maas, P. u. Weibler, J. (Hrsg.): Börse und Psychologie, Köln 1990, S. 90 ff.

4.2 Entscheidungsmodelle helfen

die Launenhaftigkeit der Börse, die sich in einer hohen Fluktuation der Kurse und Überreaktionen manifestiert.

In der Psychologie spricht man in diesem Kontext auch von der Bereitschaft eines Anlegers, fremde Ansichten und Erfahrungen als gültig zu übernehmen. Die Theorie der sozialen Vergleichsprozesse beschreibt diesen Konformitätshang der Investoren, die oft leichtfertig andere Auffassungen bereitwillig akzeptieren. Dies führt man auf selektive Wahrnehmung (Selective Perception) zurück. Der Anleger unterstellt seiner Informationsquelle die Fähigkeit, die Wirklichkeit objektiv und unvoreingenommen zu analysieren. Unerklärliche Entscheidungen oder Präferenzen eines anderen werden durch eigene Hypothesen, die die Plausibilität einer Behauptung untermauern sollen, erklärt.

Wenn im Verlauf einer anhaltenden Börsensituation die Meinungen immer mehr konvergieren und sich ein festgefügtes Bild der Lage formiert, neigen die Anleger dazu, diese Situation für die Zukunft fortzuschreiben. Dieser Inertia-Effekt, der die Meinungsträgheit der Investoren umschreibt, spielt besonders dann eine Rolle, wenn die Börse längere Zeit eine Seitwärtstendenz durchläuft oder sich nur in eine Richtung entwickelt. Die Anleger halten dann hartnäckig an ihrer bisherigen Einschätzung fest und versteifen sich auf eine bestimmte Börsensicht. Diese Perseveranz[178] lässt sich nur schwer durchbrechen und begünstigt Fehleinschätzungen der Börsenlage. Im Gefolge dieser Meinungsstarrheit bildet sich ein verhängnisvolles Wunschdenken (Wishful Thinking) heraus, das mit einer sich selbst erfüllende Prophezeiung einhergeht. Insbesondere in der Endphase einer Dienstmädchenhausse oder einer überhitzten Boomphase fühlen sich die Anleger durch die noch ansteigenden Kurse und die zunehmende Börseneuphorie bestätigt.

Anleger vermeiden kognitive Dissonanz, d. h. ihre Einstellungen, die sich aus kognitiven, affektiven und Handlungskomponenten zusammensetzen, möchten möglichst in sich konsistent sein. Anleger suchen daher gezielt nach neuen Informationen, die die bisherigen Einstellungen bekräftigen und bestätigen, um die vorhandene Dissonanz zu verringern.

Eine Rolle bei der Urteilsbildung spielt auch das Image, das mit einer Entscheidung verbunden ist.[179] Die Imagetheorie postuliert drei Ausprägungen des Image. Zum einen gibt es das Wertimage, das von den Wertvorstellungen, den Normen und ethischen Prinzipien eines

---

[178] Frey, D.; Stahlberg, D.: Erwartungsbildung und Erwartungsveränderungen bei Börsenakteuren. In: Maas, P. u. Weibler, J. (Hrsg.): Börse und Psychologie, Köln 1990, S. 115 ff.

[179] Beach, L. R.: Image Theory: Decision Making in Personal und Organizational Contexts, Chichester 1990.

Anlegers abhängt. Zum anderen beeinflussen auch das trajektorische und das strategische Image die Urteilsbildung. Das trajektorische Image beinhaltet die zukünftigen Ziele des Anlegers im Rahmen seiner Lebensplanung, während das strategische Image die konkreten Strategien und Taktiken zur Umsetzung der Ziele umfasst.

Die Imagetheorie unterscheidet zwei Arten von Entscheidungen:

- Adaptionsentscheidungen, die sich auf neue Pläne und Aktivitäten beziehen, und
- Progressentscheidungen, die eine Revision oder Veränderung der bereits vorhandenen Ziele, Pläne und Projekte anvisieren.

Anleger möchten stets eine Übereinstimmung und Konsistenz der drei Images erreichen. Diese Imagekompatibilität wird dadurch erreicht, dass Adaptionsentscheidungen getroffen werden. Ein Abgleich des trajektorischen Image mit dem strategischen Image geschieht dadurch, dass Pläne und Projekte, die zur Zielerreichung gefasst wurden, verworfen werden, wenn sich diese nicht als effizient erweisen. Das trajektorische Image hat daher eine Leit- und Ausrichtungsfunktion für das strategische Image.

Die Urteilsfindung des Anlegers wird auch von der Tendenz zur Simplifizierung beeinträchtigt und in Mitleidenschaft gezogen. Aufgrund der Fülle von Börseninformationen ist der Anleger nicht in der Lage, alle Informationsquellen sachgemäß und sinnvoll zu verarbeiten. Die Flut an Eindrücken lässt sich nur noch durch selektive Wahrnehmung bewältigen und führt letztlich zu einer Simplifizierung.

Das daraus resultierende Beharrungsvermögen und die Tendenz, an einer einmal gefassten Meinung festzuhalten, begünstigt den Status-quo-Bias.[180] Die augenblickliche Lage (der Status quo) wird zum Ausgangspunkt aller späteren Überlegungen. Bei dem Status-quo-Bias wird zwischen dem Omission Bias und dem eigentlichen Status-quo-Bias im engeren Sinne unterschieden. Der Omission Bias kennzeichnet die Neigung der Anleger, sinnvolle Handlungen aufgrund des Status quo zu unterlassen.

Wenn eine Börse eine längere Seitwärtstendenz durchläuft, verzichten die Anleger häufig darauf, Aktien mit schlechter Performance zu veräußern. Man möchte lieber abwarten, ob sich Underperformer nicht langfristig doch besser entwickeln. In Kombination mit dem Mental Accounting führt der Omission Bias[181] dazu, dass der An-

---

[180] Samuelson, W.; Zeckhauser, R.: Status Quo Bias in Decision Making. In: Journal of Risk and Uncertainty, 1 (1988), S. 7–59.
[181] Schweitzer, M.: Disentangling Status Quo and Omission Effects: An Experimental Analysis. Organizational Behavior and Human Decision Processes, 58 (1994), S. 457–476.

leger sich durch Inaktivität lähmt. Beweggrund für diese Trägheit ist die Loss Aversion, die ausgeprägte Verlustangst, die vor allem von dem Denken in Bezugspunkten gefördert wird, da der Anleger häufig zumindest den Einstiegskurs wieder erreichen möchte.

Anleger vermeiden es auch, sich Fehler oder Versäumnisse eingestehen zu müssen, da dies ihr Selbstwertgefühl und ihr Selbstvertrauen beeinträchtigt. Deshalb ist man sehr viel eher bereit, Fehler zu übergehen oder Unzulänglichkeiten der Urteilsbildung zu verdrängen. Reue wird als ein schmerzhaftes Gefühl erlebt, das das Selbstvertrauen brüchig werden lässt. In diesem Zusammenhang spricht man von negativer Perseveranz, d. h. die hartnäckige Bereitschaft des Anlegers, auch Fehlurteile im Nachhinein als richtig zu betrachten und daran festzuhalten. Speziell bei einem Crash[182] oder einem lang anhaltenden Kursrückgang, wie er für die Jahre nach dem Frühjahr 2000 charakteristisch war, halten Anleger krampfhaft an ihren Aktien fest. Der dann doch eintretende Verkauf führt letztlich zu hohen und unwiderruflichen Verlusten. Eine kritische Selbsteinschätzung, die mit Reue oder Bedauern[183] verbunden wäre, erscheint dem Anleger abwegig (Regret Avoidance).

Wenn die vom Anleger ausgewählten Investments nur eine unterdurchschnittliche Performance als der Marktdurchschnitt erbringen, kommt es beim Anleger gelegentlich zu einer nachträglichen Reue (Post-decisional Regret), insbesondere wenn inzwischen andere Bezugsgruppen (Anleger, Analysten, Finanzexperten, Fachjournalisten) andere Branchen oder Aktien bevorzugen. Der Anleger fühlt sich dadurch im Stich gelassen und isoliert – er verliert seinen „social support", was das Reuegefühl verstärkt. Dieses Bedauern kann sich zur Postpurchase Anxiety ausweiten, wenn die Auswahl der Wertpapiere auf einer Fehlentscheidung beruht. Diese Angst ist um so gravierender, wenn der Kauf von einer sozialen Ansteckung im Zuge einer unberechtigten Börseneuphorie ausgelöst wurde.

Ein weiterer Ansatz zur Erklärung der Verhaltensweisen von Anlegern ist die Kontrolltheorie, die davon ausgeht, dass das Kontrollbedürfnis – die so genannte Effectance Motivation – zu einem der wichtigsten Bedürfnisse des Menschen gehört. Man unterscheidet zwischen primärer und sekundärer Kontrolle. Bei der primären Kontrolle findet die Beeinflussung direkt statt, was an den Kapitalmärkten nicht vorkommt. Hier spielt die indirekte Kontrolle, die sekundäre Kontrolle, die ausschlaggebende Rolle. Insbesondere das Chartreading führt häufig zu Kontrollillusionen. Viele Anleger glau-

---

[182] Kiehling, H.: Kursstürze am Aktienmarkt. Crashs in der Vergangenheit und was wir daraus lernen können, München 1991.
[183] Loomes, G.; Sugden, R.: Regret Theory and Measurable Utility. In: Economic Letters, 12 (1983), S. 19 ff.

ben, dass die bizarren Kursbilder Gesetzmäßigkeiten enthalten, die sich für Anlageentscheidungen auswerten lassen. Die Chartanalyse erweckt eine Illusion, da ihre vermeintlichen Gesetzmäßigkeiten, die sich in solchen Kursfiguren wie der Kopf-Schulter-Formation, Dreiecken, Wimpeln und Korridoren scheinbar offenbaren, dem Anleger das Gefühl und die trügerische Sicherheit vermitteln, er sei imstande, den weiteren Kursverlauf mit eingeschränkter Präzision vorherzusagen. Faktisch ist dies nicht möglich, auch wenn viele Analysten die Chartanalyse als Hilfsmittel verwenden. Selbst bei rein zufällig erzeugten Kursformationen glauben Chartisten solche Gesetzmäßigkeiten zu erkennen. Diese illusionäre Kontrolle des Kurses führt zu gravierenden Fehlentscheidungen, die die Performance beeinträchtigen.

Wenn die vermeintliche Kontrolle zufällig Erfolg hat, entsteht bei dem Anleger eine Kontrollüberzeugung, die ihm ein gefährliches Gefühl der Sicherheit vermittelt. Abhängig von der Situation findet beim Anleger je nach Erfolg oder Misserfolg ein Perspektivenwechsel statt: Von der Success Attribution, dem Eindruck, der Anleger sei selbst für den Erfolg verantwortlich, zur Failure Attribution, dem Eingeständnis, er habe den Misserfolg zu verantworten.

Ein anderes Phänomen begünstigt diese Fehleinschätzung. Wenn im Nachhinein negative Ereignisse zu einem Kurseinbruch führen, ist der Anleger überzeugt, dass sich in der Retrospektive diese Ereignisse zwangsläufig ergeben. Bei vielen Crashs finden die Anleger und Experten schließlich plausible Erklärungen und Zusammenhänge, die die Dynamik der Ereignisse verständlich machen. Dieses Phänomen wird als „Course of Knowledge" bezeichnet und weist darauf hin, dass Ereignisse a posteriori stets durch ein Erklärungsmuster zusammengefügt und erklärt werden können.

Ob diese Erklärungsmuster jedoch zwangsläufig richtig sind, ergibt sich daraus nicht. Beispielsweise hätte ein scharfsinniger Beobachter aus dem Zusammenbruch des Ostblocks und der Sowjetunion den späteren Börsenboom in Russland prognostizieren können. Jedoch wäre es nahezu unmöglich gewesen, den Beginn des Kursaufschwungs vorherzusagen, zumal im Jahre 1998 Russland eine schwere Wirtschaftskrise durchlief, die aber dann den sensationellen Aufschwung an der russischen Börse einläutete. Die Zwangsläufigkeit der Entwicklung („Creeping Determinism") ist keineswegs für den Betrachter vorgezeichnet, sie ergibt sich lediglich aus der vergangenheitsbezogenen Rekonstruktion.[184]

---

[184] Camerer, C. F.; Loewenstein, G.; Weber, M.: The Course of Knowledge in Economic Settings: An Experimental Analysis. In: Journal of Political Economy, 97 (1989), S. 1232 ff.

Eine andere Täuschung, der der Anleger unterliegt, ist die Hindsight Bias. Im Rückblick tendiert der Investor dazu, die Sicherheit seiner Einschätzung zu idealisieren. Dies gilt insbesondere, wenn der Anleger mit der jeweiligen Situation besonders vertraut ist oder schon über eine größere Börsenerfahrung verfügt und deshalb glaubt, Ähnlichkeiten zwischen verschiedenen Börsenkonstellationen und -situationen zu erkennen. Bei überraschenden Börsensituationen wie einem Börsencrash oder einem plötzlichen, unvorhersehbaren Kursverfall spricht man auch von einem Reverse Hindsight Bias, da die Anleger ihre Meinung ändern und einen seltenen Zufall für diesen drastischen Umschwung verantwortlich machen.

Börsenpsychologisch ist auch die soziale Imitation für Anlageentscheidungen relevant. Viele Anleger orientieren sich an anderen Investoren und an den Empfehlungen der Analysten und der Fachpresse. Viele Anleger vermeiden es, sich selbst ein Urteil zu bilden und orientieren sich an den Modethemen und den Informationen, die die Banken und anderen Akteure an den Kapitalmärkten herausgeben. Menschen haben allgemein das Bedürfnis, dass ihre Erwartungen, Wünsche und Ziele von anderen bestätigt und geteilt werden. Vor allem im Bereich der Kapitalmärkte ist der Wunsch nach einer Bekräftigung durch andere (Consensual Validation) weit verbreitet, was auch den Konformitätsdruck erklärt, dem viele Fondsmanager ausgesetzt sind.

Eine homogene Bezugsgruppe übt einen sehr viel stärkeren Zwang zur sozialen Imitation aus als eine völlig verschieden zusammengesetzte Gruppe. In Boomphasen werden von den Banken und Brokern vor allem Experten eingestellt, die sich in ihren Wertvorstellungen, ihren Ansichten und Meinungen sowie in ihrem Lebensstil und ihrem Verhalten weitgehend ähneln. Durch diese Angleichung und Uniformität kristallisiert sich auch eine ähnliche Einstellung zur Börse heraus. Da man meist an ähnlichen Universitäten studiert und ähnliche Theorien sich angeeignet hat, ist eine Abweichung von solchen Ansichten sehr selten und wird von der Peergroup der anderen Analysten meist negativ durch Spott, Ironie oder Missachtung sanktioniert. Aufgrund der ausgeprägten Karriereorientierung und der ambitionierten Pläne orientieren sich Analysten mehr als andere Berufsgruppen an den Auffassungen ihrer Kollegen.

Anlageentscheidungen sind häufig Gruppenentscheidungen, denn viele institutionelle Anleger übertragen das Portfoliomanagement einem Gremium, das sich aus vielen Analysten zusammensetzt. Gruppen federn das Entscheidungsrisiko ab, denn eine Gruppe wird Extremmeinungen stets ausgleichen und korrigieren. Es zeigt sich, dass Gruppen häufig moderatere Entscheidungen fällen als Einzelpersonen.

4.3 Die Bedeutung der Behavioral Finance

Resümierend kann man sagen, dass durch die Behavioral Finance die Perspektive und die Erkenntnismöglichkeiten der Finanzmarktforschung erheblich erweitert wurden. Die vielfältigen Mechanismen, die Entscheidungsprozesse beeinflussen, und die komplexen Konstellationen auf den internationalen Finanzmärkten werden durch das neue verhaltenswissenschaftlich ausgerichtete Paradigma besser und sorgfältiger beschrieben als durch das schematische Axiomensystem der Nutzenmaximierungstheorie. Die Behavioral Finance beleuchtet die Vielschichtigkeit von Handlungsstrategien und Motiven, die Anleger haben können. Die große Anzahl an beobachtbaren Effekten und Heuristiken macht deutlich, dass der Entscheidungsprozess und die Formen der Informationsverarbeitung weitaus komplexer ablaufen als bislang angenommen. Anleger sollten ihre Anlageentscheidungen sorgfältig auf solche Effekte hin überprüfen und entsprechende Tendenzen bewusst reflektieren, um Entscheidungsanomalien rechtzeitig erkennen zu können. Die Prozesse der Informationsgewinnung und -verarbeitung und die kognitiven Faktoren haben einen nachhaltigen Einfluss auf den Erfolg einer Anlageentscheidung.

5 Schlusswort

Die empirische Finanzmarktforschung ist für den Anleger von entscheidender Bedeutung, denn je mehr die Rentenversicherung als zuverlässige Säule der Altersvorsorge ausscheidet, desto wichtiger wird die private Vorsorge. Die Ansätze der Modernen Kapitalmarkttheorie zeigen uns sehr deutlich, dass es unter normalen Umständen nahezu unmöglich ist, den Marktdurchschnitt zu übertreffen. Die Auswahl von Investmentfonds, die Rankinglisten anführen, sind dabei keine Hilfe. Langfristig schneiden die meisten Investmentfonds schlechter ab als der Markt, da die hohen Ausgabeaufschläge und die Managementgebühren die erzielbare Performance erheblich schmälern. Auch das Stockpicking ist mit etlichen Unsicherheiten behaftet. Die Effizienzmarkthypothese macht deutlich, dass es nahezu unmöglich ist, auf den internationalen Finanzmärkten einen Informationsvorsprung zu erreichen.

Angesichts dieser Befunde wird die indexorientierte Anlagestrategie zum Königsweg, der den Anlegern langfristig eine gute Rendite sichert. Mutigere Investoren können sich die Ergebnisse der empirischen Finanzmarktforschung zunutze machen und auf die Kursanomalien setzen. Der Januar-, der KGV- und der KUV-Effekt sind interessante Sondererscheinungen, die dazu dienen können, die Rendite eines Portfolios zu erhöhen. Die Behavioral Finance hilft dem Anleger zusätzlich, Fehlentscheidungen zu vermeiden und Defizite bei der Verarbeitung von Informationen rechtzeitig zu erkennen.

Mutigen und sachkundigen Investoren werden die Weltbörsen auch in Zukunft große Chancen bieten.

Literaturverzeichnis

Adelberger, O. L.; Lockert, G.: Empirische Ergebnisse zur Anzahl und Bewertung der APT-Risikofaktoren am deutschen Aktienmarkt. Forschungsbericht für die Deutsche Forschungsgemeinschaft, Essen 1994.

Akerlof, G.: The Market for Lemons: Quality Uncertainty and the Market Mechanism. In: Allen, Franklin und Douglas Gale (2000): Comparing Financial Systems, MIT Press.

Atkins, Allen B. und James A. Sundali (1997): „Portfolio managers versus the darts: evidence from the Wall Street Journal's Dartboard Column", Applied Economic Letters, 4, 635–7.

Banz, R. W.: The Relationship between Returns and Market Value of Common Stock. Journal of Financial Economics, 9 (1981), S. 3–18.

Beck, Hanno: So funktioniert: die Börse, Frankfurt am Main: Societäts-Verl., 2002.

Berle, A. und G. Means (1932): The modern Corporation and Private Property, Commerce Clearing House.

Bhattacharya, Uptal (1999): „On the Possibility of Ponzi Schemes in Transition Economies",

Bilitza, Karl-Heinz: Geld verdienen mit Biotech-Aktien, München: Heyne, 2001.

Black, F./Scholes, M.: The Pricing of Options and Corporate Liabilities. In: Journal of Political Economy, May–June 1973, S. 637–659.

Blanchard, Olivier J. (1979): „Speculative bubbles, crashes and rational expectations", Economics Letters, 3, 387–9.

Blomert, Reinhard: Die Habgierigen, München: Kunstmann, 2003.

Bürger, Cornelia: Der große Börsen-Bluff, München: Ullstein-Taschenbuchverl., 2001.

CGFS (2003): „Credit risk transfer", Report submitted by a Working Group established by the Committee on the Global Financial System (CGFS), Basel: Bank for International Settlement.

Cheng, Agnes; Liu, Chao-Shin; Schaefer, Thomas F.: Earnings Permanence and the Incremental Information Content of Cashflow from Operations. In: Journal of Accounting Research, 34 (1996), S. 173–181.

Cohen, David: Bär oder Bulle, Wien: Ueberreuter, 2001.

Cootner, Paul (Hrsg.): The random character of stock market prices, Cambridge 1964.

De Bondt, Werner F. M.; Thaler, Richard H.: Does the stock market overreact? In: Journal of Finance, Vol. 40, No. 3, 1985, S. 793–805.

De Bondt, Werner F. M.; Thaler, Richard H.: Further evidence on investor overreaction and stock market seasonality. In: Journal of Finance, Vol. 42, No. 3, 1987, S. 557–581.

Diamond, Douglas (1984): „Financial Intermediation and Delegated Monitoring". Review of Economic Studies, 51, 393–414.

Diamond, Douglas W. und Philip H. Dybvig (1983): „Bank Runs, Deposit Insurance, and Liquidity". Journal of Political Economy, 91, 401-19.

Dimson, Elroy: Stock market anomalies, Cambridge 1988.

Dörner, Dietrich: Die Logik des Misslingens – Strategisches Denken in komplexen Situationen, Reinbek 1992.

Douglas, Mark: Der disziplinierte Trader, München: Finanzbuch-Verlag, 2003.

Drummen, Martin; Zimmermann, Heinz: The Structure of European Stock Return. In: Financial Analyst Journal, Vol. 48 (1992), S. 15–26.

Easton, Peter; Harris, Trevor: Earnings as an Explanatory Variable for Returns. In: Journal of Accounting Research, Vol. 29 (1991), S. 19–36.

Elton/Gruber/Brown/Goetzmann (2003): Modern portfolio theory and investment analysis, Wiley.

Fama, C. F.; Fisher, L.; Jensen, M.; Roll, R.: The Adjustment of Stock Prices to New Information. International Economic Review, 1969.

Fama, E. F.; French, K. R.: Permanent und Temporary Components of Stock Prices. Journal of Political Economy, 96 (1988), S. 246–273.

Fama, E. F.: Stock Returns, Real Activity, Inflation, and Money. American Economic Review, 71 (1981), Nr. 4, S. 545–565.

Fama, Eugene F. (1970): „Efficient Capital Markets: A Review of Theory and Empirical Work". Journal of Finance, 35, 383-417.

Fama, Eugene F.: „Market Efficiency, Long-Term Returns, and Behavioral Finance". Journal of Financial Economics 49 (1998), S. 283 ff.

Fama, Eugene F.: Efficient Capital Markets II. In: The Journal of Finance, 46 (1991), S. 1575–1617.

Fama, Eugene F.: Foundations of Finance, New York 1976.

Fama, Eugene F.: Mandelbrot and the stable Paretian hypothesis. In: Journal of Business, Vol. 36, 1963, S. 420–429.

Farrell, James L.: Portfolio Management, 2. Aufl. New York 1997.

Ferstl, Carola: Mein Börsenbuch, München: Econ, 2001.

Fischer, Leo: Gewinnen mit Biotech-Aktien, Niedernhausen/Ts.: Falken-Taschenbuch, 2001.

Fisher, Franklin M. und R. Craig Romaine (1990): „Janis Joplin's Yearbook and the Theory of Damages". Journal of Accounting, Auditing & Finance, 5, 145–57.

Franke/Hax (1999): Finanzwirtschaft des Unternehmens und Kapitalmarkt, Springer Verlag.

Freixas, Xavier und Charles Rochet (1997): Microeconomics of Banking, MIT Press.

Frick, Markus: Ich mache Sie reich, München: Econ, 2001.

Gale, Douglas und Martin Hellwig (1985): „Incentive-Compatible Debt Contracts I: The One-Period Problem". Review of Economic Studies, 52, 647–64.

Garber, Peter M. (1989): „Tulipmania". Journal of Political Economy, 97, 535–60.

Gehrig, Bruno; Zimmermann, Heinz: Fit for Finance. Theorie und Praxis der Kapitalanlage, Frankfurt/Main: Frankfurter Allgemeine Zeitung, 1999.

Gibson, Charles: Financial Statement Analysis, 7. Aufl. Cincinnati 1998.

Gilad, Benjamin; Kaish, Stanley (Hrsg.): Handbook of behavioral economics. Vol. B, Greenwick (Ct.)/London 1986, S. 235.

Gommlich, Florian: Internet-Aktien, Niedernhausen/Ts.: Falken, 2000.

Gorton, Gary (1988): „Banking Panics and Business Cycles". Oxford Economic Papers, 40, 751–81.

Götz, Engelbert: Technische Aktienanalyse und die Effizienz des deutschen Kapitalmarktes, Heidelberg 1990.

Gough, Leo: Die 25 besten Börsen-Klassiker, München: Finanzbuch-Verl., 2000.

Granger, Clive W. J.; Morgenstern, Oskar: Predictability of stock market prices, Lexington (Ma.) 1970.

Grossman, Sanford und Joseph E. Stiglitz (1980): „On the Impossibility of Informationally Efficient Markets". American Economic Review, 70, 393–408.

Grossman, Sanford und Oliver Hart (1980): „Takeover Bids, the Free-Rider Problem, and the Theory of the Corporation". Bell Journal of Economics, 11, 42-64.

Hagstrom, Robert G.: Buffettissimo! Die 12 Erfolgsprinzipien für die Börse von heute, Frankfurt/Main: Campus, 2001.

Händeler, Erik: Die Geschichte der Zukunft. Sozialverhalten heute und der Wohlstand morgen, Moers 2003.

Hart, Oliver (1995): Firms, Contracts, and Financial Structure, Oxford: Clarendon Press.

Heiner, Ronald: The origin of predictable behaviour. In: American Economic Review, Vol. 75, No. 4, 1983, S. 565–601.

Jensen, M./Meckling, W.: Theory of the Firm: Managerial Behaviour, Agency Costs, and Ownership Structure. In: Journal of Financial-Economics, October 1976, S. 305–360.

Jensen, Michael C.: Some anomalous evidence regarding market efficiency. In: Journal of Financial Economics, Vol. 6, 1978, S. 95–101.

Kahneman, Daniel; Tversky, Amos: Prospect theory: An analysis of decision under risk. In: Econometrica, Vol. 47, No. 2, 1979, S. 263–291.

Kiehling, Hartmut: Börsenphilosophien, München, Basel: Verlag Vahlen, Helbig & Lichtenhan, 2000.

Kiehling, Hartmut: Börsenpsychologie und Behavioral Finance. Wahrnehmung und Verhalten am Aktienmarkt, München: Verlag Vahlen, 2001.

Kiehling, Hartmut: Kursstürze am Aktienmarkt, 2. Aufl. München: dtv, 2000.

Kirchgässner, Gebhard: Homo oeconomicus – Das ökonomische Modell individuellen Verhaltens und seine Anwendung in den Wirtschafts- und Sozialwissenschaften, Tübingen 1991.

Klausner, Michael: Sociological theory and the behavior of financial markets. In: Adler, Patricia; Adler, Peter (Hrsg.): The social dynamics of financial markets, Greenwich (Ct.)/London 1984, S. 57–81.

Koch, Markus: Erfolgsrezepte vom Börsenkoch, München: Finanz-Buch-Verl., 2000.

Kommer, Gerd: Indexfonds und -zertifikate für Einsteiger, Frankfurt/Main, New York: Campus, 2000.

König, Johann-Günther; Peters, Manfred: Aktien und Akteure, Frankfurt/Main: Suhrkamp Verlag, 2002.

Kruschwitz, Lutz: Finanzierung und Investition, 2. Aufl. München 1999.

Lintner, J. (1965): „The Valuation of Risk Assets and the Selection of Risky Investments in Stock Portfolios and Capital Budgets", Review of Economics and Statistics, 47, 13-37.

Loeb, Gerald M.: Erfolgreich durch den Investment-Dschungel, Rosenheim: TM-Börsenverl., 2000.

Löffler, Gunter: Die Verarbeitung von Gewinnprognosen am deutschen Kapitalmarkt. In: ZfbF, 51. Jg. (1999), S. 128–147.

Maas, Peter; Weibler, Jürgen: Wahrnehmungs- und Informationsverarbeitungsprozesse an der Börse. In: Masse, Peter; Weibler, Jürgen (Hrsg.): Börse und Psychologie, Köln 1990, S. 72–101.

Magee, J./Edwards, R.: Technical Analysis of Stock Trends, New York 1954.

Malkiel, Burton G.: Börsenerfolg ist kein Zufall. Die besten Investmentstrategien für das neue Jahrtausend, München: Finanzbuchverlag, 2000.

Mandelbrot, Benoit B.: The variation of certain speculative prices. In: Journal of Business, Vol. 34, 1963, S. 392–417.

Manne, H. (1965): „Mergers and the Market for Corporate Control". Journal of Political Economy, 73, 110–20.

Markowitz, Harry: Portfolio selection. In: Journal of Finance, Vol. 7, 1952, S. 77–91.

Mehra, Rajnish und Edward C. Prescott (1985): „The Equity Premium Puzzle". Journal of Monetary Economics, 15, 145–61.

Mishkin, Frederic S. (1998): The Economics of Money, Banking, and Financial Markets, Addison-Wesley.

Modigliani, Franco und Merton H. Miller (1958): „The Cost of Capital, Corporation Finance, and the Theory of Investment". American Economic Review, 48, 261–97.

Möller, Hans Peter: Probleme und Ergebnisse kapitalmarktorientierter empirischer Bilanzforschung in Deutschland. In: BfuP, 35. Jg. (1983), S. 285–302.

Möller, Hans-Werner: Die Börsenformel, München: Heyne, 2001.

Müller, Sarah: Die Bewertung junger Unternehmen und Behavioral Finance, Lohmar 2003.

Muth, John F.: Rational expectations and the theory of price movements. In: Econometrica, Vol. 29, Nr. 3, 1961, S. 315–335.

Nemec, Peter: Survival-Guide für Kapitalanleger, München: Finanzbuch-Verl., 2001.

Niquet, Bernd: Die Generation X am Neuen Markt, 2. Aufl. Kulmbach: Börsenbuch-Verl., 1999.

Nölting, Andreas: Die neue Supermacht Börse, Reinbek bei Hamburg: Rowohlt, 2000.

Oehler, Andreas: „Anomalien", „Irrationalitäten" oder „Biases" der Erwartungsnutzentheorie und ihre Relevanz für Finanzmärkte. In: Zeitschrift für Bankrecht und Bankwirtschaft, 4. Jg. Nr. 2, 30. Mai 1992, S. 97–124.

Parness, Michael: Beherrsche den Markt!, Kulmbach: Börsen-Medien, 2003.

Perridon, Louis; Steiner, Manfred: Finanzwirtschaft der Unternehmung, 10. Aufl. München: Verlag Vahlen, 1999.

Peters, Edgar E.: Chaos and order in the capital markets. A new view of cycles, prices, and market volatility, New York 1991.

Quarterly Journal of Economics, August 1970, S. 488–500.

Rabin, Matthew und Richard H. Thaler (2001): „Risk Aversion". Journal of Economic Perspectives, 15, 219–32.

Rapp, Heinz-Werner: Behavioral Finance – neue Sicht der Finanzmärkte. In: Finanz und Wirtschaft (Zürich), Nr. 74, 20. 9. 1995, S. 15.

Rapp, Heinz-Werner: Der Markt für Aktien-Neuemissionen – Preisbildung, Preisentwicklung und Marktverhalten bei eingeschränkter Informationseffizienz, Dissertation Mannheim 1995.

Rittberg, Bernd: Mit Aktien ein Vermögen aufbauen, 4., aktualisierte Aufl. Regensburg: Walhalla-Fachverl., 2002.

Röhl, Christian W.: Generation Zertifikate, München: Finanzbuch-Verlag, 2003.

Roll, R.: A Critique of the Asset Pricing Theory's Test: Part 1 – On Past and Potential Testability of the Theory. In: Journal of Financial Economics, S. 129–176.

Ross, S.: The Arbitrage Pricing Theory Capital Asset Pricing. In: Journal of Economic Theory, No. 12/1976, S. 343–362.

Sattler, Ralf: Aktienkursprognose. Professionelles Know-how zur Vermögensanlage. München: Verlag Vahlen, 1999.

Schlieker, Reinhard: Zwischen Reibach und Ruin, München: Finanz-Buch-Verl., 2002.

Schwanfelder, Werner: Aktien für Fortgeschrittene. 56 maßgeschneiderte Strategien für Auswahl und Timing, Frankfurt/Main: Campus Verlag, 2000.

Sharpe, William F.: Capital asset prices: A theory of market equilibrium under conditions of risk. In: Journal of Fincance, Vol. 19, No. 3, 1964, S. 425–442.

Shefrin, Hersh; Statman, Meir: Behavioral capital asset pricing theory. In: Journal of Financial and Quantitative Analysis, Vol. 29, No. 3, 1994, S. 323–349.

Shiller, Robert J. (1981): „Do Stock Prices Move Too Much to be Justified by Subsequent Changes in Dividends?" American Economic Review, 71, 421-36.

Shiller, Robert J. (1999): Irrational Exuberance, Princeton University Press.

Shleifer, Andrei: Inefficient Markets: An Introduction to Behavioral Finance, Oxford 2000.

Siegel, Jeremy J. und Richard H. Thaler (1997): „The Equity Premium Puzzle". Journal of Economic Perspectives, 11, 191-200.

Solnik, B.: Why not Diversify internationally Rather Than Domestically? In: Financial Analysts Journal, No. 7–8/1974, S. 365–378.

Steiner, Manfred; Bruns, Christoph: Wertpapiermanagement, 3. akt. Aufl. Stuttgart 1994.

Stiglitz, Joseph E. und Andrew Weiss (1981): „Credit Rationing in Markets with Imperfect Information". American Economic Review, 71, 393–410.

Tinic, Seha; West, Richard R.: Risk, return and equilibrium: A revisit. In: Journal of Political Economy, Vol. 94, No. 1, 1986, S. 126–147.

Tobin, J.: Liquidity Preference as Behaviour toward Risk. In: Review of Economic Studies, February 1958, S. 65–86.

Tversky, Amos und Daniel Kahneman (1981): „The Framing of Decisions and the Psychology of Choice". Science, 211, 453–8.

Tversky, Amos und Daniel Kahneman (1992): „Advances in Prospect Theory: Cumulative Representation of Uncertainty". Journal of Risk and Uncertainty, 5, 297–323.

Tversky, Amos; Kahneman, Daniel: Judgment under uncertainty: Heuristics and biases. In: Science, Vol. 185, 1974, S. 1124–1131.

Vasicek, O.: An Equilibrium Characterization of Term Structure. In: Journal of Financial Economics, 1977, S. 177–188.

von Thadden, Ernst-Ludwig (1997): „The Term Structure of Investment and the Banks' Insurance Function". European Economic Review, 41, 1355–74.

Wagner, Uwe: Traden wie ein Profi, München: Finanzbuch-Verl., 2004.

Weissenfeld, Horst u. Stefan: Börsen-Gurus und ihre Strategien. Mit den erfolgreichsten Investoren zum Erfolg, Rosenheim: TM Börsenverlag, 2000.

Wolff, Rudolf: Mehr Geld verdienen am Neuen Markt, München: Finanzbuch-Verl., 1998.

Young, Patrick: Revolution im Kapitalmarkt, München: Prentice Hall, 2000.

Stichwortverzeichnis

Abschreibungsintensität 117
Ad-hoc-Publikationen 54
Adaptionsentscheidung 204
Aggregationslevel 199
Aktie
 Gratisaktie 167
 Wachstumsaktie 106
Aktien, Blue Chips 33
Aktien-Rückkauf-Effekt 168
Aktienanalyse 25
Aktiensplit 167
Ambiguitätsvermeidung 191
Anchoring 193
Anlagenabnutzungsgrad 177
Arbeitsproduktivität 158
Arbitrage Pricing Theory 65
Asset Allocation 33
Assetklassen 43
Asymmetrieeffekt 196
außerordentliches Ergebnis 173
Aufgeld 70
Ausgabeaufschlag 72

Bankschuldverschreibung 77
Barreserve 72
Barwertkonzept 30
Bayes-Entscheidung 187
Behavioral Decision Theory 193
Behavioral Finance 95, 183
Benchmarking 60
Bernoulli-Pnnzip 184
Bernoulli-Theorem 184
Beta-Faktor 42, 51
Betriebsergebnis 174
Bilanzgewinn 98
Bondmanagement 30
Bonitätsrisiko 78
Börsenkapitalisierung 127
Börsenpsychologie 183
Bottom-Up-Analyse 41
Branchenrotation 90

Cancellation Effect 196
Capital Asset Pricing Model 48
CAPM *Siehe* Capital Asset Pricing Model
Cash-Burn-Rate 102
Cash-Position 72

Cashflow 118
 Discounted 120
 Freier 119
 Netto- 119
 operativer 115
 Vereinfachter 119
Certainty Effect 195
CFROI 173
Chaosforschung 29
Chaostheorie 199
Chartformationen 31
Chartreading 30
Computerhandel 18
Consensual Validation 207
Corporate Bonds 153
Covering 63
Credulity Level 197

Daytrading 31
DCF-Analyse 119
Depotbeimischung 176
Depotgebühr 140
Derivatebörse 21
Dissonanz 203
Diversifikation 32, 35
 internationale 39
Dividendenausschüttung 79
Dividendenkontinuität 162
Dividendenrendite 161
Dividendenrendite-Effekt 161
Dow-Theorie 30
Duration 30

Earnings per Share 97
EBIT 170
EBIT-Multiples 171
EBITDA 102, 171
EBITDASOP 172
Effectance Motivation 205
Effizienzmarkthypothese 27, 53
 Event Studies 54
 Tests for Private Information 54
Eigenkapitalbasis 144
elektronische Handelsplattform 18
Emergenz 29
Emerging Markets
 Schwellenländer 45
Entscheidungsanomalien 193

Entscheidungstheorie
 präskriptive 186
Entschuldungsdauer 122
Erwartungsmaximierungsmodell 192
EVA 172
Exchange Traded Funds 20
Exotenbörsen 59

Failure Attribution 206
Faktorenmodell 66
Faktorsensitivitäten 66
Finanzergebnis 173
Finanzmarktforschung 23
 Empirische 95
Finanzmarkttheorie 23
Firmen- und Geschäftswert
 Derivativer 116
Focal-Effekt 195
Fonds
 Rentenfonds 73
Framing 193
Fremdkapitalquote 122, 174
Fristenkongruenz 149
Fundamentalanalyse 26

Generally Accepted Accounting
 Principles 118
Gesamtergebnis 174
Gesamtkapitalrentabilität 174
Geschäftsfelder 157
Gewinnerwartungen 62
Gewinnthesaurierung 162
Global Sourcing 159
Größeneffekt 127
Growth Investing 28

Hebelzertifikate 70
Heuristik 192
 Kognitive 197
Hindsight Bias 207
 Reverse 207

Image
 Strategisches 204
 Trajektorisches 204
Imagekompatibilität 204
Imagetheorie 203
immaterielle Vermögensgegenstände 178
Index
 konstruierter 83
 Kursindex 79
 Performanceindex 76
 Regionen- 83
Index-Strategie 67

Indexfonds 76
Indexstrategie 55, 74
Indexing 67
Indexzertifikat 77
Inertia-Effekt 203
Information Sources Effect 201
Informationseffizienz 56
Informationsverteilung
 asymmetrische 58
innerer Wert Siehe intrinsic value
Insiderinformationen 28, 56
integrierten Technologiekonzern 34
Interdependenz 197
Intermediation 154
intrinsic value 26
Investitionsquote 122
Investmentfonds 72
Investmentstrategie
 passive 61
ipsativer Möglichkeitsraum 192
Irrelevanztheorem 48

Jahresüberschuss vor Zinsen 170
Januar-Größen-Effekt 138, 139

Kapitalbindung 123
Kapitalisierung 76
Kapitalmarktforschung 23
Kapitalmarkttheorie 23
Kasuistik 199
KCF 98
KGV-Effekt 97
Knock-out-Schwelle 70
Konformitätsdruck 201
Konglomerate 34
Konsenseffekt 202
Kontexteffekt 193
Kontrolle
 primäre 205
 sekundäre 205
Kontrollillusion 199
Konzept-Aktien 33
Konzernergebnis nach DFVA/SG 100
Kovarianz 33, 35
Kurs-Buchwert-Verhältnis 140
Kurs-Cashflow-Verhältnis (KCV) 115
Kurs-Umsatz-Verhältnis 156
Kursanomalien 59

Laplace-Regel 186
Leverage-Effekt 143
Lieferantenziel 123
Loss Aversion 194

Managementgebühr 83
Market-to-book-Ratio 141
Marktkapitalisierung 80
Materialintensität 158
Megabaisse 59
Mental Accounting 200
Mentalitäten 184
Mikrostrukturen 24
Mini-Max-Regel 186
Modern Finance 24
Moderne Kapitalmarkttheorie 33
Modernen Portfoliotheorie 33
Momentum 170
Momentum-Effekt 170, 175
Momentum-Strategie 91

Nanotechnologie 18
Nettoinvestitionsdeckung 122
Neue Energie 86
neuronale Netze 24
New Economy 16
  Dot.com 16
  E-Commerce 16
  Neuer Markt 17
nichtlineare Dynamik 199
Nichtsättigungsprinzip 184
Nullsummenspiel 68
Nutzenmaximierung 49, 188
Nutzentheorie 184

Ölkrise 15
Omission Bias 204
Open-end-Zertifikat 78
Optionspreistheorie 34
Optionsschein 70
out of the money 70
Overconfidence 199

Paradigma
  einzelwertzentriert 40
  portfoliobezogen 40
  Verhaltenswissenschaftliches 188
Paradigmenwechsel 24
Peergroup 207
PEG 182
PER Siehe KGV-ffekt
Performancemessung 70
Perseveranz 203
  Negative 205
Personalintensität 158
Perspektivenwechsel 206
Perzeptionsrationalität 191
Pessimismus-Optimismus-Regel 186

Pipeline 104
Portfoliotheorie
  neoklassische 34
Portfolio Insurance 44
Portfoliomanagement 32, 40
Portfoliotheorie 40
Post-decisional Regret 205
Postpurchase Anxiety 205
Primacy Effect 195
probabilistische Zusammenhänge 29
Programmhandel 15
Progressentscheidung 204
Prospekt-Theorie 192
Prozessrationalität 191

Random-Walk-Hypothese 61, 64
Rating-Effekt 148
Ratingagentur 46
Ratingsystematik 155
Rational-Choice-Theorie 185
Rationalprinzip 183
Realtime-Kurse 63
Rechnungslegungsstandard
  internationaler 100
Reference Point 194
Referenzindex 68
Referenzpunkt 193
Regency Effect 195
Regional- und Lokalwerte 131
Regionalbörse 20
Regressionseffekt 195
Regret Avoidance 205
Rendite
  Annualisierte 71
  Bruttorendite 71
  Durchschnittliche 71
  Effektive 71
  Gleichgewichtsrendite 55
  Nachsteuerrendite 71
  Nettorendite 71
  Nominale 71
  Reale 71
  Vorsteuerrendite 71
Renditeverteilung 187
Rentabilitätsanalyse 174
Rentenmarkt 30
Representative Effect 194
Return on Investment (ROI) 175
Risiko
  systematisches 32
  unsystematisches 32
Risiko-NutzenTheorie 185
Risikoadjustierung 70
Risikoaufschlag 154

Risikoaversion 49
Risikominimierung 32
Risikopräferenzen 44
Rule-driven Choice 198

Salienz 193
Salienz-Effekt 195
Scheinkorrelation 197
Seatholder 19
Segmentberichterstattung 157
Sektorengewichtung 81
Selective Perception 203
SEU-Modell 191
Shareholder Value 120
Size Effect 127
Small-Cap-Effect Siehe Size Effect
Social Support 205
Spin-off 137
Spread 77
Squeeze-out-Effekt 169
Squeeze-out-Strategie 152
Standard Finance 24
Standardwerte 38
Status-quo-Bias 204
Status-quo-Effekt 195
stille Reserven 176
Stock-Split-Effekt 166, 168
Stockpicking 41
Stop-Loss-Order 200
Strategie
  Buy-and-hold-Strategie 156
  KCV-Strategie 125
  Kombinationsstrategie 180
  Low-5-Depot 163
  Preismomentum-Strategie 166
  Top-10-Strategie 163
  Turn-around-Strategie 176
  Winner-Loser-Strategie 166
Streubesitz 130
Style Drift 73
Success Attribution 206
Superstition Effect 196
Supply Chain Management 159
Survivorship Bias 73
Suspicion 198
Systemdynamik 200

Takeover 169
technische Analyse 30
Technologiewerte 131
Teilausführung 20
Time Discounting 198
Top-Down-Analyse 41
Tracking Error 78
Trade-Through-Rule 19

Trading 60
  Intraday Trading 56
Transaktionskosten 31
Turn-of-the-Year-Effect 138

Überrendite
  excess return 69
Übersummationseffekt 199
Umsatzkostenverfahren 157
Umsatzrentabilität 157
Underlying 79

Value Investing 28
Varianz-Kovarianz-Matrix 43
Verankerung 200
Vergleichsindex 71
Vividness-Effekt 202
Volatilität 131
Vorsichtsprinzip 176

Wachstumsquote 177
Wachstumswerte 131
Währungsreform 13
Weltwirtschaftskrise 12
Wertaufholungsgebot 178
Wettbewerb
  vollkommener 49
Window Dressing 55
Winner-Loser-Effekt 164
Wirtschaftswunder 14
Wishful Thinking 203
Working Capital 123

Xetra 19

Zertifikat
  Aktiv gemanagtes 85
  Basketzertifikat 85
  Bear-Zertifikat 87
  Branchenzertifikat 90
  Cap-Zertifikat 87
  Floor-Zertifikat 87
  Knock-out-Zertifikat 92
  Knockout-Zertifikat 86
  Lock-in-Zertifikat 87
  Plain-Vanilla-Zertifikat 78
  Put-Zertifikat 87
  Quanto-Zertifikat 84
  Range-Zertifikat 87
  Rohstoffzertifikat 85
  Strategiezertifikat 85
  strukturiertes 84
  Turbo-Zertifikat 88
  Zinszertifikat 86
Zuschreibung 178